極点　最果てに魅せられた男の軌跡

中島ブンコー 著

南米大陸最北端

南米大陸最西端

アフリカ大陸最南端

オーストラリア大陸最北端

ベトナム本土最南端

オーストラリア大陸最東端

アフリカ大陸最北端

アジアの中心地

アジア大陸の中心地

欧亜の境界線

南回帰線

北回帰線

赤道

南米大陸の中心地

ヨーロッパ大陸最北端

アウトバック（オーストラリア）

非日常を生きる日常

新疆ウイグル自治区（中国）

モロッコ

中国

トルコ

肩を組んでいるおじさんとの出会いで
運命が変わる（マレーシア）

カザフスタンでできた友人

進め！進め！

タイ南部

タイランド湾に沈む夕日（ベトナム）

地獄の門（トルクメニスタン）

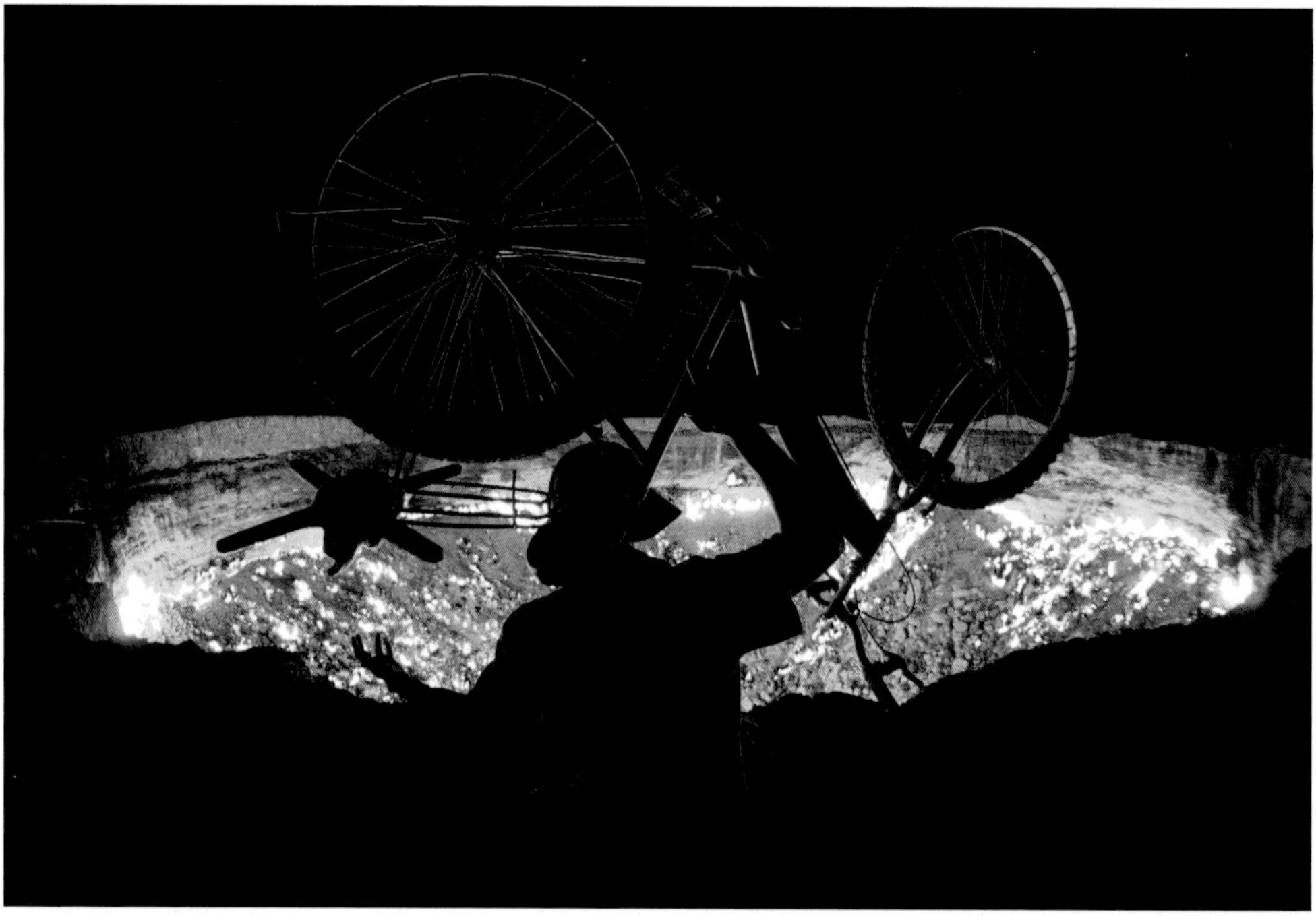

トロルトゥンガ

ヒッチハイクでオープンカーに
拾われ風をぶった切る

シベリア鉄道

ラフレシア

白夜の野宿
これでも夜中の２時

ヒッチハイクで旅する奇跡の70歳と女の子

もてなしてくれた
砂漠の遊牧民

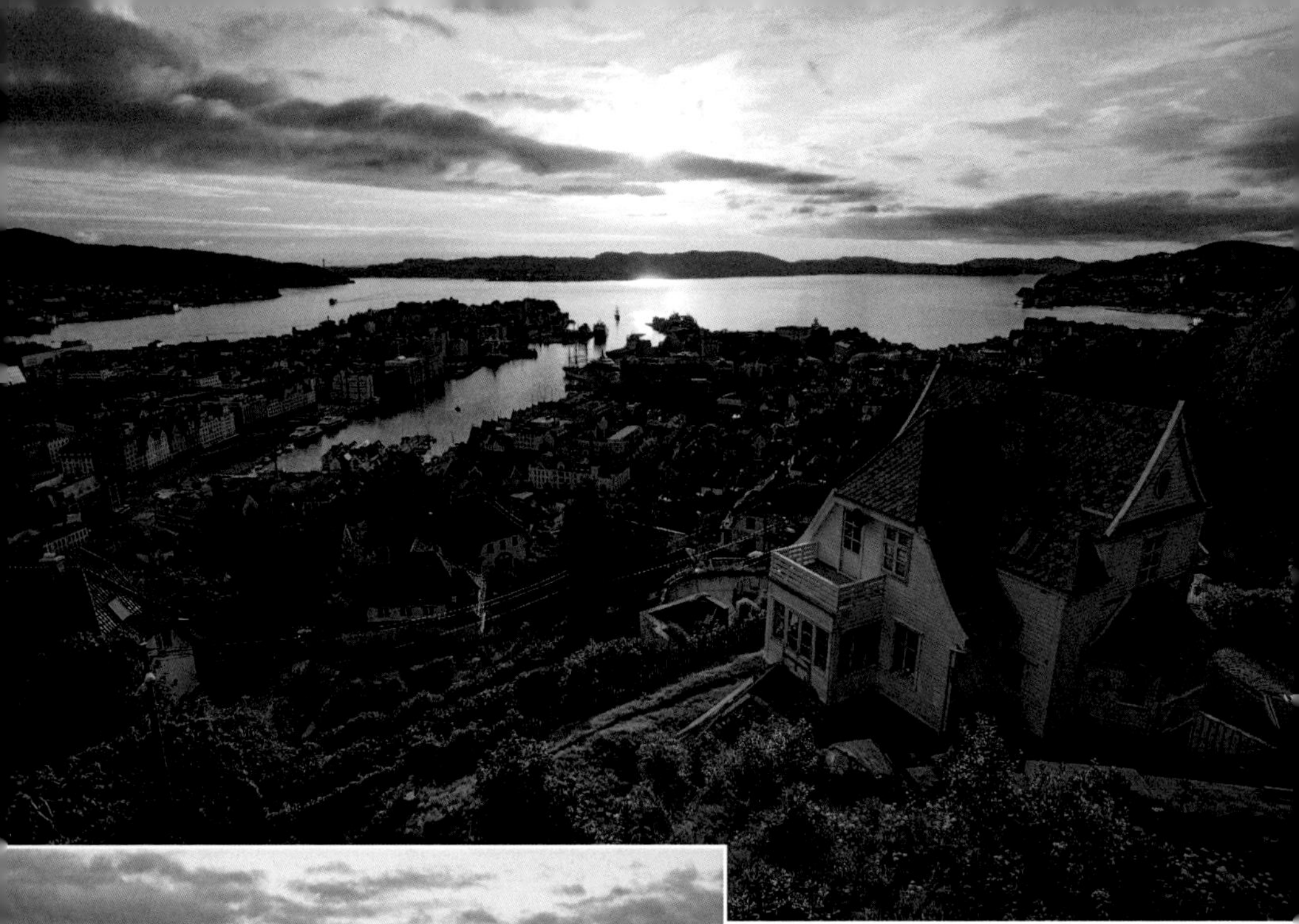

ノルウェー ベルゲン

アルゼンチン ウシュアイア

南アフリカ ケープタウン

ボリビア ラパス

インド コルカタ

エジプト カイロ

シンガポール

モンテネグロ
コトル

ロカ岬の夕日（ポルトガル）

初夏のカザフスタン

シドニーの夕暮れ（オーストラリア）

サハラ砂漠をゆくアイアン鉄道
（モーリタニア）

ヨーロッパに沈む夕日をアジアから（トルコ）

アウトバックの夜空（オーストラリア）

インドの風景

野菜売りの子供たち（スーダン）

雑談中の子供たち（ミャンマー）

水タバコを嗜む人たち（イラン）

働く女性たち（インドネシア）

エチオピアの酒場

マサイ族が練り歩くザンジバル
（タンザニア）

1645日間 旅の軌跡
(2013.10～2018.7)

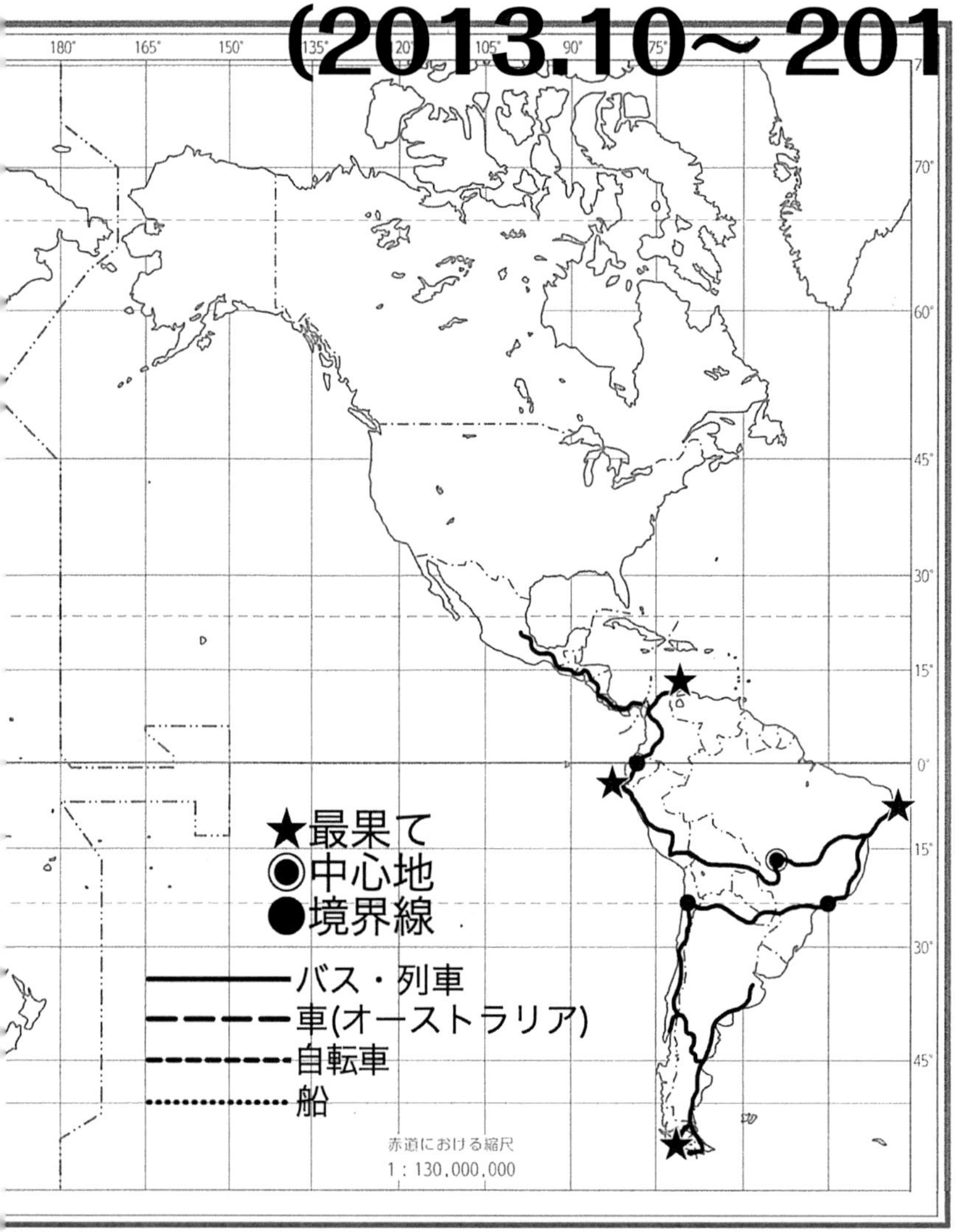

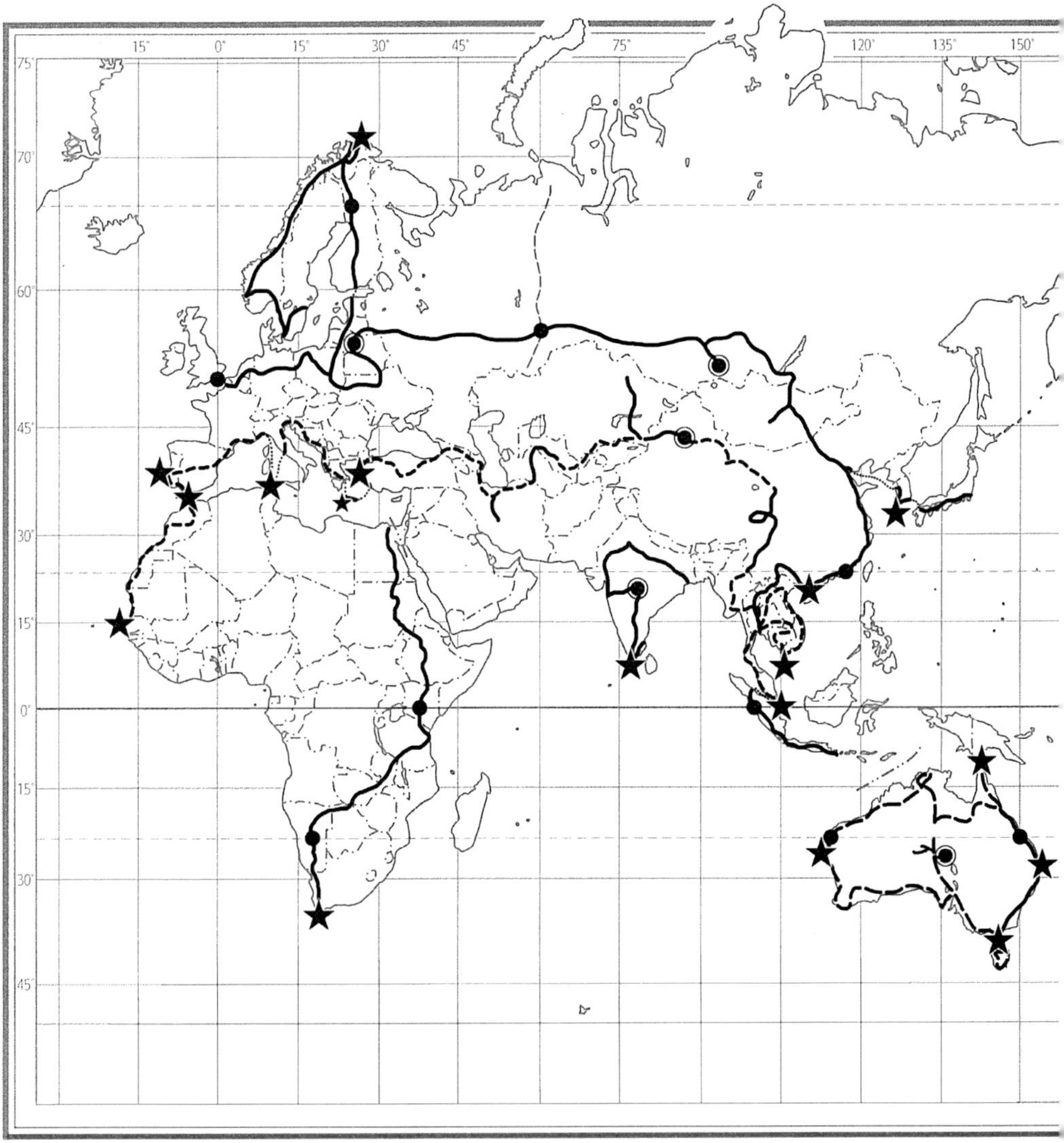
15°
0°
15°
30°
45°
75°
120°
135°
150°
75°
70°
60°
45°
30°
15°
0°
15°
30°
45°

はじめに

人はなぜ、最果てに惹かれるのか。

旅人に限らず、地理的な端っこが好きな人って少なくないと思う。岬や半島の最○端ってやつ。

たとえば日本本土でいうと、北海道の稚内に位置する宗谷岬という場所は、日本最北端の地として夏には多くの観光客が訪れる。その我が国のてっぺんからは、晴れていればサハリンをも望むことができ、さらに向こうには大国ロシア、シベリアの大地が広がっているという紛れもない事実に、アドレナリンが噴き出すのは私だけではないはずだ。稚内には日本で最も北にある温泉やガソリンスタンド、最北のマクドナルドなんてのもあって、なんとなくそんな場所へも行ってみたくはならないだろうか。

……あれ？　ならない？　離島を含む日本の最西端に位置する場所は、沖縄本島からさらに離れた、台湾をも望むことができる与那国島だ。この島から見る夕日、それはつまり、我が国で最後に沈む夕日となる。行って見てみたくはならないだろうか。

なるでしょ？

人はなぜ、端っこが好きなのか。フランスパンの端とか、トンカツの端の脂っこいやつとか、食べ物の端を好む人は少なくないはず。それは味が凝縮されているような感じがして美味い気がするし、二箇所だけの特別感があるからだろうか。

あるいは、電車やレストランなどの席で、空いていれば隅っこに座る人が多いはずだ。

これに関して言えば、落ち着くから、安心できるからといった心理的な理由かもしれない。

しかし、それらが地理的な端っこにも当てはまるのかというと、また別の話だろう。旅人はなぜ、地の果てを目指すのか。先にも書いたように、最果ての地を訪れようとする者は少なくない。むしろ一定数はいる。それは単純に好奇心だったり、あるいは終着点として分かりやすかったり、ゴールが欲しかったり。もしくは「自分は今この国の、大陸の誰よりも端にいるのだ」といった優越感のようなものや、一種の独占欲、そして達成感を得られる場所にもなるのだろう。

私が目指す最果てとなる場所には大抵三つのものがある。一つは、そこが国や地域、または大陸の先端であることを示すもの。もう一つは、どこまでも広がる大海原。そしてもう一つは、ロマンである。

人を惹きつける「世界の果て」という言葉は、景色的に、場所的に、雰囲気的になど、なんとなくそんな感じだからという理由で抽象的に使われる言葉だ。しかし、私が考える世界の果てとは、各大陸の東西南北の先端。つまり私が目指す場所こそが、具体的な、本当の世界の果てであると、信じている。

この一冊はそんな最果てに魅せられた男によるすべての旅好き、端っこ好きに贈る、1，645日、81カ国を自転車や車、バイクにヒッチハイクなど、様々な移動手段を用いてひたすらにロマンを追い求めた、命をも懸けた大冒険地理紀行である。

もくじ

もくじ

第6章　南米大陸を行く

最終章　空白への招待

プロローグ～旅の原点～

「ママチャリで山形まで行けんのかな?」

19歳、夏。友人とのこの突拍子もない思い付きで始まった、当時からすれば大きな冒険。私と高校の同級生である友人は生まれも育ちも東京で、山形県に祖父母が住んでいることも共通していた。果たして、そこまで普段使っているママチャリで行けるのだろうか。そんな純粋な発想が、いま振り返れば初々しくて微笑ましい。

「山形は新幹線で行く場所である」と、なんの疑いもなく考えていた自分に待ったをかけ、遂に、新しい世界への招待状という名の〝好奇心〟が芽生えたその瞬間は、未だ記憶に新しい。

これまでは、せいぜい一日に家と高校の往復10㎞足らずしか走った記憶がなかった。そんな私にとって、山形県鶴岡市までの５００㎞というのは、およそ見当のつかない距離であった。とは思いつつ、物は考えようとはよく言うもので、「家から学校の往復50回相当の距離」であることに気付いた。さすれば「余裕っしょ」という思考に容易に流れてゆく自分の、良く言えば柔軟であり、悪く言えば単純な脳みそは、その後の長い旅人生でもやはり、良くも悪くも運命を変える。

結果としては、出発から約２００㎞地点の福島県白川市までに留まり、到達はならなかった。単純に疲れ果てたのだった。

ハッキリ言って私たちのＩＱは低い。しかし体力は存分に持ち合わせており、身体能

力の高さにも定評があった。（家族や友人からは）

したがって敗戦の理由は定かではない、と思いたいが、紛れもなく単なる準備不足だった。

「なんとかなる」というある意味最強の言葉だけを装備し、無計画に飛び出した。その道のりを家から学校の往復でたとえるという驚異ともいうべき浅はかさは、「丸一日かけて二日で行けるっしょ」という奇跡の推測結果を導き出す。実際には早朝から晩までかけて200㎞であった。つまるところ、敗戦の理由の根源はＩＱが低かったことにある。

しかし、都会の喧騒を抜けれぱ空は広く、ギラギラと照りつける太陽に滴る汗。セミのアンサンブルの中を通り抜ければ草のにおいを運ぶ風が清々しく、コンビニのアイスは疲労で活動を停止した全細胞を活性化させ、自然と笑みがこぼれ落ちた。パンクなどの不安と、ひたすら尻の痛みに耐えて宇都宮へ到着し、餃子に舌鼓を打ちながら感慨にふけっていた。ここまで新幹線ではなく、自分の力で、足で来たのかと。

「ママチャリは家の近場で使うもの」という固定観念から完全に開放され、確かに感じた、〝自由への招待〟。不安は絶妙なスパイスであることにも気付き、フツフツと沸き起こる達成感と、限りなく純粋で淀みのない「楽しい」という感情。〝これが、旅というものなのか〟目的地の半分も行けずに引き返したものの、悔しいという気持ちはなく、見慣れた地元へ帰還できた瞬間はなんとも言えない充実感に満ちていた。今思えば二泊三日の可愛い冒険だが当時は、それはそれは大きな偉業であり、ある種の成長であり、これこそが、その後の長きに渡る私の旅の原点であることは、間違いない。

「ペース配分が重要である」という学習を経て、翌年に山形へのリベンジは成功し、その後は毎年夏の恒例と化したママチャリの旅。東京から青森、金沢、博多へも到達。沖縄本土も一周した。そこで旅欲は留まることはなくむしろ〝貪欲〟にエスカレートし、24歳の時に今度はバイクで日本を一周。その旅に「日本の最東西南北に立つ」という目的を掲げたのが、先端〝狂〟の始まりだ。

47都道府県の走破に加えて、あらゆる日本の端っこも制した。もはや行き尽くした感のあるこの国を卒業することは必然であった。

〝それじゃあ行ってみるか、挑んでみるか、海の向こうへ〟

やるならとことんやるぜと、ザックリ3年間という壮大な旅の計画を打ち出す。それならば相応の金がいるわけで、一心不乱に働き2年かけて400万円を貯めた。あれは忘れもしない。その目標額を達成した2013年2月25日のことだ。私は心に決めていた。その記念すべき日に〝実際にこの目で見てやるんだ〟と、貯めた旅の軍資金を。

400万円という額はATMでは一度で引き出せず、窓口で手続きをするようだった。

「引き出し額が大きいので、恐れ入りますが用途をお伺いしてもよろしいですか？」

はからずも受付の女性は尋ねた。私は一呼吸置いて、——しかし何だろう、この変な胸騒ぎのようなものは。別にやましいことをするわけでもないのに——真摯に、正直に答えた。「観賞です」と。

これには受付嬢も私も苦笑いを超えて声に出して笑うだけである。でも、はっきりと感じた。それだけのために銀行員の仕事を増やすやましさを。

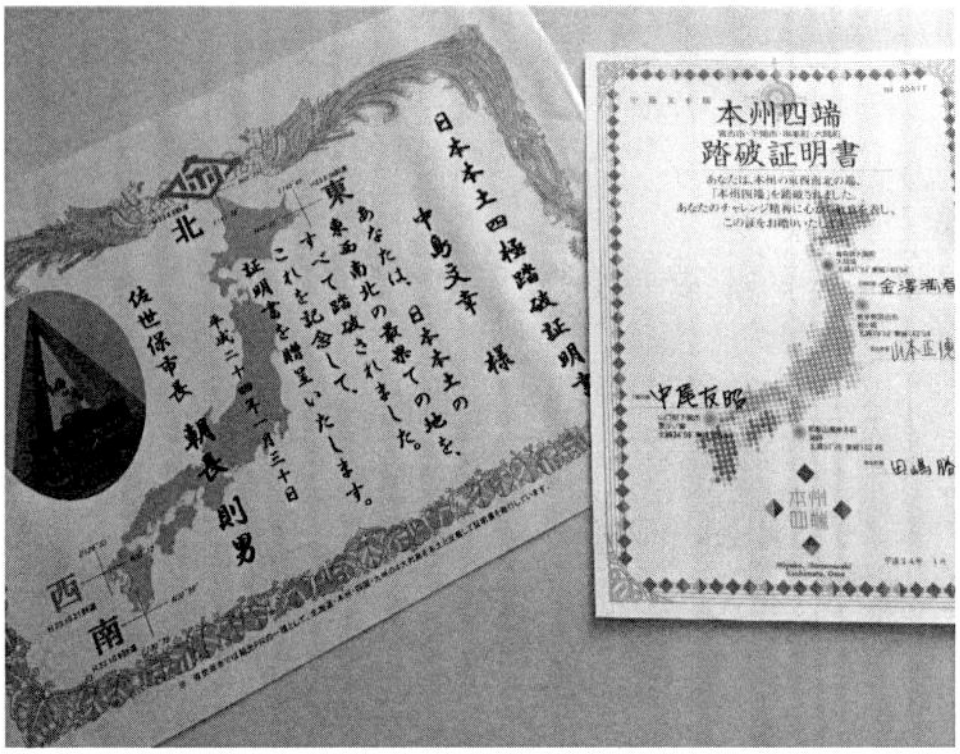

左は当時、佐世保市が発行していた日本本土四極踏破証明書。好きな写真を載せてもらうことができ、それぞれの端っこに実際に到達した日付も記載してくれている。右は下関市が発行している本州四端踏破証明書。各先端に位置する市町の首長による直筆サイン入りだ。

実際に現物が目の前に現れると、様々な思いが込み上げた。私がいま目にしているのは、帯をまとい四つにまとめられた〝お金〟にすぎない。だけどそれは、これまで汗水流して猛然と働いた〝努力の結晶〟であり、またこれから始まる〝野望への切符〟でもあるのだ。

この紙切れ４００枚にどれほどの感情と、景色や出会い、ストーリーが秘められているのか。これを使い果たすころの自分は、どんな自分なのだろうか。

そんなことをしみじみと思い描きながら紙袋に入れて持ち帰り、家でお茶をすすりながらしみじみと観賞。そして、すみやかに銀行へ戻しに行くという喜劇は、永久に使える酒の肴であると思っている。それでも当の本人はいたって真剣であり、ただただ自分の目で見てみたかったという、好奇心。それだけなのである。

地の果てに何があるのか。どんな景色なのか。自分は一人でどこまでやれるのか。

よし、時は満ちた。はじめようか、世界。

第１章　オーストラリア大陸一周

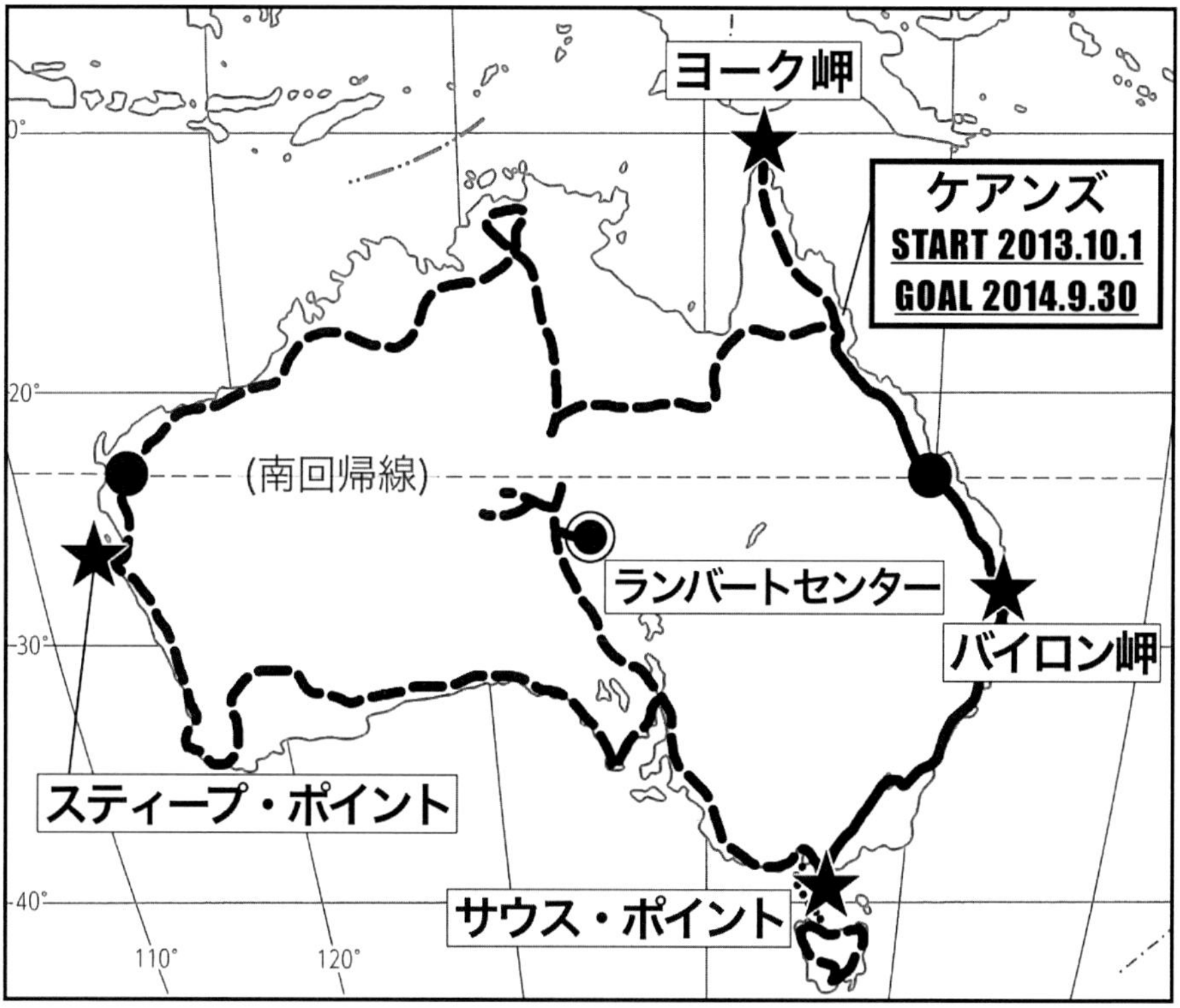

1　先制ジャブ！　旅の洗礼

〝……ん？　揺れてる。地震だ。結構大きい。皆気付いてないのか？〟

〝……なるほど、そうか。俺のベッドが揺れているらしい〟

〝……つまりそういうことなのか？〟

全神経を両耳に集中させてみると、安っぽい二段ベッドのきしむ音と、下段から聞き取れる犬のような男の荒い呼吸音、そしてかすかな女の吐息。

〝おいおいおい、参加していいか？　いや違う。何時だと思ってんだ。ここはお前らだけの部屋ではないんだが〟

挙句には動作音をかき消すためか、音楽を流し始める始末だ。時計の針は3時を指していた。唖然とした。

……こいつら完全にナメてるな。色んな意味で。なんつって、すいません。

迷惑行為に怒り心頭ではあったものの、しかし妙に感動していた自分がいたのも事実。

……そうだ。ここは日本ではない。何が起きてもおかしくはない異国の地なのだと。オーストラリアなのだ、と――

2013年10月1日。俺はこの大陸を制するためにやってきた。勇者、記念すべき第一カ国目の大地に、降臨す。ドーーン!!

静かなる闘志を胸に、漫画ワンピースばりの効果音を響かせ、物語の始まりを自分でナレーションしながら飛行機を降り立った。その瞬間、すっ転んだ。寝不足で体が起きていなかったらしい。

異世界の照りつける太陽と群青色のまぶしい空には、見たことのない鳥が羽ばたいていた。浅黒い肌の先住民族、アボリジニが道端で寝ている。海辺はバーベキューの香ばしい匂いが漂い、上機嫌の金髪外国人が裸足で歩いている。いや、ここでは自分が外国人か。

目に入るものすべてが新鮮だ。

壮大な旅の第一歩として選んだ場所は、オーストラリア北東部に位置する都市、ケアンズ。

まずはここから1年がかりで、時計回りに大陸を一周し、異国に慣れることから始める。つまりオーストラリア一周は旅の練習、世界冒険旅の序章といった位置付けだ。

知り合いもいない、英語もサッパリ、右も左も分からない。あるのは強い好奇心と野望。そして最強のおまじない言葉「なんとかなるさ」だけ。

始まりの地であり終わりの地でもあるケアンズ。ここへ帰って来た時の自分はどう変化し、どんな風に構築されているのだろうか。自分で自分が楽しみだ。まぁ、相変わらず足は臭いに違いない。

――「エクスキューズミー（すみません）、プリーズストップ（やめてください）。ベリーノイジー（とってもうるさいです）。アイキャントスリープ（眠れません）」

あまりにも迷惑性行為が長いため、辞書で調べた単語をつなぎ合わせてクレームを入れた。すると、「……Don't Worry」と返された。「……？　……ドント、ウォーリー。ウォーリー、をさがせ？」

〝……お前のウォーリーは何センチだ？　どうでもいいわ。えっと、その意味は〈（くだけて）心配するな気にするな〉……ほぉ〟

状況としては、女を安心させる意味でもあるようだ。だがハッキリと聞き取れる声量と声色だったことから、つまり私に対しての言葉らしい。

〝おいおい、気にするか否かは俺が決めるんだよ。ゴムに穴あけたろかコラ？　なんて、ごめんなさい〟

やかましいベッドのきしみ音と不快な欲望の吐息、そして怒りの鼓動のオーケストラで、私の脳みそは覚醒したのであった。

耳栓と、運が必要な、世界を渡り歩く上で欠かせない安宿。これが相部屋形式のドミトリーである。

ケアンズからバスで東海岸の南下に着手した私は、さっそく旅の洗礼を受け、しかし彼らのおかげで美しい朝日に出合い、気分は晴れていたのであった。

「グッモーニン！　元気？」

部屋に戻るとカップルは、何事もなかったかのような振る舞いだ。これが日本人と、外国人の違いなのか？　私は腹を立てるどころか、やっぱり異国にいる嬉しさに満ちていた。

行こう、地の果てへ。そしてウォーリーを、いや、旅の果てにあろう財宝を探しに。

2　ヒッピーの町――オーストラリア大陸最東端

……あれ？　冷蔵庫に入れていた貴重な食材が見当たらない。

……盗まれた？　いやそんなはずはない。

宿の主人に尋ねてみると、粛々とおおよそこんな釈明を受けた。

「本当にごめんなさい。掃除のスタッフがゴミかと思って捨ててしまったみたいなの」

なるほど、そりゃ英断だ。確かに見切り品のミックスサラダファミリーパックは独身の私には量が多すぎて傷んでいたし、見切り品のソーセージはどす黒かったし、牛乳は少々酸味が効いていた。オーストラリアの物価は高い。外食なんてもってのほかで、この国を生き延びるには自炊は欠かせないし、見切り品との巡り合いは歓喜すべきことなのだ。

〝いやそれにしても〟というツッコミはさておき、腹を壊さずに済み、東海岸の中間に位置する町バイロン・ベイへとやってきた。ほど近くには大観光地ゴールドコーストがそびえ、まっすぐに伸びるビーチ沿いに平然と立ち並ぶビル群の華やかさは圧巻だったが、一転したバイロン・ベイののどかな空気感も心地良い。一切の高層建築物がなく空の広いこの町。オーガニックな食材を扱った店が軒を連ね、あらゆる場所で躍動するアートと音楽に囲まれた人々は、一様に笑顔だ。

バイロン・ベイには自由と平和、そして自然を愛するヒッピー文化が根付いている。ヒッピーは、1960年代にベトナム戦争の徴兵に反発したアメリカの若者の間で生まれたとされ、脱社会的な思想などを持った、自由を求める人々を指す。自由と平和を掲げ低予算で旅をしたかつてのヒッピーは、今のいわゆるバックパッカーの原型だといわれている。見切り品に感激する自由人で家庭菜園が趣味の私もほとんどヒッピーなのかもしれない。

「僕はヒッピーです」と名乗る必要はないが、ここでは男女ともにドレッドの長髪が多く、独特な雰囲気を醸し出しているためすぐに見当は付く。そんなヒッピーが集う最たる場所が、バイロン・ベイからバスで小一時間の山中にある村、ニンビンである。

世界的に大麻の合法化が進む昨今でも、オーストラリアは州によっては少量の所持などは認められているが、譲渡や売買などの行為は処罰の対象となる。しかし、ニンビンは大麻「黙認」の村として存在し、大麻による高揚感を求めたヒッピーの聖地と化しているのだ。

村に降り立つとすでにツンッとした怪しげな匂いが漂い、見るからに楽しげな人や、目が虚ろな人が散見される。

カラフルに彩られた小さな商店街を歩けば、「ガンジャ？ クッキー？」などと声を掛けられたりもした。ガンジャやウィード、マリファナなど呼び方は様々で、クッキーとは大麻が入ったお菓子のこと。あくまでも黙認であるため、現物は大っぴらには売買されず路地裏で取引されていた。

こうした村でも学校はあるし、警察もパトロールはしているから不思議な世界だ。と言っても、たとえニンビン以外の場所で警察に見つかったとしても、没収か罰金で済む場合がほとんどで、むしろ警察の機嫌がよければ目をつむってくれるらしい。

「なぜなら彼らも吸っているし好きだからだよ」と夢心地のヒッピーの男は言っていた。オーストラリア全土で大麻が解禁される日は、そう遠くないのかもしれない。

さて、バイロン・ベイへ戻ろう。この町はかねてより待ち遠しかった場所なのだ。それはヒッピーに会いたかったからではなく、大麻をたしなむためでもない。

町から歩いて40分。日中は賑やかなビーチでも、早朝のまだ薄暗い時間帯は不気味だ。ガサガサという音とともにワラビーが飛び出しては、冷や汗と、しかし感動も同時に体の奥から湧き出てきた。さすがは動物大国だ。

雑木林を抜けると、橙色に染まった水平線が迎えてくれた。真っ白な灯台からはまだ弱々しく光が放たれている。風が吹き荒れる断崖絶壁の一角には、看板が立てられ、しっかりと「オーストラリア本土の最東端」と書かれていた。

イギリスの探検家ジェームズ・クック船長が、詩人のバイロンにちなんで名付けたバイロン・ベイ。

同名のバイロン岬はオーストラリアの極地の一つであり、珊瑚海とタスマン海が交わる場所だ。遥かこの先をまっすぐに進むと、南米大陸のチリにぶつかるだろう。ちなみに離島を含めた場合、ここから１，４００㎞に浮かぶノーフォーク島が同国最東端となる。

オーストラリア大陸最東端　バイロン岬
到達2013年12月10日

バイロン岬は、現地の人たちのジョギングコースにもなっているほどの地域密着型の岬で、「世界の果て」という寂寥感のような雰囲気はまるで感じられず、どこか物足りなさを覚えた。

しかし、やがて顔を出した真っ赤な朝日が、南米では夕日であるという事実は、美しい朝焼けとあいまって心が震え、鳥肌も、そしてロマンティックも止まらない。さらには、日が昇るにつれクリームソーダのような色が海に浮かび、その中をなんと野生のイルカの群れが舞い踊るサプライズときた。

これ以上ない第一歩、心酔しきった記念すべき世界の果て第一号、バイロン岬であった。

3　聖なる夜にホームレスから与えられたもの

寒さで目を覚ますと、そこは公園だった。しかも今日は、元旦である。〝なんて惨めで切ない1年の始まりだろう。……いや、こんな年越しはこのさき二度とないはずだ〟

そう考えると、悪くはない。むしろ、奇抜で良い。

バイロン・ベイからオーストラリア最大の都市、シドニーへやって来たのが4日前。澄み渡った空を背にビルが並び、穏やかな藍色の海には豪華客船からフェリー、小型ボートまでが賑やかに行き交い、それらすべてを見守るような存在感を放つオペラハウスが目に飛び込んだ。

上機嫌な日中に艶やかな夕暮れ、そしてエレガントな夜。様々な表情を見せるシドニーは、世界で最も美しい都市の一つに挙げられている。

そんなシドニーの夜空を彩る真夏の年越し花火は有名で、世界中から旅行者が詰めかける。だから見事に大晦日は宿が押さえられなかったのだ。南半球で日本と季節は逆とはいえ、寒暖差が激しく朝方は冷える。しかし、豪華絢爛な祭典の余韻で気持ちは温かく、騒ぎ狂った酔っ払いたちと公園で過ごした大晦日は、また、忘れられない一夜となった。

「また」というのは、シドニーの手前、ニューカッスルという町でも野宿をかましていて、ここでの夜の出来事も忘れられないものとなっていたからだ。

ちょうど1週間前、12月24日のこと。ニューカッスルの宿はハイシーズンとあってどこも高く、私は三日三晩を公園で寝泊まりしていた。

坂の多いこの港町は、どこか函館にも似た雰囲気があって気に入り、日中はカメラを片手に散策しまくるという、ネオホームレス状態であった。しかも、オーストラリアの野宿は快適そのもの。

どんな町でも公園には無料のバーベキュー台が置かれ、ボタン一つで調理できるし、ビーチには必ずシャワーがあって水道水も安心して飲める。電子機器の充電は図書館へ行けばいい。この快適さにすっかり味を占めていたのである。

〝治安面も心配はないだろう〟と、思っていた。その時までは。

実は、公園内の私が寝ていた場所から１００ｍほど離れたベンチに、完全なホームレスが住んでいた。チューリップ帽を深く被り、終始うつむいている男性だった。持ち物はキャリーカート一つ。午前中にどこかへ出掛けたあとは、特に何もしないままベンチに座り続けているようだった。不気味な存在ではあったものの、こちらに関心はないようで、何事もなく奇妙な同居が続いていた。

ところが、３日目の夜11時ころだった。寝袋にくるまっていると、ふとあのホームレスが目に入ったのだ。いつもなら寝ている時間のはずなのに、ベンチの前で仁王立ちしていた。手に何かを持ちながら。そして、ゆっくりと動き始めた。

〝トイレか？　いや、どうやら違う。……気のせいだろう〟

そう思っていたが、そう願っていたのだが、残念ながら、外灯の明かりで作られた男の影は、私の方向へ伸びてきていた。こちらには何もない。トイレも、道も。足が悪いこの男。引きずりながら、ゆっくりのっそり、ゾンビのような動きで向かってくる姿に冷や汗が吹き出す。

〝……これは、まずいのか？〟

いくらオーストラリアの治安は良好だといっても、それは他の国との比較だ。ここは外国で、函館ではない。

〝ヤバイ、ヤバイ、本当に来る。どうしよう、でも奴の場合、いざとなれば倒せるはず〟

「……は、ハロー！」

相手の様子を伺いけん制するも、男は無言のまま、私との距離を縮め続けた。擦り切れたジーンズにヨレヨレのシャツ、黒ずんだ緑色の帽子。手に持っていたのは、何度も繰り返し使っていることが分かるほどくたびれたビニール袋。

〝まさか、その中からナイフが飛び出してくることはあるまいか？……これは、まずい。逃げるか〟

しかし、金縛りの呪文でもかけられたかのように、動こうにも動けぬまま、遂に、男は目の前に立ちはだかってしまった。

……驚くことに、男ではなくおばさんだった。顔中がシミだらけで、60歳くらいだろうか。

「……は、ハロー？」

……口がきけないのか、反応がない。カッと見開いた目は何を訴えかけているのか。深い静寂に包まれた公園に心臓の鼓動だけが響き渡っていた。

やがて女はビニール袋をまさぐりだし、視線を落とした。

その瞬間、チャンスとばかりに私は一目散に寝袋を引っぺがし、逃げようとリュックを掴もうとした。しかし、女は私の動作を遮るように、言葉もなく、何かを握った手を私の目の前に突きつけたのだ。

「……!!!」

時が止まったかのようだった。女はまばたきもせず私を直視したまま、拳をゆっくりと開いた。そこに見たもの。それは、三粒のグミ。

女は表情をニコリと一変させ、失った歯が目立つその口から、たった一言、喉から絞り出したようなかすれた声で投げかけた。

「メリークリスマス」と。


こんな汗だくの聖なる夜がこの先あるだろうか。

そう考えると、悪くはない。むしろ、最高のクリスマスだ。

4　プチサバイバル！――オーストラリア大陸最南端

潮風に乗ったカモメが宙を漂い、地上では野うさぎがたわむれワラビーが草を食み、相棒の青いボディが眩しく光る。柔らかいさざなみの音に満たされた野営地は、ただただボーッとしているだけでも幸せを感じられた。

東海岸を縦断したのち、メルボルンから船でタスマニア島へ渡り、ここで私は晴れて車を手に入れた。

これから向かう場所に車は必須だし、それに車中泊もできるため家にもなる。もう宿の場所やバスの時刻表を確認する必要もなく、ありったけの食料を買い込むこともできる。無限大の行動範囲と果てしない自由をも手に入れ、タスマニアのゆったりした空気とあいまって気分は上昇気流に乗っていた。

オーストラリアの中古車の売買は個人間で行われることが多く、町を歩けば車に「ＦＯＲ ＳＡＬＥ」と掲げられた紙をよく目にする。走行距離は日本のものとは比べものにならず、10万㎞台は慣らし、20万㎞台で普通といわれるほどだ。店で買うよりも格安の個人売買だが、もちろんリスクが付きまとう。購入してすぐに故障、廃車という悲惨な声も少なくなく、言わばロシアンルーレットのようなもの。州によっては車検もあってないようなもので、ここにオーストラリアの緩さというか、おおらかさ、いやテキトーと言うべきか……。

とにもかくにも、何をするにも自己責任の国なのだ。

こうして相棒となった車で運転の練習がてら、タスマニア島の最南端へ行ってみた。といっても先端への道は整備されておらず、道路の突き当りに「オーストラリアの道の終わり」なる看板が置かれているだけだった。

そもそも、離島を含めた場合の同国最南端はタスマニアではなく、1，500㎞ほど南にあるビショップおよびクラーク島という小島になる。おそらく日本の最南端の島である沖ノ鳥島と同じく、民間人は上陸できないと思われる。

このように離島を含めた端っこは、到達が不可能な場所が数多く存在する。やはり目指すべきは大陸の端っこになるのだ。

再びのオーストラリア本土へ海を越え、さっそく大陸の最南端へと相棒を走らせた。最果てはメルボルンから南東へ約200㎞、通称プロムと呼ばれるウィルソンズプロモントリー国立公園に位置している。大自然が広がるプロムには、数時間で楽しめるハイキングコースから3日以上かけて歩くコースまで整備され、夏には多くのキャンパーで賑わう。

最南端のサウス・ポイントへはハイキングの拠点となる集落、タイダルリバーから片道約20㎞。頑張れば1日で戻れそうだがここは一泊してゆっくり自然を満喫したい。道のりはいたって平和だ。美しいビーチを独り占めにしてはキャッキャと浮かれ、林の中からダチョウの姿にそっくりな野生のエミューがふらっと現れ、ノソノソと歩くハリモグラの愛おしさにはただただため息を漏らすばかり。

しかし、そんな平和ボケも一転。足元に激痛が走った。

何事かと思えば、２㎝以上はあるクワガタのような顎を持った赤いアリだ。これはオーストラリアの固有種で、英語ではブルドッグアントという名の殺人アリである。巣に近づく者はすべて敵と見なす超好戦的な彼らの毒針は、人間でさえも30箇所以上刺されると死に至るといわれている。靴下の上からでも蜂に刺されたような痛みで、音もなく忍び寄る彼らは蜂よりもタチが悪い。

実は殺人アリのみならず、オーストラリアのアリは基本的に厄介である。テント泊では幾度となく噛まれて目を覚ましたし、未開封のはずの袋麺を開けるとウジャウジャと飛び出す怪現象には悲鳴を上げた。袋など容易に突き破ってしまうのだ。

でも、やがてそれに慣れてくると、払い除けるのも面倒になりそのままお湯に投下し、〝いいタンパク源やんけ〟といった具合に気にしなくなる私である。

グリーンアントというアリの尻にはビタミンＣが含まれていることから、かつてのアボリジニの人たち、そして今の私の重要な栄養源でもある。プチッとした触感で風味はかぼすに似ている。

オーストラリアに来てから、こうして正面から自然と向き合うことが格段に増え、みるみる野生化していく自分がいた。

足元に注意しつつ出発から４時間ほど。ユーカリに囲まれた最南部のキャンプ地に到着した。ユーカリの葉が発するミントのような清涼感のある香りが、心を落ち着かせてくれる空間だ。

最南端はここから約３㎞。

オーストラリア大陸最南端
サウス・ポイント
到達 2014 年 2 月 25 日

ユーカリの森を抜けると水平線が顔を出し、もの淋しさを醸し出す朽ち果てた木々の間を進むと、やがてゴツゴツとした岩場に変わる。その一角にある、岩に守られるように佇んだ看板が、オーストラリア大陸の南の果てを示すものだ。

強風が吹き荒れる海の先２００kmには、タスマニアがそびえている。かつて陸続きであったというタスマニアと本土の間にはバス海峡が広がり、水深は70ｍほどと浅いものの激しい潮流と南極からの強い風によって、１，０００隻を超える難破船が沈んでいると言われている。

さらに海だけにとどまらず、上空を飛ぶ飛行機までが失踪するという、謎の未解決事件が相次いだ悪名高い海域だったそうだ。ＵＦＯの目撃情報も絶えないのだとか。

と言っても、そんな海のおぞましさなどどこ吹く風と言わんばかりの穏やかな夕日が、私を照らし続けていた。

キャンプ地へ戻り、川でトイレを済ませ尻を洗い、そのまま全身も清めた。川はタスマニアでもよく見た赤褐色に染まった水で、これは群生する植物に含まれたお茶などと同じ成分であるタンニンが流れ出したもの。問題なく飲用できるらしい。

こうして自然と一体化するようなワイルドな冒険に充足感を抱きながら、心地よい疲労とユーカリの香りに包まれ、少し腫れ上がった足をさすって眠りにつくのであった。

5　非現実的空間アウトバック

ここが地球、あるいは現実の世界であるとは、いささか疑わしい気もしてくる。３６０度、ぐるっと地平線に囲まれ、澄んだ青空と荒涼とした大地の二極の世界。何もない。……音もない。

そんな空間を淡々と、断固として伸びる一本の道が、遥か天と地の狭間に飲み込まれていく。

道の先に煌々と揺れる陽炎は、まるで異世界への入り口のようで、しかし決して追いつけやしない。だから、ここは確かに地球で、そして現実の世界であるらしかった。

人口の90%が沿岸地域に集中するオーストラリア。内陸部の人口希薄地帯はアウトバックと呼ばれ、広大無辺の砂漠と荒野が、ただただ静かに広がっている。住むには過酷で無慈悲な空間は、されど、だからこそ刺激的だ。

そんな非現実的な世界へと繋ぐのが、オーストラリアの南北を貫くスチュアートハイウェイ。全長約2，800kmに及ぶ大陸を両断するこの国道は、次の町までウン百kmと、規格外の無人区間が続く。最高制限速度は130キロにまで達し、気分も最高潮に昂揚していた。

風をぶった切り、悠然と流れる雲をいくつも追い抜いていく相棒も、すこぶる調子が良い。ロードトレインという全長50mを超えるトラックが、静寂を突き破るように横切り、今度は対向車線にまでまたがったオーバーサイズトラックが、やれ道を開けろと言わんばかりに気流をかき乱す。

東の方角には、長さ1kmはあるだろうか、四十車両を率いる大陸縦断鉄道、ザ・ガン号が地平線に沿って北へと大地を駆けていた。たまにすれ違う旅人と思われる対向車とは、北海道のバイクツーリングのようにサインを交わす。皆一様に笑顔だ。ピースであったり、手を振ったり、親指を立てたりと、それは現実離れした世界を旅する喜びの分かち合いか、景色に飽きた者の暇つぶしか。他の場所にはないアウトバックならではの風習がここにはある。もしくはそれは、互いの安全確認の意味もあるのかもしれない。

「この道のりを生き抜け」

「居眠り運転は死ぬよ」

「生きて辿り着いてください」

こんなメッセージが書かれた標識が等間隔に置かれ、ここでトラブルや事故を起こせば非常に厄介であることは容易に想像できる。無論、携帯の電波は届かない。

「動物に注意」となぜか日本語の看板も見かけ、トラックに轢かれたのだろう牛の強烈な死臭を嗅ぐたびに目が覚めた。夜間は特に危険で、ライトに吸い寄せられたカンガルーにでも衝突すれば、こちらもろともこっぱみじんだろう。車を守るためにフロントに備えたバンパーは、カンガルーバーと呼ばれ、日本でもかつては飾りとして四駆車の象徴だったが、こちら本場では防御装置として、長距離バスなどには必須の装備なのだ。

町よりは数は多いものの、それでも２００㎞ほどの間隔か、荒野にポツリと現れるガソリンスタンド。ロードハウスとも呼ばれ、宿泊施設やレストラン、バーなどが併設された憩いの場、まさに荒野のオアシスとなっている。それぞれのロードハウスは風情たっぷりのユニークな空間が多く、店内の壁にはずらりと国内各地の写真やナンバープレート、旅人が残したと思われる各国の紙幣やステッカー、国旗などが飾られていたりする。樽がテーブル代わりでビリヤード台が置かれたパブでは、カウボーイハットでキメた白人のおじさんたちがビールを流し込んでいた。その姿は西部劇のワンシーンそのものだ。

売店にはハエ除けネットが並んでいるのをよく見かける。アウトバックのうんざりな点はズバリ、ハエにある。地球上のハエのほとんどはここに存在しているのではないかと疑うほどで、それは時に黒い固まりとなる量だから恐怖すら感じる。

人の顔の脂分を求めて一斉に集まるため、たぶん５匹くらいは食べちゃったと思う。

こうしてオアシスで一息つき、それぞれの旅人はまた、ハエを振り払いながら荒野へと繰り出していくのだ。

やがて太陽は西へ傾き、雲と織りなす茜色の夕焼けが地上のすべてを覆い尽くす。〝空に勝る芸術など存在しないのだ〟と、ほとんど断言できるような光景に、危うく事故を起こしそうになるほど一人歓声を上げた。その記憶は永遠に色褪せることはないだろう。

暗くなれば、今度はこれでもかとばかりにざわめき散らす星々。病的なまでに現実と夢の区別がつかなくなるアウトバック。なにもかもが規格外、そして、地球を肌で感じられるアウトバック。

やっぱり、ここが地球、あるいは現実の世界であるとは、到底思えない。

6　目指せ、へそ！　――――オーストラリア大陸の中心地

「……戻るならまだ間に合う」

おずおずと荒れた土の上を走っている。見渡す限りの砂地で、冷や汗をしたたらせながら。

オフロード仕様でもなんでもない私の車。万一の場合の修理方法も知らない。きっと大バカ野郎だろう。でも、行かなきゃならない。

……いやしかし、パンクでもしたら？　やばくない？　帰りたい。

日中の気温は40度近くまで上がる砂漠地帯で、誰にも発見されずにカピカピのミイラと化した自分が目に浮ぶ。不安を煽ってくる「土埃や悪路に注意」の標識。コルゲーションと呼ばれる洗濯板のようなデコボコの路面が常時行く手を阻み、時に時速は20㎞を下回った。止まない車体の振動は、進む速度に反して不安を加速させ、脳をも揺らし、バカがもっとバカになっていく。

……エンジン壊れやしないか？　やばくない？　実家帰りたい。

風がピクリとも吹かず、巻き上げた砂埃は宙にとどまり背後の広大な砂漠を隠してしまう。それでもバカと不安は隠せない。

誰ともすれ違わぬまま3時間が過ぎたところで、やっと三叉路に差し掛かった。ここまで１３０㎞を走ったわけだが、ハイウェイであればその距離は1時間である。

このまま道なりに行くとフィンクという集落がある。おそらくこれまでと同じような路面で、ゆっくり進めばなんとか辿り着けるのだろう。だが私が向かうのはそちらではなく、左に舵を切らなければならない。

三叉路には丁寧にも「ランバートセンター　12㎞　４ＷＤ　ＯＮＬＹ」と書かれた看板が置かれていた。

さて、水を準備しよう。

実は私は端っこのみならず「真ん中」も大好物だ。もちろん地理的な意味合いであり、たとえば「日本のへそ」と言えば、兵庫県西脇市や群馬県渋川市、長野県の辰野町などが有名だろうか。あれ？　日本にへそが複数？　そんな疑問が湧くに違いないが、これについては後述しよう。

では、オーストラリア大陸の真ん中はどこか。思い浮かぶのがウルルではないだろうか。アウトバック最大の観光地であり、エアーズロックの名でも知られた世界最大級の一枚岩だ。ウルルは、オーストラリアのほぼ真ん中に位置していることから、「大地のへそ」や「地球のへそ」とも呼ばれたりする。日本では「世界の中心で、愛をさけぶ」という小説でも話題になった。

世界の中心に関しては、諸説あるかもしれないが、自分がここだと信じる場所。つまり「心の中」にあるのだろう。

そしてウルルは、「ほぼ」真ん中にすぎない。オーストラリアの「具体的」な中心地、それはウルルの東へ約３５０km離れた荒野の中にある。中心は、それ以上中央への行き場がない場所という意味では、地の果て、すなわち世界の果ての一つとも言えるのではないだろうか。

地図によると中心への道はあるものの、スチュアートハイウェイから逸れるとその先１４０kmは未舗装地帯。おっかなびっくりしながらも、残り12kmの三叉路までやって来たのだ。

しかし、ここから先は看板の通り四輪駆動車でしか進むことができない。それほどの悪路だという意味で、アウトバックにはこういった場所が多く存在する。私の車では行くことはできない。でも行きたい。

じゃあどうするか、選択肢は一択だ。歩くしかない。

こうして私はたっぷりの水を背負い、意を決して大地を蹴り出したのだ。


道幅は狭まり、辺りは乾いた木々がまばらに広がっている。これまでの黄土色の固い地面から、赤茶けた深い砂に変化した。なるほど、私の車で突っ込めばタイヤが埋もれて一瞬で動けなくなるだろう。地面には道しるべとなるいくつかの四駆車のタイヤ痕と、動物の足跡が続いていた。足跡は野犬の一種であるディンゴかもしれない。過去には人間を食い殺した例もあると聞いたことがある。

……あれ？　恐ろしいわ、やっぱ実家帰りたい。

それに、やはり猛烈に煩わしいのがハエだ。おびただしい数が羽音を唸らせ、ここぞとばかりに私の顔面を舐め回す。人間の汗という、この辺りではめったに巡り合えない貴重なご馳走ってとこだろうか。生きるための食事ならまだ分かるが、どさくさに紛れて私の耳をラブホテルとして活用し交尾に及ぶ輩に、心の底から絶滅を願うばかり。

ブルゥゥウウ〜〜〜ン。

１時間ほど進んだころだった。なんと後方から一台の車。

〝これは幸運だ！……いや、でも、ここは自分の力で行くべきでは？〟

歓喜と同時に、そんな考えも浮かんだ。それはまだ体力が有り余っているという事実でもあるのだが。

車はすぐさま私に追いついた。男女二人だった。

「Hi, Are you OK（大丈夫）?」と、助手席の女性が明るく気遣ってくれた。

それに対し私は「イェス！ 大丈夫、ありがとう」と素直に、でもそうでもないような気分で、答えた。快活に親指をも立て、いや、立ててしまった私を見た彼らは、少し訝しげな表情ではあったものの、颯爽と行って、しまいました。

〝……あれ? 俺バカなの? そこ乗せてもらってもよかったじゃん?〟

そんな気持ちが滲み出てくる。

でも〝いや、これでいい。人の手を借りずに俺は自分の力でやり遂げたい。ただそれだけだ〟

確かにこういう気持ちもあったのだ。しかしながら、大量のハエにストレスが蓄積し始めており〝やっぱ乗りたかったかも〟という後悔が湧いてくる。この状況であの気遣いを断るとは、悪路に揺られすぎてバカになってしまったのだろうか。……残念ながら九分九厘で先天性のバカだった。大丈夫。地道に上を向いて歩いてゆこう。いや、暑いしまぶしい。では、下を向いて歩こう。あれ? ディンゴ? 帰りたい。では正面を向け。

〝……ハエすげぇ、死にたい〟

そんな具合で、オーストラリアの中心で悲哀を叫んでいる時だった。なんと視界から消えたはずの車が再び姿を現し、こちらへ戻ってくるではないか。そしてキョトンとした私に、奇跡の言葉が贈られたのである。

「乗れよ」

……なぜか先ほどは険しい表情だった男性が、より一層険しい表情だったので、とにかく、ありがたく、荷台に飛び乗った。

圧倒的なスピードで流れゆく変わらない景色。その中で私は考えていた。大変喜ばしい展開ではあるが、彼らが私を見つけてからの一連の状況は、ざっとこんな感じだったのだろうと。

ブルゥゥウウ～～～ン。「……ん？　あいつか、あの放置してあった車の持ち主は。まさか歩いて向かうとは」『大丈夫かしら。まだ距離があるわね、暑いし乗せてあげましょう」「……うむ。……ん？　アジア人か？　てか、うわ～汗だくでハエまみれ。汚ぇ、乗せたくねぇ」「ちょっと、そういうこと言わないで。ハァイ、大丈夫？」「イェス！　大丈夫、ありがとう」「ほら、大丈夫だって。行こ行こ、うわ～きったね」「……いや、でも。……やっぱりダメよ、危険だわ。アナタ、戻って。乗せましょう」「大丈夫って言っててたじゃないか。きったねぇし、いいよ」「戻って！　もしものことがあったらどうするの？　アナタそんな人だったの？」

爽やかな女性の応対に反して、男性から漂った嫌悪感。そんなやり取りが目に浮かんだ。

せっかくの二人のバカンスに、水、いや汚物を差すわけにもいかず、車内ではなく荷台に乗せてもらうよう志願したのであった。そうこうしているうちに早くも到着したらしい。やっぱりどこか呆気ない。

しかし、同じ殺風景な景色の中でも、そこに建てられた人工物を目にして、気分は高まる。

　これこそが大陸の具体的な「真ん中」を示す記念碑なのだ。四方を鎖で囲まれた鉄のポールが凛として構え、先端にはくたびれたオーストラリアの国旗が音もなくはためいていた。

「ランバートセンター」。地図製作などで大きな貢献を果たした、ランバート博士に敬意を表して命名された記念碑のようだ。しっかりと「地理的なオーストラリア本土の中心地」と書かれている。

　だが実は、ここは中心地、の一つなのだ。不規則な形をした大陸の中心は、どこを基準にして測定するかで、あるいは測定方法によって変わるためである。

　ランバートセンターは、１９８８年に王立地理学会によって、大陸の海岸線上の２４，５００地点から算出された中心だという。

　スチュアートハイウェイはスコットランドの探検家から付けられた名称で、その彼も当時、大陸の中心を探し求めており、こんな日記を残している。

「１８６０年4月22日、日曜日、オーストラリアの中心、スチュアート山の下、スモールガムクリーク。今日、太陽の観測から、私はオーストラリアの中心でキャンプをしていることが分かった。木に印を付け、そこに英国の旗を掲げた」

　この場所はランバートセンターから北へ約４００㎞に当たる。他にもいくつかの、あらゆる定義と計算方法で割り出された中心が存在するとのことだ。これが各地にへそが点在する理由であり、オーストラリアよりももっと複雑な地形をした日本には、真ん中

オーストラリア大陸の中心地　ランバートセンター　到達 2014 年 3 月 22 日

と主張する場所はなんと28カ所以上もあるといわれている。

どうも腑に落ちないし、釈然としない。かつ先端よりもさらにニッチな場所だが、この中心地にも少なからず訪問者がいる。それは一体なぜなのか。ただの好奇心だけに留まらない、惹き寄せられる何かが、真ん中にもあるのだろう。

一つではない中心地。そのどれもが正解であり、あるいは正解はないのかもしれない。

つまるところ、自分が納得できるのであれば、そこが中心なのだ。すなわち中心は自分の「心の中」にあるとも言えるだろう。

7　謎の独立国家ハット・リバー公国

カチャンッ。小気味よい音と共に「入国」のスタンプがパスポートに押された。

「ようこそ、我が国へ」

〝入国審査官〟を兼ねる〝国の王子〟は、優しく微笑みながら歓迎してくれた。

1970年4月。一人の小麦の農場主がオーストラリア政府に不満を呈し、自身が所有する土地に「国」をつくった。国民は20人ほど。自分の家族と農場の使用人だけ。茶番に思えてしまうが、それでもしっかりと独自の通貨を持ち、独自のパスポートや切手も発行され、郵便物も出すことができるという。

そんな謎の国家が、西オーストラリア州の州都、パースの北へ約500kmの場所に存在する。その名もハット・リバー公国。

雑木林だけが広がる未舗装の道の先にあり、レンガのゲートには看板が置かれ、「訪問時間は9時から16時」と書かれていた。まるでお店のようだが、これでも国なのだ。

国土は75平方km。世田谷区と新宿区を足した広大な土地でも、建物は数えられるだけ。

高さ130cmほどの国王の石像に迎えられ、隣には教会と事務所が並ぶ。さしずめこの場所が「首都」なのだろうが、国民は一人も見かけない。

入国管理局でもある事務所に入ると、国王の息子さんである王子に歓迎され、出入国スタンプを押してくれる。入国料ないしビザ代が300円ほど徴収されるものの、思い出に良いだろう。ただし、パスポートにはこうした謎の国のスタンプを勝手に押すことは本来はＮＧである。自己責任でお願いしたい。

壁には誇らしげに一枚の紙が掲げられていた。オーストラリア政府からのもので、ハット・リバー公国の法的正当性を認めた文書だ。オーストラリアの居住者ではないため同国の税制からは除外され、また公国のパスポートは有効であるという。

ただ、「法的」にであり、公式にはオーストラリアはハット・リバーの独立を認めてはいない。まさにここは、国ではないけれど、一つの国と言えるのだろう。

事務所には世界各国の紙幣などがズラリと展示されていた。日本円ももちろんあり、百円札や五百円札まであった。だが展示物の中でなによりも目を引いたのは、忍者ハットリくんのお面だ。ハット・リバーだけに、ってとこか。はるばるここまで持ってきてくれた人に座布団10枚あげたい。謎の国家という、好奇心に溢れた来訪者はあとを立たず、年間４万人が訪れるという。

事務所の正面には、青と黄色の独自の国旗が掲げられた庭園があり、その先には土産屋が立つ。そこでは独自通貨のハット・リバードルを買うことができる。オーストラリアドルと等価だが、もちろん使えるのはここだけ。ただ郵便物などを出す場合、消印はオーストラリアではなく、しっかり「ハット・リバー」と押され送られる。また、自動車のナンバープレートも発行しており、新車登録も可能となっている。

ところで、土産屋の店番をしていたのは、よれよれのシャツを着た物腰の柔らかいおじいちゃんだった。何を隠そう、彼が建国者であるレオナードさんだ。誰か他にスタッフはいないのか、果てしなく国王の無駄遣いである。

レオナードさんが建国に至ったのは１９６９年。西オーストラリア州政府が小麦の販売量の割り当てを決定した際、自分の農場に当てられた販売量が不十分だったことに異議を立てたことから始まったという。州政府や首相からも批判を受けてきたが、それでも彼はめげずに自分で法律を学び、ここまでやってきた。

政府に腹が立つから独立する。という、我々日本人も盛大に見習うべき行動力だろう。ここで気付かされるのは、今ある国だって、人がつくったもの。だから誰しもが自分の国をつくることができるはずなのだ。

国とは、領土、国民、主権の三つがそろえば成立するという。それが国際的に認められることで、独立国となる。認められるか否か、それだけ。

独立していると認定されていない小さな自称国家を、ミクロネーションという。ただの遊びや趣味でつくる者もいれば、ハット・リバーのように政府に不満を持ったり、先住民などがまじめに独立を主張したりする国家もある。

実はオーストラリア国内だけでも、ミクロネーションは約30カ国もあるといわれている。シドニー郊外のモスマン市に位置するワイ公国は、国民は自分の家族だけ。家の敷地内に道路を敷きたかったが、それが却下されたことに反発し、モスマン市に独立を宣言した。その後、市は宣言を受理している。

また、ゲイアンドレズビアン王国という国家も存在していた。国歌名は「ありのままの自分」。彼らの貢献もあってか、２０１７年11月、オーストラリア政府は同性婚を合法化。これを受け王国は解散している。

まるで学生のサークルのようだが、このようにして誰しもが主張し、行動を起こせば、国を動かすことだってできる。

「息をする限り、希望を持つ」

これはハット・リバー公国の標語だ。独立でも何事でも、とにかく諦めずに続けること。これが何よりも難しいけれど、何よりも大切なことだと、この国は教えてくれる。

8　世界の果ての塩――オーストラリア大陸最西端

「YOU ARE ABOUT TO ENTER A HAZARDOUS AREA（あなたは危険なエリアに入ろうとしている）」

歩き出してほどなくすると、こんな看板が現れた。

「ENTER AT OWN RISK（このさき自己責任で）」とも書かれている。この警告は車に対してのもの。では徒歩はというと、論外に決まっている。往復80㎞の砂地を、２日で踏破しようと考える私は馬鹿野郎に違いなかった。それでも、何がなんでも行きたい。行く。

20ℓの水と食料などを詰め込んだリュックを肩に食い込ませ、私は歩みを進める。

その前日のこと。オーストラリア大陸最西端の町、デナムへと続く幹線道路を逸れ、肝を冷やしながら未舗装路を１００km走った。目指すはもちろん西の果て。しかし、再び立ちはだかる「４ＷＤ ＯＮＬＹ」の壁。先端へは残り40km。とてもじゃないが、歩きたくはない。もしかしたら車が通りかかるかもしれない。ほとんどそれに懸けていた。そして祈りは早くも、一台の四駆車によって叶うかに見えた。が、おじさんは「ごめんな」と言い残して去っていった。理由は分からない。

またきっと誰か来る。と待ち続けるも、やがて日は暮れていった。

そして見渡す限りの砂の世界で、赤く染まる太陽を前に、私は覚悟を決めた。歩くしかないと。こうして今朝、出発したわけである。

徐々に砂が深くなってきた。足を取られながらも10kmほど進むと、悪路の本領発揮といったところか、小高い砂丘がそびえていた。麓には標識が立ち「Let your tyres down（タイヤの空気を抜け）」とある。これは、タイヤの空気圧を下げて地面との接地面積を広げろということ。そうしないと砂丘は登れない。

仮に四駆車を持っていたとしても、こんな場所を一人で突破できただろうか。結局はここから歩くのではないかと想像して、なんだか笑えた。

前傾姿勢でゆっくりと、踏み出す。荷物の重みで足が沈み、余計に力がいる。汗が滴り砂を濡らす。

「戻るならまだ間に合う」「いや、まだ行ける」二つの思考のせめぎあい。

あと30km弱。この先の行程次第だが、体力的には行くことはできるはず。でも帰りが気がかりだ。何よりも水の消費が怖い。引き返す勇気も必要だろう。

荷物を下ろし、肩のストレッチをしては、また進むことを繰り返した。と、その時だった。後方からエンジン音がした。車だ。中年のご夫婦だろうか、これは大チャンス。

……しかし、窓越しの彼らは怪訝な表情だった。そして開口一番、なかば呆れたように男性は言い放った。「何してんだ？」と。私は面食らった。

「……えっと、先端へ向かってます」

「今すぐ戻れ」

男性は語気を強めた。

……何も言えない。歩くなど馬鹿げていることは分かっている。それでも、自分なりに覚悟は決めているのだ。

「どうしても行きたいんだよ」

「……そうか、頑張れよ、じゃあな」

車は猛然と走り去った。

彼の言葉は善意に違いない。でも余計に、力が入った。絶対に行ってやると。

しかしそんな闘志も、束の間のことだった。

車は少し先で止まった。砂に埋もれて動けなくなったのだろうか、いや、そうではない。

「おい、約束しろ。もうそんなことするんじゃないぞ、命を大事にしろよ、乗れ！」

縦に横に揺れ、砂を巻き上げ車は疾走していく。砂丘の上からはコバルトブルーの海が垣間見え、気持ちが高ぶった。

とはいえ、中心地へ挑んだ時とまったく同じ展開に苦笑するばかりだ。安堵しつつも、せっかくの夫婦水入らずの時間に汗と砂まみれの汚物を混入させてしまったことに申し訳ない気持ちでいっぱいになる。

急な砂丘をいくつも越えて行くと、やがて一軒の建物が目に入った。どうやら先端部は国立公園になっていて、管理人が常駐しているようだった。まさかこんな地の果てに人が暮しているとは。全身の力が抜けた。

とにもかくにも、どうにか辿り着くことができたオーストラリア大陸最西端の岬、その名もスティープ・ポイント。

周辺一帯は断崖絶壁が続き、その一角に大海原を背にして看板が立てられている。これが最果てを示すものだ。

吹き荒れる風に劣らぬ会心のガッツポーツである。

眼下には遥かインド洋が広がっている。その先には、アフリカ大陸がそびえているという事実に、鳥肌が立つのを隠しきれない。

ところで、スティープ・ポイントはシャーク湾の一部に属している。この湾はシャークだけにサメの群生地であるほか、ジュゴンの世界最大の生息地でもあり、モンキーマイアと呼ばれる保護区は野生のイルカに餌付けできるスポットとしても有名だ。

また、世界で唯一、地球最古の生物とされるストロマトライトの大規模な現生群を見られる場所でもある。見た目はただの黒い岩だが、これは藍藻類などが堆積した生命体。およそ35億年前から存在している生きた化石であり、地球上で初めて光合成によって酸素を作り出したとされ、すなわち生物の起源とも言える。これほどの群生が見られるのは、シャーク湾は塩分濃度が高く天敵がいないからではないかと考えられているそうだ。

このほか世界的にもまれな、砂ではなく貝殻が堆積してできた１００㎞に渡る長さのシェルビーチがあったりと、実に個性的なシャーク湾は世界自然遺産に登録されている。

つまり、スティープ・ポイントは「世界遺産に含まれた世界の果て」という極めて贅沢な場所なのだ。さらに、最西端となれば、オーストラリア大陸で最後に沈む夕日を見届けることもできる。茜色に燃えるその太陽は、アフリカでは朝を告げているのだ。もう鳥肌とロマンティックが止まらない。

さて、気がかりだった帰りの分の水と体力は、乗せてくれたご夫婦のおかげで足りそうだ。今夜はこの辺りでキャンプして明日に備えよう、と動き出した時だった。

「あーー！　お前は昨日の！」と驚きの声をあげながら、一人の男性が私を指差していた。よく見ると、前日に私の乗車を拒否していたおじさんだった。彼も旅行者のようだ。あれからの経緯を話すと、こいつぁバカで面白い奴だとばかりに気を良くし「今夜うちのテントにメシ食いに来い！」とのお誘いをいただいた。

さっそく覗いてみると、これが驚いた。外から見れば確かにテントでも、中は冷蔵庫が七台にシンク付きのキッチン、テレビにステレオ、トイレまで置かれ、もはや立派な家だった。

ここに彼の友人など10人で、3カ月も滞在するのだとか。もちろんテント内のすべての物は彼ら自身で運び込んだそうだ。オージーは遊び方が実に豪快である。優しいさざなみのBGMに、空を埋め尽くす星々。テーブルにはその日に獲ったという海老のリゾットが並び、次々とビールが開けられ大賑わいの夜であった。

ここで一つ気になっていたことが分かった。前日はスティープ・ポイントへと続く道と、もう一つの道がある三叉路で夜を明かしていた。そのもう一つの道の先約20㎞には、ユースレスループという名の町があるらしい。しかし三叉路に立てられた標識には「CLOSED TOWN（閉鎖都市）」と書かれ、町に入るには許可がいるようだった。深夜、ふと目が覚めると、その町の方角が不気味に明るかったのだ。町は閉鎖されているのではないのか。この僻地っぷりから察するに、秘密の軍事基地なのではないかと思っていた。だがその正体は、天日塩の生産地であった。

町には会社関係者だけが住み、その会社が三井物産だというから驚きだ。ユースレスループの意味は「役に立たない湾」だが、それはこの辺りが砂州で船が入り込めないことから由来するという。そんな場所が、塩分濃度の高い海水と乾燥した気候などで塩の生産に適しており、今や最高級の品質を誇る塩田だというのだ。もちろん日本にも輸出されており、知らずにその塩を口にしていた可能性は十分にあると考えると、また鳥肌が立つのであった。

オーストラリア大陸最西端　スティープ・ポイント　到達 2014 年 4 月 22 日

翌日は幸運にも、世界の果ての管理人に車の元へ送り届けてもらえることになった。彼も昨夜、夕食を共に楽しんでいたのだ。

「今日から歩いて来ようとする奴がいないかチェックしないとな」

チクリと彼はそう呟いた。

でも、がっちりとした握手と、その笑顔には優しさがあふれていた。

9　未来の自分に託した場所
――オーストラリア大陸最北端

「俺はこの大陸を制するためにやってきた」

あれから約1年。そのほとんどをやり遂げた。

オーストラリアの旅の始まりと終わりの地、ケアンズ。

私はあの時と同じ宿、同じベッドの前で、

そわそわと立ち尽くしていた。

最後にベッドという寝具の上で寝たのは、いつのことだろう。記憶を巻き戻してみたところ、どうやらシドニーだった。つまり私は、それからおよそ8カ月もの間、車とテントで夜を明かしていたのである。だから、ベッドの上で眠るという行為にどこか違和感があった。そして不思議なことに、あの時よりもベッドが小さく見えるのだ。部屋も、こんなに狭かったかと、驚いた。

オーストラリアの規格外の自然に囲まれていたからそう感じるのかしれない。もしくは自分が、自分の心が、大きくなったのだろうか？ 1年の時を経て、ずいぶんと度胸がついたことは間違いない。

そうだ。1年前、初めての海外ひとり旅で右も左も分からなかった自分はもう、いない。今やすっかり熟練の〝ホームレス〟なのだ。

違う違う、熟練の〝旅人〟なのだ。外でメシを作り、外で食べ、外で眠った。シャワー？ ペットボトルの水でオッケー。トイレ？ ペットボトルの水でオッケー。洗濯？ 公園。

あれ？ 結局それホームレスやんけ。

まぁ物は言いようだ。この間、3カ月ほど西オーストラリア州の北部にある農場で働かせてもらっていた。好景気なこの国。最低賃金は東京の倍以上だった。住まいは格安のキャンプ場で、食料は積極的に見切り品を狙い節約に励み、これまで消費した旅の資金のほとんどを取り返した。毎日キャンプ場のテントから「出勤」するという珍妙な思い出も、記憶に残り続けるだろう。

タスマニアから約２万㎞をともにした相棒は、一切の不具合なくゴールまで導いてくれた。ペーパードライバーだった私が、今や簡単な手入れからエンジンオイル、タイヤ交換までこなす。ちなみに韓国人から約25万円で手に入れた相棒は、ドイツ人に20万円で手放した。御の字である。

英会話は自然と何を話しているのかは理解できるようになっていた。センキューとアイムソーリーくらいしか言えなかったあのころとは、歴然の差だ。

自分の変化が目に見えるほど感じられた。変わらなかったのは低い身長と、頭の悪さと、足の臭さだろうか。これらはむしろ悪化した気もしなくはない。

とにかく、これから始まる旅の本番へ大きく繋がる完璧な1年。大成功に終わったオーストラリア大陸一周。

そして忘れるわけにはいかないのが、最後に取っておいた最北端への冒険だ。

ヨーク岬半島の先端、ケアンズからおよそ1，０００㎞。そのうちのなんと約７００㎞が未舗装といわれる道のりだ。

例によって４ＷＤ ＯＮＬＹである。つまり、私はまたしても歩いて……、いやさすがにそこは成長を見せ、10万円をはたいて借りた頑強な四駆車で突撃する。

最北端を最後に取っておいた、というのは半分嘘だ。初めに行かなかったのは、あるいは行けなかったのは、単純に怖かったから。そう、まだ尻が青かったのだ。

ケアンズへ戻って来るころには、心身共にレベルアップしているに違いない。そう未来の自分に託していたのである。その自分は今、確かにここにいる。さぁ、始めよう。

パリンッ……。

……あれ？　やっぱ実家帰りたい。

往復6日間の行程。その出発からわずか5時間でのことだった。やっとマニュアル車の半クラッチ操作に慣れてきたころに、対向車のトラックが巻き上げた一つの小石。鮮やかな直径5㎝の穴と長い亀裂を、見事なまでに我が車のフロントガラスに飾ってくれた。悪い夢じゃないかと何度も目をこすってみたものの、傷は消えることはなかった。

熱帯地域だというのに、その隙間から漏れ出てくる風は、妙に冷たい。振動によって、ポロポロと音を立ててこぼれ落ちるガラスの破片。それはまるで、涙のよう。

〝……戻るならまだ間に合う。…でもちょっと待て〟

なぜ私は心にまで傷を負っているのか。自分は何を恐れているのか。このままフロントガラスが崩壊するかもしれない？　その時はその時だし、おそらく死ぬわけでもない。では何が不安なのか。修理費か。一体いくらだろう。でも記憶を辿れ。確かフロントガラスの損傷は補償内だったはずだ。つまりどうってことはない。そもそも生きていれば、それでいいじゃない。

そう思えた瞬間、急に心が軽くなった。

「最終章、こうでなくちゃ」

この切り替えも、これまでの旅の賜物に違いなかった。ニュートラルの位置にあった心のギアもトップに入れ、私はジャングルの奥へと進んでいった。

「半島には至るところにワニが棲んでいます」

こんな警告看板に思わず顔がにやける。看板の上には半島に点在する各村への道路状況が「ＯＰＥＮ」と示されていた。雨季は道が冠水するため、陸路で行くことができるのは乾季のみとなる。

さて、道のりはオフロードが東京から青森間くらいの距離で続くと聞いていたものの、実際は随分と舗装工事が進んでいた。それでも６００㎞近くはあると思われるが、路面も基本的に安定していて、多少ラフな場所でも四駆車であればそこまでの緊張感はない。

テレグラフトラックというかつての旧道は、これが本来の四駆車の使い方だと言わんばかりの、想像を絶する道のりが続いている。その道は現在でも開かれているものの、残念ながら並みの運転技術では走破は不可能だ。

いくつもの橋のない川を越え、時に車両は水中に浮くという。中でもガンショットクリークと呼ばれるほぼ直角の崖は、四駆車の猛者の度胸試しの場として知られている。私が通った新道はこれからも舗装が進み、ゆくゆくは軽乗用車でも走れる日がくるのだろう。時代とともに利便性が高まる一方で、着々と「冒険」の基準値は下がっていき、そしていずれは失われていく。それと比例して達成感の類も薄くなっていく。だからこそある者は、あえて自分を苦境に立たせ、自ら冒険を創り出したり、旅に目的やテーマを掲げるのだろう。

黄土色の道と乾いた木々の変わらない景色を走り続け、小気味よい振動ともあいまって眠気に襲われる。だが時おり高さ5ｍはありそうなアリ塚が現れては、規格外の自然美に目が覚めた。

やがて大きな川へぶつかった。これを渡し船で越えると、いよいよ半島の先端部となる。船着場には、先端地域におけるアルコールの所持制限に関する注意書きがあった。1カートンのビール、またはワインは2ℓまでと、かなり厳密だ。違反すれば罰金のほか、18カ月の拘留、車の没収と相当厳しい。

この辺りは先住民族アボリジニのコミュニティであり、酒の規制は彼らに向けられたものだろう。かつてのイギリスの植民地化に伴い、アボリジニは土地を奪われ、虐殺、迫害、そして白人社会に同化させられるなどの悲惨な歴史がある。それらを踏まえた上で、オーストラリア政府は現在、給付金の支給という形で彼らの生活を援助している。しかし、援助によって働かなくなった者が溢れ、酒に溺れた。その結果、アルコール依存による死亡率や犯罪率の高さが深刻な問題となっているのだ。

実際にこれまで見てきたアボリジニの人たちは、昼間から路上でぐでんとして騒ぎ立て、特に都市部では何かと物騒なイメージがある。先住民との共存はおそらく世界どこでも、簡単ではないのだろう。

先端部の町バマガ周辺には、数多くの戦闘機の残骸が眠っている。オーストラリアの北部は第二次世界大戦中の激しい戦場となっていたのだ。これらの戦闘機を標的としたのは、実は日本軍だった。歴史上オーストラリアを攻撃した国は唯一、日本だけ。

ノーザンテリトリー州の州都、ダーウィンが被害の最たる場所で、市民の中には日本人に対して快く思っていない人もいるだろう。バマガ近郊には小さな空港があり、滑走路は戦時中に爆撃機を飛ばすために敷かれたものだそうだ。先端部は雨季には陸の孤島となるため、現在の空港は市民の足と、物資の空輸地と重要な玄関口となっている。

これまでの旅の余韻に浸かりながら、まだ暗闇に包まれたジャングルを、ゆっくりと走っていた。オーストラリアの旅が終わってしまう侘しさとともに。

やがて海が顔を出し、遂に道は途切れた。ここから歩いて丘を登っていく。東の空は紫色を帯び、朝と夜の狭間にいた。西には静かなビーチが広がり、薄紅色の雲が水面にも映し出されている。ただただ、美しい。

丘の頂上には記念碑が立ち、ここから世界各地への距離が示されていた。東京までは５，１６０kmらしい。頂上からはアラフラ海を見渡せた。水平線を背にした島が二つ、正面に浮いている。この先わずか１５０kmほど北に、パプアニューギニアがそびえているのだ。ヨーク岬半島とニューギニア島はかつて陸で繋っており、アボリジニはここからオーストラリアへやってきたと考えられている。

アラフラ海にはいくつもの島が点在し、中でもここから30kmにあるサーズデイ（木曜）島は、明治から戦前にかけて、周辺の海域に生息する真珠貝や白蝶貝の採取に多くの日本人が従事していたそうだ。全盛期には島民の七割近くが日本人で、そのほとんどが和歌山県南部の出身者だったという。大きな収入を夢見て海を越えた潜水夫たち。し

オーストラリア大陸最北端　ヨーク岬　到達2014年9月20日

かし過酷な作業で潜水病などにかかり、およそ800人が命を落としたといわれている。

和歌山県の串本町に位置する潮岬は本州最南端の地であり、岬に設けられた休憩所には、当時使われていた潜水具などが展示されている。

丘を下りていくと岩棚に差し掛かり、その先端に佇んだ、水しぶきを浴びた質素な看板が、「あなたはオーストラリア大陸の最北端に立っています」と、歓迎してくれた。

しみじみとしている間に、真っ赤な雲を従えた太陽が姿を現した。海から昇る朝日を最後に見たのはいつだったか。

そうだ、最東端のバイロン・ベイだ。あれからもう10カ月か。そして、オーストラリアの大地を踏んでちょうど1年。

「俺はこの大陸を制するためにやってきた」

それがたった今、すべて、終わりを迎えた。

◇コラム◇ 南回帰線

人はなぜ、境界線に惹かれるのか。日本でも県境などを越えるとき、なんとなく嬉しくなっちゃうのは私だけではないはずだ。

オーストラリアでは東西の二カ所で南回帰線を訪れた。

英語で「Tropic of Capricorn」。赤道の南を走る南緯 23 度 26 分のこの緯線は、冬至線とも呼ばれ、その名の通り冬至の日に太陽が真上にくる地点だ。反対の夏至線と呼ばれるのが北回帰線となる。

赤道を中心に、北回帰線と南回帰線に挟まれた地域が熱帯地域と定義付けられている。つまり南回帰線とは、熱帯地域と、四季のある温帯地域の境界線とも言えるのだ。

クイーンズランド州の都市、ロックハンプトンを通る南回帰線のモニュメント

西オーストラリア州の道路を横切る南回帰線

第 2 章　東南アジア漫遊

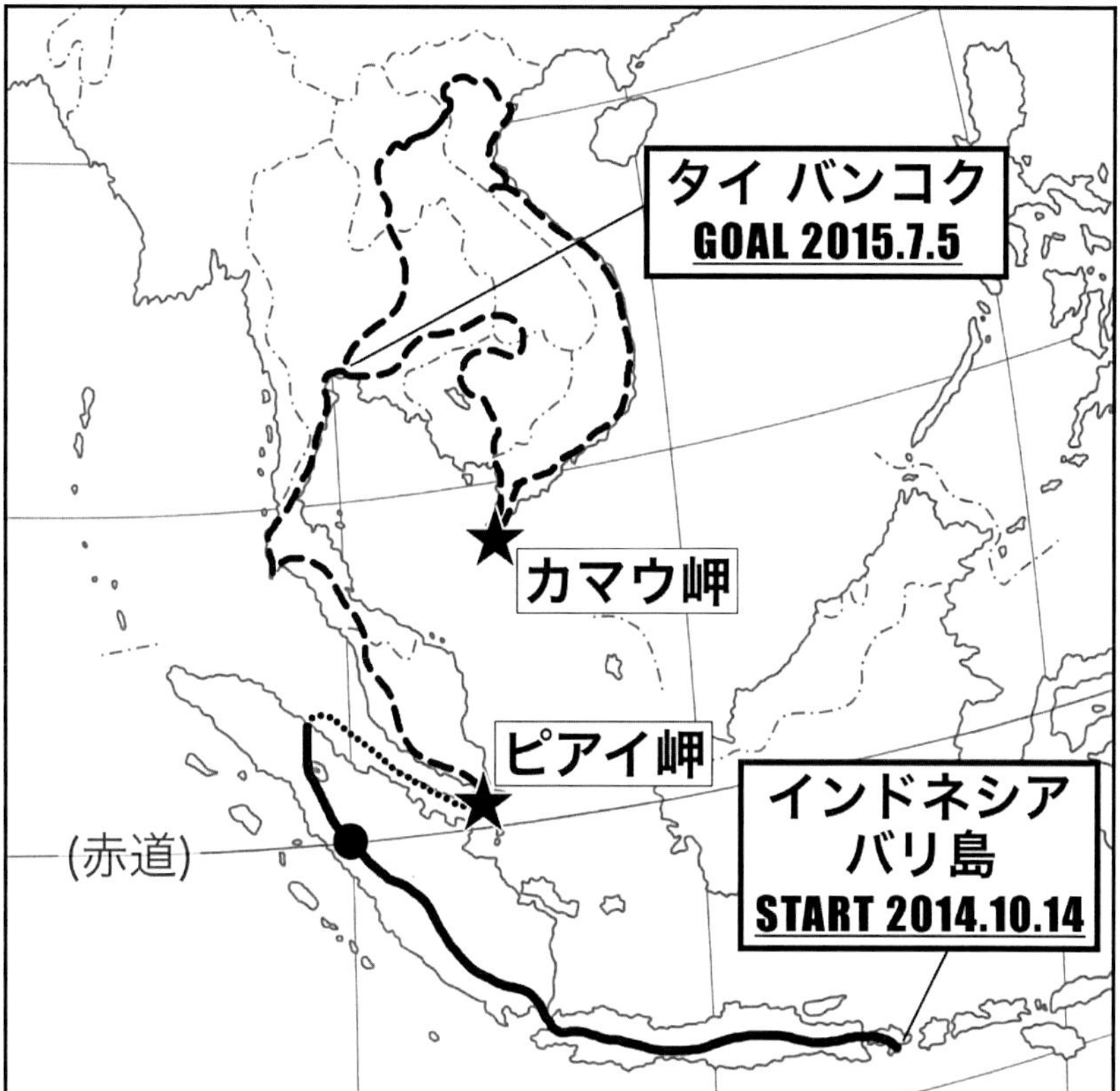

タイ バンコク
GOAL 2015.7.5
カマウ岬
ピアイ岬
インドネシア
バリ島
START 2014.10.14
(赤道)

1　スプライトでおしりを拭いた日

むあっ～、と体にまとわりつく生暖かい空気と照りつける太陽、そしてお線香の匂い。

〝これが東南アジアか〟

装備を整えるため一時帰国したのち、世界旅の本番となるスタート地点として選んだのはインドネシア、バリ島。

「タクシー？　タクシー!?」

空港の外できょろきょろしていると、一つの餌に群がる鯉のごとく、浅黒いおじさん達に囲まれた。ホテル街までは５㎞。彼らが提示する運賃は情報よりも遥かに高かった。なるほど、これがボッタクリというものか。彼らは心も浅黒いらしい。

「ここからホテルまではとても遠いんだぞ!?」

おじさんは詰め寄った。

しかし私は、「いいかいオッチャン、あんた鼻毛出てっぞ！　２本。それはどうでもいいとして、５㎞なんて目の前じゃないか。じゃあな！」

断固拒否した。だが……。

……あれ？　爪から汗が出るなんてことある？　それほど汗で濡れていた私に、宿のスタッフが挨拶もそこそこに「荷物持ったまま海に入ったの？」と。……やかましいわ。

つまるところ、想像を超えた蒸し暑さの５㎞はとても遠かったのである。

それでも、「お土産はこっちだ！」「バイク乗るか？」「はっぱ！　はっぱ！（大麻のこと）」

と、外を歩けば右から左から、誰かしらが声を掛けてくる面白さ。これはオーストラリアにはない。

　アジアの喧騒は刺激的で毎日が新鮮だった。宿も一泊７００円と安い上に、朝食まで出てくる。賞味期限が１週間くらい過ぎていそうなスカスカの食パン二枚と、お皿に載せてみましたと言わんばかりに乱雑に盛られたジャムとマーガリン。そしてコーヒー。ささやかでも嬉しい限りだ。

　乾いたパンは口内の水分を根こそぎ吸い取り、必ずせき込むため、そこにコーヒーを流し込むのがこの朝食の食べ方である。砂糖が入った瓶の中には、今日も順調に二匹のアリが住んでいた。

　大丈夫、もはやこの程度で俺は驚かない。アリの大産地オーストラリアでは、たぶん20匹くらいは体内で消化しちゃったからだ。

　しかしこのアリさん達は、お家に帰れずに泣きじゃくっているのか、それとも大好きな砂糖に囲まれて大はしゃぎしているのか、果たしてどっちだろう。そんなアリに感情移入し「幸せとは何か」を考えながら用を足していたある日、事件は起きた。

　インドネシアは基本的に水でお尻を洗う。その際に、あろうことか蛇口をひねっても水が出ないのだ。これは最大級のクレームだろう。今すぐに汚いお尻がパンツにつかないよう上手いこと歩いて行って、スタッフに怒りたい。……いや、でもやっぱり立ち上がるには気が引ける。

「へーイ！　ノーウォーター！　エクスキューズミー！」

何度か大声で訴えてみるが、聞こえていないらしい。こういう時に限ってミネラルウォーターはない。ティッシュもない。悲しきかな、あるのは三分の一ほど残った生暖かいスプライト。

……あれ？　キミに決めた。ちなみにコーラよりもスプライト派です。どうでもいいわ。まさか世界中で愛される飲み物を後処理に使うとは、コカコーラ社にお詫びの手紙を送りたい。

よし、深く息を吸え。……ッ。……あ、……あっ、……おぉうっ。

はじける炭酸!!

この国では左手は不浄の手とされ、もちろんお尻は左手で洗うものだが、そんなことは言ってられない。限りなく少ない洗浄液で効率的に洗うにはなんてったって右手だ。むさ苦しいトイレは必死の洗浄だけに、戦場と化していた。

さて、世界旅の本番は、スプライトの気はほとんど抜けていたのだが、私のおしりは気合い入りまくりだったという話から始まるのである。

ごめんなさい。

2　ゴッドハンドのいるマッサージ屋

「ニホンジン？」

道端で大好きなスプライトを飲みながら休憩していた時だった。例のごとく突然絡んできた一人の男性。彼の名はアンディ。バリには日本人観光客が多いこともあってか、日本語を話せる人がやたらにいる。彼もその一人だ。

「暇だったから話しかけた」

こんな素直な回答が飛び出す人見知りのないインドネシア人。好き。

初めは私が日本人かインドネシア人か、微妙なラインだったらしい。早くも日焼け効果により現地に溶け込めそうになっていた。

どこか気の合うアンディと一緒に食事をしたあと、彼の長年行きつけであるというフットマッサージ屋へ連れて行ってもらった。バリと言えばマッサージ。オバさんやお姉ちゃんが店の前でよく声を掛けてくる。１時間５００円ほどで受けられる安い店が多いが、やはり質もそれなりのようだ。彼が通う店は、少し高めだという。現地人の彼の行きつけとなればさらに期待できる。

店内に入ると、独特なニオイに包まれた。

これは施術の際に使うオイルか何かの香りだろうか。否、明らかにワキガ臭である。担当は女性かと思いきや、ここは大の男二人であり、ニオイの根源はお前らのどちらかだ。

さて実は私は、フットマッサージは痛いだけだし好きではない。ただ、こういう時しかやる機会もないし、足裏は身体の縮図といわれているし、自分の悪い所を把握しておくのもいいと思ったのだ。いざ始まると、基本的にどこも多少なりの痛みを伴った。あれ？　これはつまり、私の体は末期なのか？　さらには、ひときわ痛みが強い部分があった。不安を感じ、恐る恐るワキガかもしれない施術師に聞いた。そこは、その場所が痛いということは、ズバリ体のどこが悪いのか、と。すると彼は、いったん口をムッと閉じ、気のせいだろうか、ニヤついたように見えた。そして日本語で答えた。

「アタマ」と。

〃……やかましいわアンタ〃

……しかし悲しきかな、心当たりはある。

アンディに横で爆笑されながらも私の施術は続く。基本的にどこも痛い中で、今度は痛みが一切ない部分があった。これは気になる。

その無痛の場所はズバリ、どこなのか。私の体のどこが絶好調なのか、聞いてみた。すると彼は、いったん口をムッと閉じ、またもニヤついたのは気のせいだろうか、そしてやはり日本語で答えた。

「チンチン」と。

〃……てんめぇえぇッ、絶対おちょくっててんだろ！〃

こんなインチキマッサージ屋なんか信じられるかよ。

しかも驚くべきことに、アンディ担当のワキガかもしれない男は、足を一切見ずに施

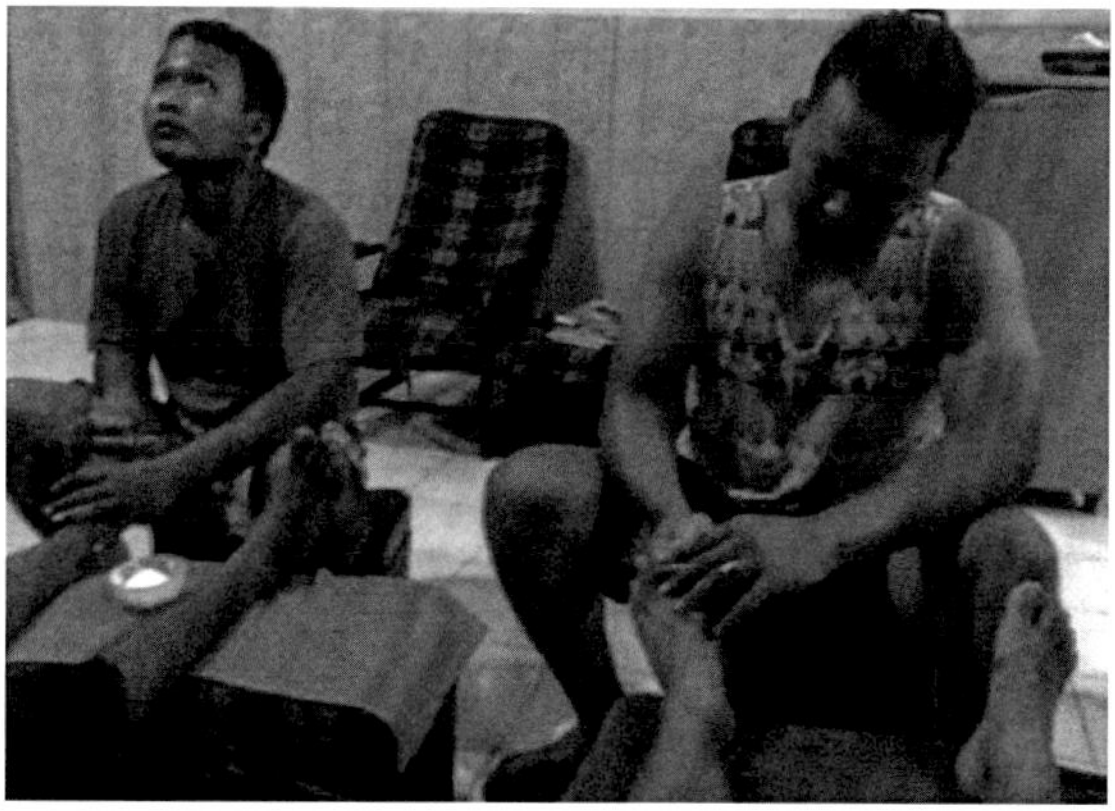

左のアンディ担当はずっとこの調子だ

術していたのだ。キミは幽霊でも見えているのか宇宙と交信しているのか、病的なまでに一点を見つめて離れない。彼の視線の先にはテレビがあるわけでもなく、壁だけだ。

いや、もしかしたら彼の場合は直接見ずとも、感覚でやってのける、ある意味ゴッドハンドなのかもしれない。

〝いやいや、んなワケあるか。どうせ今夜なにを食おうか、くらいの事しか考えていないのだ〟

ワキガ臭も酷いし気分が悪くなってきた。なんだかんだ言っても一番驚くのは、アンディがここを行きつけとしている点である。

さて、世界旅本番の二話目は、私の頭はとっても悪くて下半身がすこぶる元気だぞ。というインチキ施術師の診断で幕を閉じるのである。ごめんなさい。……でも、あれ？　冷静に考えてみたらその診断、正解じゃねぇか。もはやワキガはどちらでもいいが、この人たちマジでゴッドハンドかも。

3　地球を股にかけろ――赤道（ボンジョル）

「へい坊や〜」

きつい香水を漂わせて私に近づく一人のおばさん。何かを囁いているものの、言葉は分からない。でも、たぶん肩のマッサージする？　とか、トイレを指差し、あっちでもっと気持ちいいことも可能よ。そんなことを言っている。

ちょうどいい、ではトイレへ。いや違う違う、やめろあんた、手を離せ、俺は面食いなんだ！

バリ島からジャワ島を横断した私は、ジャカルタからさらに海を越え、フェリーに潜り込んでいた強引な売春婦を跳ね除け、スマトラ島へと渡った。

スマトラ島は世界で六番目に大きな島だ。ちなみに七番目は日本列島の本州である。

上陸したのち、嘘でしょ!?　ってほどのおんぼろバスで島を北上。案の定、故障を繰り返しながら、実に40時間ぶっ続けで移動した。

「アッラーフ・アクバル！　アッラーフ・アクバル！（神は偉大なり）」

疲労困憊で、8歳くらい顔が老け込んで到着したのは、ブキティンギという町。イスラム教の礼拝のお告げであるアザーンが町中に響いていた。

ここへ来た理由はただ一つ、赤道だ。町から50㎞ほど北を通過している。赤道直下だけに灼熱なのかと思いきや、ブキティンギは標高が９００ｍと高いため、むしろ夜は肌寒い。

「ようこそ！ キミはラッキーだな！」

宿に着くなり、主人が景気よく迎えてくれた。なんとも今、あのラフレシアが咲いているらしい。ちょうど赤道へ向かう途中にある村で見られるようだ。

翌日、宿の主人のツテで案内してもらうことができた。

シナモンやコーヒーの木が生えた鬱蒼とした雑木林を進むと、身を隠すように、しかし燃えるような深紅色の花が、とびっきりの異彩を放っていた。

当初はその見た目から人喰い花とも呼ばれた世界最大の花、ラフレシア。直径60㎝ほどの貫禄は、まさにモンスターにも見えるが、どこか情熱的で妖艶なマダムといった雰囲気も醸している。臭いというのは本当で、ゲロといった感じだ。ただ、このにおいで虫をおびき寄せ、捕食するのではなく、虫に自分の花粉を付着させて運ばせるだけだというのは意外だった。

ラフレシアは寄生植物で、根っこや葉もなく光合成もできず、寄生した植物から栄養を摂る。つまり人喰いでも虫食いでもなく、植物食いの花だったのだ。まばゆい赤のフォルムはどこか官能的でもあり、その映像がしばらく頭から離れない。

あれ？ やっぱ自分溜まってんのかな。

ラフレシアはインドネシアとマレーシア、フィリピンの３カ国にのみ生息する。しかも種類によってはつぼみから開花まで2年以上かかり、咲いても5日ほどで枯れてしまう。開花に至らないことも多く、また開花予想も難しい。

そんな幻の花、ラフレシアが持つ花言葉は「夢現《ゆめうつつ》」。夢と現実の区別がつかないほど美しく儚い奇跡の花に出会えた私は、さらに運気が上がった気がして、気分上々でその場をあとにするのであった。

さて、本題の赤道へ移ろう。地球上で赤道が通る国は11カ国。その中でもアジアにおいて赤道が通るのはインドネシアのみ。

私が訪れたのはボンジョルという小さな村を通る赤道で、他にも国内には10カ所ほどの地域を通過し、それぞれに記念碑などが置かれているという。

肝心の赤道だが、なんと白い線で引かれていた。というのも「赤道」という言葉は、古代中国の天文学において、太陽が真上を通るとされる地点を天球図で表現する際に赤い線を用いていたことが由来だという。だから色は関係なく、「レッドライン」では通じない。英語では「equator」。等しいという意味であるequal（イコール）から、単純に地球を二等分するもの、また、赤道上では昼と夜の長さが等しいからというのが原義のようだ。

ボンジョルの赤道は、観光客ではなく小さな地元っ子たちで賑わう平和な空間だった。ここの赤道の特筆すべき点は、道路と交差する赤道上に歩道橋が建てられていることにある。つまりこれは赤道橋なのだ。こんなにもロマン溢れる歩道橋は世界で一つかもしれない。車は橋の下を通る際に、北半球、あるいは南半球に入ったのだという感慨深い気持ちに浸ることができるわけだ。もし私が車で通過する場合、感極まって事故ると思う。

さらには赤道橋の真ん中に、恐らく地球を模したと思われる青い球体が置かれている

赤道　ボンジョル
到達　2014年11月21日

のだ。薄汚れていて汚いドラえもんくらいにしか見えないとしても、粋な演出に心も体も踊る。

本人たちからすれば何のことはないだろうが、遊び場が赤道直下とはなかなか贅沢だ。赤道上でテンポよく縄跳びをする少女は、まさに地球を股に掛けているのだから。そんな少女に負けじと、逆立ちなどをしてはしゃぐ27歳独身男であった。

北半球と南半球の境界線である赤道。そこはつまり地球の真ん中であり、世界の果ての一つとも言える。次はどの場所で、どの大陸で跨ごうか。

4　自転車の旅始まる

暑いとまるで実感が湧かないが、クリスマスが近づいているらしい。インドネシアはイスラム教の国だ。だが町の商業施設などではクリスマスツリーがずらりと飾られていて、私はそれを見るたびに、過激派に根こそぎ伐採されるのではないかと心配した。

2カ月間のインドネシア旅を満喫した私は、スマトラ島から船で海を越え、シンガポールへと上陸した。華やかで未来的な建物がそびえ立ち、整然と並ぶ高層ビルとのコントラストがまぶしい。

世界三大がっかり名所の一つに数えられるというマーライオンだが、実際に見てみると1ミリもがっかりなどしなかった。

そりゃそうだ、そもそも期待していないのだから。

何でも安かったインドネシアに対して、この国で物価は跳ね上がった。恐れをなした私は、最安クラスの宿に駆け込んだ。

そこで同室だったのが、親子三人の中国人旅行者。一家で最安のドミトリーとは、どんだけ切羽詰まった家族旅行なのか。……でも彼ら、とても楽しそう。

「一家でどみとりぃ」語呂も良くてことわざみたい。意味は、ともかくとして、彼らの心は決して貧しくない。

さて、いよいよ始まるユーラシア大陸の旅。

しかし、私の心は悶々としていた。

〝足りない。物足りない……〟

それは自由度と、刺激と、達成感、そして異次元さ。

このままバスや列車を使う移動では、それらを十分に得られるとは到底思えない。果たしてこれらを全て、圧倒的に満たしてくれるもの。その答えはどう考えても一つしかなかった。

自転車だ!!

ママチャリの速度で見た日本の景色の記憶が、ここへ来て頭をもたげてきた。だが、ここは異国の地。そして実は、自転車の整備も修理の仕方も知らないばかりか、パンクすら直したことがない私なのである。では当時、トラブった際はどうしていたか？むせび泣きながら自転車屋さんを探していた。

そんな人間が、しかも未知の途上国を走るとなると、心のブレーキが当然のようにかかってしまう。

しかしやがて、「なんとかなるか。無理そうだったらやめればいい」というシンプルな言葉を見つけて心が軽くなった私は、さっそく自転車屋に向かっていた。でも、どの店もロードバイクなどの本格的で高価なものばかり。本当にやりきれるのか分からないのに大金は使いたくない。そこでひらめいたのが、シンガポールから一本の橋を渡ればそこはマレーシア。日本の３分の１といわれる物価らしい。それなら自転車も安かろうと、すぐさま国境を越えた。

まるで東京都から多摩川を渡って神奈川県へ入るってな具合で、しかしそこはもう、言葉も文化も通貨も違う、異世界。陸路で国境を越える面白さと奇天烈さは日本では味わえない。

「もう使わない自転車あるけど、見てみるか？」

徒歩でマレーシアに入り、国境の町の宿でスタッフに自転車屋について尋ねていた時だった。客ではなく友人を訪ねて宿に来ていたおじさんが切り込んできたのだ。

なんだかさっそく良い流れである。ぜひに、と実際に見せてもらうと、銀色に塗装され寂しげに佇んだマウンテンバイクだった。メーカーも確認できないほど銀色に染められた鉄の塊は、盗難車ではないかと勘ぐってしまうが、そんなことはどうでもいい。

変速機はないものの、ペダルを回せば進む。これだけでいいじゃないか。荷台もなかったが、近くのゴミ捨て場から拾って装着した。しかし大きなバックパックを載せるにはまだ小さかった。

そこで提案されたのが、宿にあったクリスマスツリーの土台である。ヌポッと土台からツリーを引き抜くおじさんの姿は過激派ではないかと疑った。土台は荷台に見事にジャストフィット。

そんなわけでブレーキだけ新調して50リンギット、約1，200円。一台の古びた自転車が、旅仕様…？　になってトントン拍子で、思い立ってから2日目で私の前に舞い降りた。

「しんどかったら捨てなよ」とおじさんは軽く言った。

我が相棒

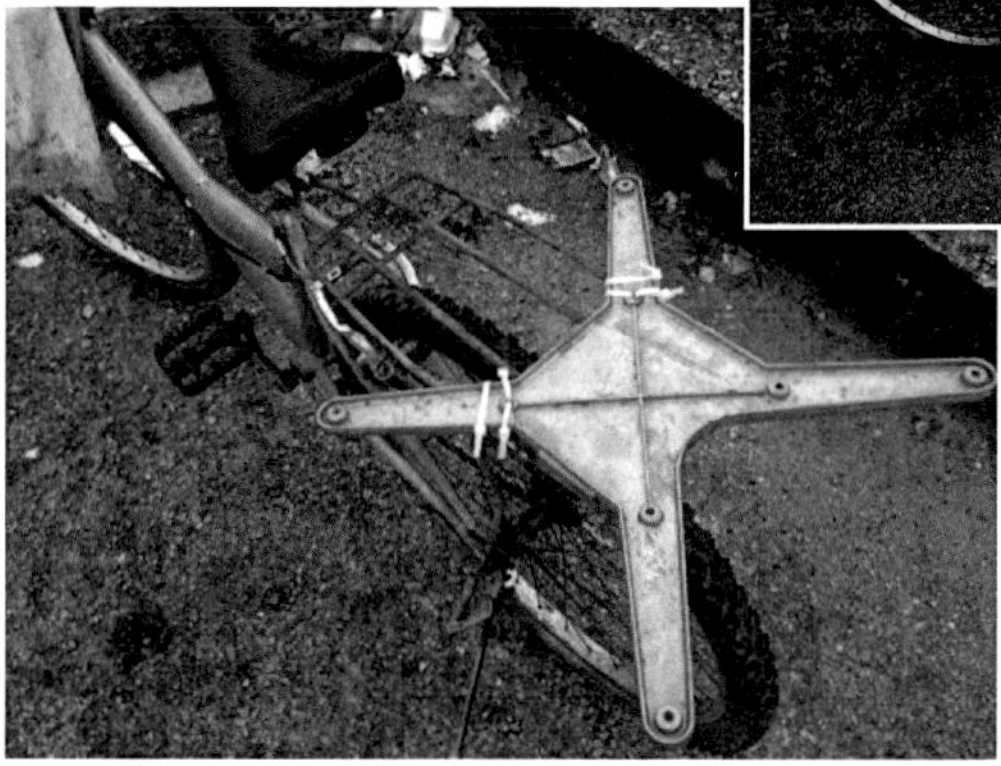
お手製のクリスマスツリーの荷台

「うん」と私は即答した。これならいざとなった時に躊躇なくやめられる。
初めはこんな調子だ。しかし、この時は夢にも幻にも思っていなかった。私がコイツでユーラシアを制してしまうことを。

5　アジアの果てで恋しちゃった日
――ユーラシア大陸最南端

目指すはタイの首都バンコク。マレー半島を北上だ。

疲れたら捨てるなり譲るなりしよう。そんな限りなく軽いノリでペダルを漕ぎ始めた私は、あろうことかいきなり南へ向かっていた。この方向音痴っぷりはもはや自殺行為かもしれない。やはりチャリ旅などやめたほうがいいに違いない。

よし、捨てよう。

いやいや違う。北上する前に行かなければならない場所がある。

ユーラシア大陸の南の果てだ。

シンガポールとの国境の町、ジョホールバルからは約70㎞。

重さ20㎏以上の荷物を後部の荷台だけに載せているため、気を抜くとウィリー走行になってしまう私の自転車は実に扱いにくく、至極ストレスが溜まった。

〝やっぱ捨てようか〟そう何度もボヤキながらも、やがて道はヤシの木に囲まれ、壮観な眺めに気分は持ち直していった。

9時間かけてなんとか到着した時には、今にも雨がこぼれ落ちそうだった。雨季のどんよりとした空気と静けさは、ここが世界の果ての一つであるという貫禄をも漂わせていた。バスとタクシーを使えばシンガポールから日帰りで行けるにも関わらず、人けがない。

マングローブが生い茂る最南部は国立公園に指定されている。公園入り口には「アジア大陸最南端」と刻印された高さ10ｍほどの記念碑がそそり立っているが、厳密な最南端は公園内に位置している。

「ごめんなさい、ここはしばらく入れないの」

雨が降り出す前に到達するべく足早に入り口へ向かうと、受付の女性スタッフにきつい通達を食らった。なんと、つい2日前に嵐で最南端へ通じる橋が崩れたらしい。

……すでに疲労が溜まっていた身体がもっと重くなる。とはいえ、簡単には引き下がれない。

ちらほらと他の観光客も訪れるが、すぐに肩を落とし去っていった。そんな状況でも、なぜか私の脳みそは〝どうしたら行けるか〟という思考回路につながっていた。

また一人、観光客の背中を見送ったスタッフは、自然と私に視線を向けてくる。〝行けないのよ、ごめんね〟とその目は語っていた。その表情が、なんともかわいい。

「壊れた橋までは行けないかな？」

あきらめの悪い客は、冷静に問いかけた。

すると彼女は、目は細めているものの〝……も～っ、しょうがないんだからぁ〟と、少し間をおいて口角を上げ、無言のまま受付へ下がり、すぐに戻ってきた。

「Special for you（特別よ）」ニコッとしてそう言う。手には鍵を握っていた。

さて、第一関門はクリアだ。

次は橋の状況を見て、本当に無理なら諦める。なんとか通れるようであれば、迷惑な客で申し訳ないが、多少無理してでも到達したい。

名付けて最南端突破作戦。

進入禁止の貼り紙を横目に、ゾクゾクしながら二人で歩く。彼女の名前はアイザン。目がパッチリしたマレー系美女でイスラム教の子だ。

現場へ向かう間にお互い自己紹介したり、旅について話したりもした。和気あいあいといった雰囲気だ。……あれ？　他の観光客にはない、私だけのスペシャル接待。先ほどとは打って変わって目を輝かせている彼女。そして積極的な会話。これは……。確かに感じた、私への興味。この気持ちは何だろう、とっても楽しい。

優しくて、美人なアイザン。これだけでも十分素晴らしい二重奏。しかも、とてもイイ匂いがするという嬉しいソプラノ効果が功を奏し、さらには活発な姿勢からほんのり感じるSっ気の三重奏。そして、私よりも年上という事実が発覚の、トドメの四重奏。

これ以上ない完璧なフルオーケストラだ。

整備された遊歩道をしばらく歩き、マングローブの森を抜けたところでアイザンが指差した。

「あれよ」

それは見るも無残に破壊された橋だった。突破も何も、渡ることは完全に不可能だった。橋の向こうに見えたのは、〝残念でした〟と言わんばかりにひっそりと佇む地球を模した球体。南の果てを示すモニュメントだ。マレーシアの国旗が虚しくはためいていた。

アジア大陸およびユーラシア大陸の最南端、マレー語でシダ岬を意味するタンジュン・ピアイ。

マラッカ海峡とジョホール海峡、そしてシンガポール海峡の合流点で、世界有数の海上交通の要所だ。茶色く濁った海の先には何十隻ものタンカーなどの船が浮かび、西の方角にはうっすらとインドネシアの島も見て取れる。3カ国を同時に見ることができるめずらしい場所だ。

すぐそこなのにあまりにも遠い最果てを前に、強く唇を噛んだ。

　しかし、到達が不可能であるという現実をこの目で見ることができて、スッキリしている自分がいるのも事実。それに、キミが隣にいてくれたことも大きいかもしれない。

〝ほらね、無理でしょ？〟

　口には出さないが、首を少し傾けたアイザンの愛くるしい表情が、心を鷲掴みにする。うっかりプロポーズしてしまいそう。

　現在入場禁止の公園内。私の〝脳内フィルハーモニー〟による演奏は、マラッカ海峡の荒ぶる海とのセッションで、より一層ゴージャスな曲となっていた。その中を、世界の果てで、二人きり、ジャランジャラン（マレー語で散歩の意）。

　そして遂に、あらゆる会話を一通りしたかという時だった。寝耳に水とはこのことだろうか、否、もはや寝耳に津波だ。

　彼女の次の質問は最南端など、もはやどうでもよくなってしまう。

「恋人はいるの？」

　やはり私への興味は、計り知れないものがあったらしい。

……〝ただいまぁ。彼女できたぁ〟（緊急帰国）

　イスラム教の彼女登場で、実家の母ちゃん心臓発作かもしれない。

　ところで、結婚したら自分もイスラム教になる必要があるのだろうか。一応は仏教徒だから、改宗しないといけないのかも。

　あれ？　イスラム教と言えば豚肉が御法度だ。となると、トンカツが食えない、だと？　鶏肉で我慢しろと言うのか？　ちなみに昔、チキンカツという単語が出てこなくて、鳥

ユーラシア大陸最南端　ピアイ岬
3年越しのリベンジで到達　2017年8月29日

のトンカツ食べたい！　と言ったことがある。どうでもいいわ。

いや待て、しゃぶしゃぶ温野菜での食べ放題では、皆が豚バラにかぶりつく姿を眺めながら、私はつくねをしゃぶってろと？　そりゃねぇぞアッラーの神様ぁ。

いや大丈夫。人間は慣れればどうにでもなる生き物だ。ケンタッキーだけでも十分生きていける。アイザン、キミがいるならば……。

こんなシーンが瞬時に脳裏を駆け巡り、私は真心をもって答えた。

「……いいえ、いないよ。キミは？」

「Yes, I do！（いるよ）」（即答）

最南端突破作戦は、いつの間にか最南端妄想曲に終わるのである。

ご来場いただき、ありがとうございました。

6　タイの病院での喜劇

旅と旅行の違い。それは作るものか、作られたものか。

およそ2，５００㎞の激走でマレー半島を走り抜いた私は、今後の行き先を模索していた。

果たして途上国を自転車で旅できるのか。出発前のそんな不安など何のその、蓋を開けてみればむしろ、日本の狭い道路の方がよっぽど走りづらい。初めこそ重い荷物を載せた状態での走行は厳しかったが、やがて慣れていくうちに、完璧にハマった。果てしない自由度、情報のない未知の領域をゆく冒険感、自分の力で進んでゆく極上の達成感。自分が景色の一部になったかのような、あるいはあたかもその景色を自分のモノにしたかのような感覚は、自転車旅ならではだろう。

自転車こそが最強最高の移動手段であることは、おそらく間違いない。

当初の目的地であるタイのバンコクは、通過点へと変わっていった。自転車旅の続行はもはや必然であった。

このまま北へ抜けてラオスへ向かうか、それとも西のミャンマーか、東のカンボジアか。

東南アジア周辺国への分岐点となるバンコクで、次なる目標を定めていた。

そこでふと思ったのだ。こうやって行き先を考え、そして行動に出ること。これこそが「旅」なのだろうと。ルートが未定であり、現地で自分で作っていくものが旅。そうではなく、出発前にすでに作られたものに沿っていくのが「旅行」なのだと。

そんな、〝まさに俺は今、「旅」をしているのだ、さすらいの旅人なのだ〟と自己愛に浸っているさなかに、事件は起きた。場所はチャオプラヤ川が広がる公園だった。

マレーシアからタイに入り野良犬が急増した。原因は、犬は不浄とされるイスラム圏から、犬を保護する仏教国という宗教の違いが大きいと思われる。

私は犬が好きだし、大切にするのは素敵なことだと思う。しかし皮肉にも、その保護の裏にあるのが、野良犬の脅威である。

私が実感する自転車旅の三凶とは、一つは天候、もう一つは峠を含む悪路、残りが言わずもがな野良犬だ。

何度追いかけ回されたか。時にはカメラの三脚を振り回し、時には石を投げて追い払った。わざわざ道の真ん中で昼寝している大きめの奴など完全に反則だし、それがもしもシベリアンハスキーだったら完全に通行不可能だろう。

しかし今回の事件は、まったりとベンチに座りながら起きてしまった。

毎度のこと目の前に現れた一匹の野良犬。みすぼらしくはあるが、どこか愛嬌のある大人しさに好感を抱いた私は、あろうことかその犬を呼び寄せた。ところが、犬は迷惑だったのか、私にカプリッと一撃。……つまり追いかけられた末に戦闘となり、傷を負いながらも死闘を制したのだ！　という武勇伝ではなくて、その犬を撫でようとして指を噛まれるという、もはや快挙とも言うべき失策を犯したのだった。

瞬時に狂犬病という恐ろしい病が頭に浮かび「やばい。死にたくない！」とむせび泣いたが、思い返せば、バカすぎてやっぱり死にたい。

いや、これはまずい。発症すると致死率１００%の狂犬病は、世界中の途上国、とくにアジアとアフリカで毎年６万人の命を奪っている。

一刻を争う事態にガーガー騒いで病院を探し、ビャービャー騒いで看護師に訴えた。すぐにワクチンを接種でき、ここが大都市であった奇跡に感謝した。

「ドウシテ　イヌ　サワッタノ？」

「……可愛かったからです」

私を処置してくれたのは、日本語を話す男性の看護師だった。名前は「パイ」さん。大の親日家である彼とのやり取りがまた、喜劇であった。まず、彼が自分の名前を名乗る際に見せた、一瞬の恥じらいのようなものを私は見逃さなかった。そりゃそうかもしれない。タイ語でパイは「行く」という意味だそうだが、こちらでは「ぱいぱいでか美」という名の芸能人もいるくらいだ。

彼が日本語を一生懸命に習得する中で、自分の名前の意味を知った瞬間の表情が目に浮かぶ。

「イタイイヨ　メッチャ　イタイ　カラネ」と、注射の前に無駄に脅してくるパイ。

これでも看護師である。

……大丈夫、俺は打たれ強いから。

「イクヨ？　イチ、ニー、サーン」……ッ!?「シー（４）」ブスッ。

クハッ。なにその悪質なカウント。なにゆえの４だお前、踏ん張るタイミングずれて

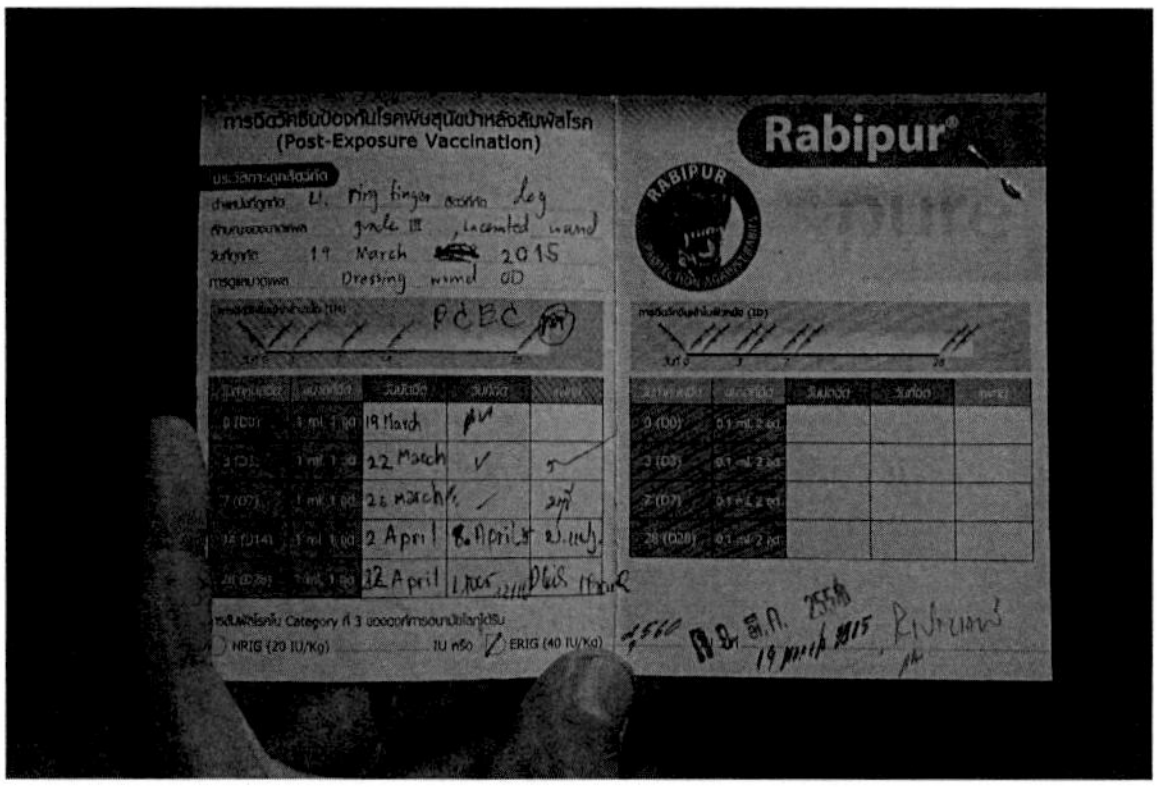

バンコクの病院で渡された狂犬病ワクチン接種の日程カード。暴露後は初日のワクチン接種から次は3日後、7日後、14日後、30日後と、微妙な間隔を開けて5、6回の接種が必要となる。非常に面倒だ。

メッチャイタイわ！

「……ワタシ　ニホンジンノ　カノジョ　イマス」〝……へぇ、いきなり何だよ〟

「デモ　アマリ　レンラク　クレナイ」〝うん〟

「ダカラ　ワタシハ　カノジョニ　オコッタ」〝そっか〟

「ソウシタラ　ゼンゼン　レンラク　コナクナッタ」〝残念〟

「ダカラ　コンド　ニホン　イク」〝やめときなさい〟

どうやら日本に日本人の彼女という人がいて、連絡が途絶えたので会って話をつけたい。しかし、その人がどこに住んでいるのかも知らず、私に力を貸してほしいと。注射も束の間、唐突に患者である私に相談を持ちかけた看護師、パイ。

そもそも、それは彼女とは言えないのではないだろうか。それでも見るからに落ち込んだ彼の表情に打たれた私は、色々話を聞いてあげることにした。

……あれ？　もうどっちが患者だよって感じで、注射の痕をガーゼでおさえながら看護師の彼に私が問診するこの状況。診断の結果、その彼女という物体は、ＳＮＳ上で友達になっただけで会ったこともない、いわば幻想であった。

残念、解決。

ブンコーメンタルクリニック、皆様の心のご相談お待ちしております！

なんでやねん。そもそも、こっちも最南端で失恋したばっかやねん。

7　ゴミみたいなチャリでラオスの山に挑んだら無事に死んだ話

なんて奇妙なんだ。

シンガポール、マレーシア、タイでは日本と同じ左側通行だったのが、ラオスに入った途端に右側通行に変わった。なるほど、これはラオスがフランスの植民地であったことに起因するのだろう。

バンコクから時計回りに東南アジアを一周することに決めた私は、これからの難関に備え、パンク修理セットとスパナを調達。今さらながら、準備は万端だった。

マレー半島縦断の旅では空気入れのみでどうにか乗り切れたが、次からはそうはいかないはずだ。懸念していたのが初めの国、ラオス。これから向かう北部は山脈地帯らしい。マウンテンバイクでありながら変速機のない私の自転車は、平地しか受け付けないマウンテン無理バイクなのである。

それでも〝なんとかなるっしょ〟と、いつもの調子のたぐいまれなる楽観視、あるいは恐怖が故に現実から目を逸らすだけ？の私は、急な車線の左右転換に戸惑いながらものどかな景色を悠々と進んでいた。

しかし、この国で、私は一度死ぬこととなる。

現場となったのは、落ち着いた川辺の町ヴァンヴィエンから、ラオス随一の観光地ルアンパバーンへ続く道だった。この間およそ230km。

「サバイディー（こんにちは）！」

水墨画のような美しい山脈が広がる景色の中を走っていると、小さな子供達が私に気付いて手を振ってくれる。まるで昭和初期の日本の映像を見ているかのような、素朴な人たちとその生活風景。

ゆったりとした時の流れが心地良いこの国に魅了される旅人は数知れず。

元気なかけ声に背中を押され、意気揚々とペダルを回転させて4時間ほど。ここまでそこそこのアップダウンはあるものの、想像していたほどではない。もしかしたらこんな感じが続くのかも。という期待も虚しく現れた、一つの建物。

看板には英語で「山々の前の最後の宿だぞ‼」とある。

マウンテンに複数形のSが付くと、山脈という意味になるのだろうか、たぶんそうだろう。ビックリマーク二本が事の重大さを物語っている。

そんな死の宣告とも思える一文によって、美しい山々のコントラストが、もはや恐ろしい風景にしか見えなくなった。

想像してほしい。20 kgの荷物を荷台に載せ、リュックは自分で背負い、ギアのないゴミみたいな自転車で峠を越える姿を。

〝死ねばいいのに〟という意見はごもっともだが、勝手に死ぬので心配は無用だ。

それでも〝やってみなきゃわかんねぇ（悟空風）〟〝俺がお前なんかに負けるワケねぇ（ルフィ風）〟と、自分を奮い立たせた。しかし、やはり急峻な山道を漕げるはずもなく、さっそく押して歩き始めるのである。

バツーン!!　登れば下りがあるわけで、噴き出た汗を爽快な風が乾かしてくれた。が、荒れた路面の穴にはまって後輪のスポークが折れてしまった。

〝……これはヤバイ〟そんなにひどい悪路というわけではなく、注意していれば避けられる状態ではあったものの、なんせそのときに iPod のシャッフル機能が Perfume を選曲するという暴挙に出ていたのだ。がんばって登りきったあとに、気持ち良い風に吹かれながらテクノポップを流されたら、そりゃノリノリになるだろう。

ゆえの前方不注意。結果、穴にディスコしたわけだ。ワンルームじゃなくてワンホールディスコだったのだ。

スポークは一本一本が車輪を支えており、まだ一つ折れただけなら走行は可能。しかしバランスを保てなくなったホイールが左右に振れるようになり、ブレーキに擦ってしまうためペダルが重くなってしまった。これが二本、三本と折れていくと、簡単に言えば走行不可能になる。一本でも失えば他のスポークに負荷がかかり、二本目が折れるのは時間の問題である。

とりあえず深呼吸だ。考えろ。

残念なお知らせ其の一、修理のやり方を知らない。

其の二、この先に自転車屋などある気配がない。

其の三、まだ山脈の序盤。

〝これはまずい〟良いお知らせが皆無だった。

〝戻るべきだ〟ということは十分に分かってはいる。しかし愚かかな、限りなく高い確率で訪れるであろう絶望よりも、引き返す面倒くささに軍配を上げた私は、不安を抱えながらも前進を続けた。

何時間歩いただろうか。容赦ない急な登りが容赦なく続く。

下から眺めていた山々のコントラストは、徐々に自分の目線と同じ高さになってきた。

バツーーン!! 緩い下り坂、束の間の安らぎで、再び響き渡った鈍い音。

〝……やっぱ、そうなるよね…〟

このときはシャッフル機能も気を利かせたのか、カーペンターズという絶妙な選曲だったため、穴にはまったわけではないものの、つまりそういうことだろう。運動による発汗というよりは冷や汗が噴き出た。

タイヤを覗くと、〝絶望さんこんにちは〟てな具合で、夢は覚めてくれなかった。後輪の二本目のスポークが天に召されていた。ホイールはそろそろ限界のようだが、まだかろうじて走れそうなのは幸運だった。しかし、さすがにタイヤの振れが酷くなり、ブレーキをモロに擦ってしまう。

これはつまり、意図せずとも自動的にブレーキがかかってしまう奇跡の自転車へと変貌を遂げたわけだ。ブリヂストンも驚嘆だろう。

帰国後に履歴書不要で雇ってもらいたい。

いやいや、登りの際は絶望的に不必要な機能だ。

あれ？　それって要はゴミ機能ではないか。ゴミみたいなチャリにゴミ機能が付いちゃったらどうなるこれ。もはや神の乗り物？

「サバイディ～！」

さらに進みづらくなった、今やただの荷車と化した鉄くずを押し続けて三千里。集落の快活な子供達のかけ声に、今や天皇陛下のごとく柔らかな表情でお手を振り返す気力はない。あの先を越えたら下りだろう。

〝次こそは。今度こそ。頼むから。勘弁して。お願い。ボケが〟

この無限ループ。地獄の先にある絶望を超えに越えた。

そして、さらに奥の山の稜線に建物を見つけてしまった瞬間、恥ずかしながら、目から水が漏れた。あそこまで登らなきゃいけないらしい。

「くそったれ！　ふざけんな馬鹿野郎‼」

私は不意にありったけの罵声を叫び散らしていた。

それらは、容赦ない山々に対して吐いた暴言、ではない。

「お前まだこんなに声張れんだろうが。行けよバカ!! 行け!!!」

自分への喝である。こんな騒然とした心中でも、夕日を美しいと感じる冷静さはあった。まだ行ける。

上り坂は大気圏へ突入する勢いで続き、さながらこのまま天界へ帰られる神様だ。

そう、私は神なのだ。

建物はドライブインのような場所だった。そこでテントを張り一夜を明かし、早朝、起き上がると足の裏に激痛が走る。原因は明らかで、前日にビーチサンダルで登り続けていたからだ。変に負荷がかかり両足に水ぶくれが複数できて悶絶している神様とは、心底情けない。

この限りなく愚かな、ギリシャ神話に出てくるような神を見かねて、ここの管理人がバスを勧めてくれた。でも、丁重にお断りした。ここで自分に負けるわけにはいかないのだ。


こうして、ヴァンヴィエンからバスであれば5時間ほどで到着できてしまうルアンパバーンへ、丸2日と半日かけて辿り着く。

両足の裏は腫れ上がり、到着後2日間は歩くことができず寝たきり。

それでも私は、とびっきりの達成感と充足感を得ていた。

足の痛みに負けず(靴を履いていれば防げた)、バスの誘惑にも負けず(心底乗りたかった)、一度目にスポークが折れても引き返さずに、攻める姿勢を崩さず(戻るのが面倒だっ

死の宣告の看板

ただけ）、私は勝ったのだ。己に。（つまるところ、バカが故に起きた事故）

……それでも、血管がブチ破れるくらい歯を食いしばってやり遂げたことは事実。その勇姿だけは褒めたい。

この道のりで私は一度、死んだと思っている。だがその代わりに、生まれ変わった自分が降臨したのだ。

それは、もうちょっと真面目に自転車旅をしようという決意を持った自分である。

8　ボッタクリについての考察――ベトナム本土最南端

なぜ山を避けるのか？　そこに山があるからだ。

私は反アルピニストである。山がトラウマだからである。そんな訳で明らかに厳しい峠が続く場合は、バスで優雅に越えた。

ラオスから涼しい顔でベトナムへと入国したものの、国境の町には銀行もＡＴＭもないのは誤算だった。全財産はわずか５００円ほど。これはマズイ。次の町まで持ちこたえなければ。しかし、まだ峠は続くらしい。

そこで反アルピニストの私は相棒のマウンテン無理バイクと相談した結果、即決で再びバスを使うことにした。

「これで行けるとこまで乗せてくれませんか」

そんななけなしのお金で運転手は了承してくれたものの、この先に銀行があるからと、どこかの分岐点で降ろされた。そこまでが５００円の妥当な距離だったらしい。とはいえ、お金がなくて困っている外国人をこんなよく分からない所で降ろすなんて。しかも、自転車の積み方が雑だったようで、前輪のブレーキが壊れていた。

無慈悲にもバスは立ち去り、修理費を求めるには遅かった。ちなみに後輪のスポークはあのあと修理したが、またすぐに折れた。何度修理しようがホイールそのものが痛んでいるため、丸ごと変える必要があるらしい。つまり今の状況はこうだ。後輪が瀕死で前輪ブレーキも潰れた粗大ゴミにまたがる、迷子で一文無しの外国人。

もはや事故。どうぞあの世にお逝きなさいということだろうか。自業自得なのは承知の上だが…。

そんな窮地から始まったベトナム。それでも持ち前の強運と人々の優しさに助けられ、自転車の旅全体を通しても一つの国としては最長となる、約２，８００kmの激走で縦断に成功したのである。

ベトナム旅の終点はもちろん、同国の本土最南端だ。沿岸にはマングローブが生い茂り、先端部には船をかたどった可愛らしい記念碑が置かれている。そこそこの観光客で賑わい、ベトナム国旗の色と合わせたのか真っ赤なシャツを着た人も見られた。

カマウ岬。私が訪れたときはまだ道がなく陸の孤島となっていて、ボートでしか到達できなかったが、現在は国道が通り簡単にアクセスできる。地図で見ると分かるが、カマウ岬は厳密な最南端に位置していないのが悔しいところ。道ができた今、リベンジは必須だ。

「ここでの出会いを忘れないでくれよ！」と、カマウ岬で仲良くなった若者のグループに手渡されたキーホルダー。これを見るたびに彼らを、ベトナムを、楽しくて明るいベトナム人を、思い出すのだ。

さて、ラオス人の穏やかでシャイな性格から一転、ベトナム人の底抜けの明るさは気持ちが良かった。だが、旅人の間ではベトナムはウンザリだという声をよく聞く。主な理由はボッタクリ被害によるもの。ボッタクリは多かれ少なかれ、どんな国でもあり、日本にだってあることだ。ただ、確かに他の東南アジア諸国と比べると、ベトナムでボッタクリを防ぐにはやや難易度は上がるかもしれない。でもそれは、しっかり対策をすれば大抵は防ぐことができるはずなのだ。

実際にこんなことがあった。

ビザの滞在期間の関係で、一度ベトナムに入国し直す必要があった私は、南部ラオスとの国境へ向かった。ちょうど山脈の稜線に沿って敷かれている国境。つまり峠を登る必要があり、反アルピニストの私は相棒のマウンテン無理バイクと相談の結果、即決でバスを使うことに。戻りは颯爽と下り坂を楽しむ行程だ。

ベトナムの外国人に対するボッタクリの脅威を知っていた私は、事前に宿のスタッフにバス運賃の相場を聞き出しておいた。その額は10万ドン（約５００円）前後で行けるということだったのだが、運転手の男はその3倍の30万ドンを高圧的に請求してきたのだ。これにはさすがに怒りを通り越して呆れた。自転車も積むということで二人分の運賃と考えても、せめて20万ドンだろう。いや、ここは15万で行きたい。

迎撃の準備は万端だった。「トイ　ラー　グイ　ラオー！（私はラオス人です）」

日本人とラオス人の顔は近いものがあるし、私は日焼けで真っ黒。自転車もボロボロだし、祖国に帰るラオス人に成りすましたのである。

私は言われた金額の半分を、悲壮感満載の顔で手渡した。すると運転手は「……」、少し考えて「……うん」と。

……あれ？　成功？　なんか国籍偽ったこっちがいろんな意味で罪悪感を味わったわ。

ベトナム本土最南端　カマウ岬　到達 2015 年 5 月 28 日

それにしても、過剰なはずの運賃を請求されて悲痛な面持ちの私を、他の乗客は見て見ぬ振りだ。大人の事情などもあるだろうが、「これがベトナムだ」といったところか。そんな具合で、ベトナム人はまるで悪びれる様子もないことから、国ぐるみでのボッタクリ精神が根付いているかのように見える。

でも、中には「ボッタクッている」という意識がない人も当然いるはずだ。あとから思うに、あの3倍の運賃の請求はもしかしたら、かさばる自転車が邪魔だし、積み込む手間だとか、そもそも私と言葉が通じない面倒くささなど、それらを全て含めて、多めにいただこうという彼なりの真っ当な考えだったのかもしれない。豊かな国の外国人が、そうではない国で多く払うのは当然だ、という見解や価値観もあるだろう。

そもそも〝ボッタクる〟の意味は、法外な料金を取ることとあり、数百、数千円が法外と思えばそれまでで、定義はない。

「外人価格」は確かに存在する。それは一様に不愉快に感じるかもしれないけれど、経済的に恵まれた国に生まれた以上は、やむを得ない部分もきっとある。

ベトナムのみならず、途上国には値札のない店が多い。そこで買ったものが別の店より〝すごく高かった、ボッタクリだ！〟なんてことをたまに聞くが、それはその人が値段交渉に負けただけだし、リサーチ不足だっただけだ。情報に溢れたこの時代。いつでもどこでも使えるインターネットや精密なガイドブック。それでも情報が得られなければ現地の人に相場を聞き出すなど、自分で行動を起こせば被害は最小限に抑えられるはずだ。それを被害と感じるかどうかも人それぞれだが、もしもそういった行動をせずして「やられた」と言うのは、こちらにも問題があるのではないだろうか。

世界は広い。日本の価値観は通じない。これが世界だ、ベトナムだ。

◇コラム◇ シンガポールにあるアジア大陸最南端

シンガポールの観光地の一つ、セントーサ島。ここにアジア大陸最南端を謳う場所がある。アジア大陸の最南端はつまり、ユーラシア大陸の最南端。それはマレーシアに位置するピアイ岬だとすでに書いたが、実は地図を見ても分かるように、シンガポールのほうがわずかに南にある。しかし、シンガポールは大陸と橋で繋がれた島国なのだ。セントーサ島さえも「島」である。だから「大陸の最南端」と言うには無理があるのだ。

もしも島を含めるのなら、ティモール海に浮かぶインドネシアのパマナ島がアジア最南の島となる。

セントーサ島にある案内板と最南端の展望台。海はターコイズブルーで、ピアイ岬よりも断然綺麗。ここはここで良い場所ではある。

第3章　ユーラシア大陸横断

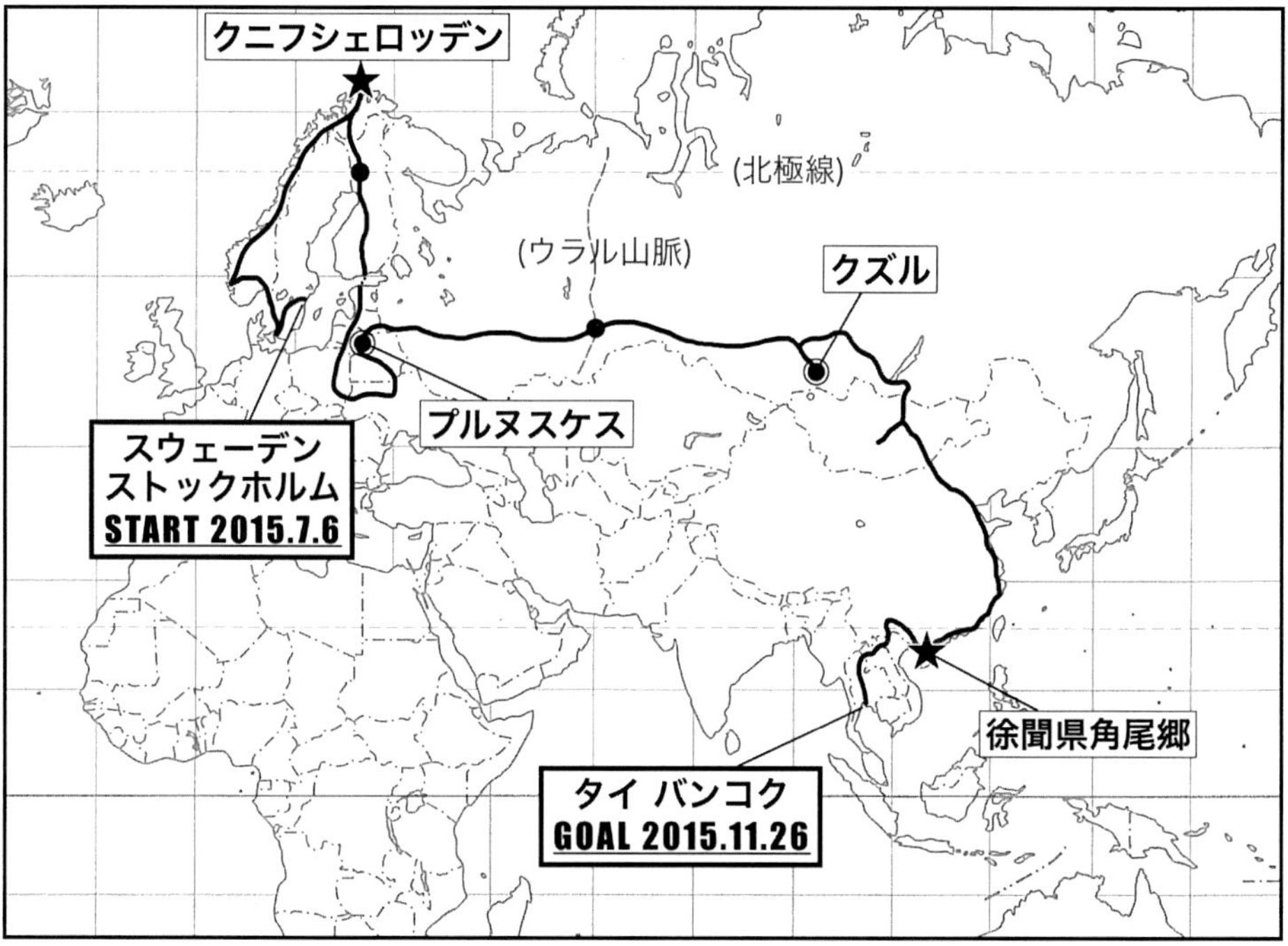

1　北欧の風に吹かれて

感慨深いものだ。時速15㎞前後で流れていた情景を目に浮かべ、相棒の自転車に思いを馳せていた。

捨てられるかもしれなかった小汚いあいつが、小汚い旅人である私との出会いで運命が変わり、小汚い者同士でマレー半島の南端から、遂にグルっと東南アジアをも回ってもっと汚くなる大冒険を演じたのだから。

まさかゴミみたいな自転車が今まで壊れずに走れたなんて、誰が想像できただろうか。何を隠そう、長旅でろくに税金を納めてもいない社会のカスである私自身が一番ビックリしている。

東南アジア一周の走行距離は約5，000㎞。ベトナムからカンボジアを横断し、バンコクへ一回り大きくなって帰ってきた私は、相棒を置いて遥か上空を飛んでいた。モニターで航路図を確認すると、このフライトで12カ国ほどを跨いだらしい。

降り立つ国はスウェーデン。これからヨーロッパの最北端を目指しつつ、バスや列車を乗り継ぎ、陸路で再びバンコクへ戻る大横断の旅を始めるのだ。

自転車の旅はまだ終わらない。中断だ。当初はバンコクからそのまま西へ向かおうと考えていたものの、時期は雨季の始まりの6月。そんなときに無理やり自転車の旅を続行するのは賢くない。だからまたバンコクへ戻ったときに、再開しようという計画だ。

こうして、これから逆にベストシーズンを迎える北欧へとやってきたのである。

夏とはいえ肌寒い北欧。首都ストックホルムに到着して観光もそこそこに、私は整然とした道路の脇で一人、段ボールを掲げて立っていた。

するとー台の車が、ものの数分で停まってくれたではないか。

街中でのドキドキの初ヒッチハイクで、これは幸先が良い。と、思ったらパトカーだった。

郊外の人けのない道路で大きな荷物を背負った小汚いアジア人が歩いているのだから、そりゃ怪しい。

「よろしければノルウェーまで乗せてください」と頼んで彼らを笑わす。英語で自然とジョークまで言えるようになっている自分の成長がなんだか嬉しく、挨拶程度しかできなかったころが妙に懐かしい。

その後に晴れて一台目、二台目と続けてヒッチハイクは成功し、地道に進んでいった。

あるときは二人組のイラク人の車が止まってくれたが、「大麻吸うか？　ほら」なんて現物を差し出されて恐怖を感じたり、雨の中を４時間も立ち尽くしてベソをかいたり。

しかしあるときは「ウェルカムトゥマイホーム！」と、乗せてくれただけでなく、別荘のような家に一夜限りのホームステイをさせてもらったり。はたまたオープンカーに拾われ爽快な空気をぶち抜いて食事までご馳走になったりと、至れり尽くせり。善意をいただく移動手段と分かっていながらも、それ以上に受けたご恩。ここまでしてもらって〝自分は何を返せるのか〟という感情が渦巻いた。でも、楽しく国際交流ができて彼らもきっと素敵な時間を過ごせたに違いない。

こうして4日間かけ、12台の車にお世話になって辿り着くことができたノルウェーの首都、オスロ。スウェーデンに降り立った時から物価の高さに嘆いていたが、ノルウェーに入るとさらに微増し、ただただ吐き気がするばかりだ。500mlのコーラが500円？

〝買えるかよ！〟

公園の公衆トイレは基本的に有料で、一回約120円という挑発的な料金だ。クレカ払いが可能なため、楽天カードで1ポイントゲットしてみじめな自分を慰めた。実にひもじい。

ベンチに座ってパサパサの安いパンをかじっていると、ハトが数羽、私に近づいてきたが〝ひとかけらもあげねーよっ〟てね。こっちだってこの国で生き延びるのに必死なんだよ。

オスロからは列車に乗って一路、西海岸のフィヨルドへ。ヒッチハイクは卒業だ。なぜなら夏の海岸沿いは降水量が多く、1年のうち300日が雨といわれている。小汚い男が雨に濡れたらもっと汚いのだから、誰がそんな奴を乗せるのかというわけだ。

〝こりゃヤバイ〟と思わず身も心も声も震えたフィヨルドの景色が「トロルトゥンガ」だ。西海岸では特筆すべき場所で、断崖絶壁から突き出た平らな岩が舌に見えることから、北欧神話に登場する精霊になぞらえてトロルの舌と名付けられた異次元の絶景スポット。

トロルトゥンガへは片道11㎞の山あり谷ありの道に、雪の上を歩くこともあり、到達は少々困難だ。ただそんな困難を瞬時に忘れてしまう情景である。標高１，０００ｍからの眼下には、濃い紺色の絵の具をこぼしたかのような湖が、しんと張り詰めていた。

ところで、絶景に心は奪われていたが、このときはつま先の体温も奪われていた。履物が登山靴でもなんでもなく、バンコクで買った２００バーツ（６００円くらい）の偽物のコンバースだったからだ。バカすぎる。雪の上を歩くのは誤算だった。

そんな訳でノルウェーが誇る絶景を前に、全力でつま先を摩擦して温めている時だった。どうやら香港人の女の子が、テキトーなおじさんに撮影を頼んだようで、そのおじさんの撮る写真が残念すぎるほど下手っぴなのが目に入った。写真の腕に関しては仕方がないとはいえ、どこか面倒くさそうでいい加減な態度はいただけない。〝あんた、ひとの思い出を何だと思ってんだ？（ルフィ風）こんな険しい場所、もう二度と来ないかもしれないんだぞ〟と、おじさんからカメラを引き取った私は、夢中でシャッターを切った。写真は頼む側もしっかり選ぶ必要があるだろう。頼まれた側も精一杯真心を込めて思い出を切り取って欲しい。それは一生に一度きりの景色かもしれないのだから。

撮影者が変わって少し戸惑っていた彼女だが、とても満足してくれて、今やＳＮＳで連絡を取る仲となっている。

この子がまた、可愛いのだ。……あれ？下心丸出し？

感覚のなくなった私のつま先を、トロルではなくキミの舌で温めてくれないか？

なんて、ごめんなさい。

2　サヨナラは突然に

フィヨルドに面した美しい湾岸都市、ベルゲン。

この町で私はどんよりとした空を見上げながら、途方に暮れていた。が、やがて、腹を抱えて笑い転げていた。「ざまあみろ」と。

バスターミナル内でのあっという間の出来事だった。

次の目的地トロンハイム行きの手続きを終え、運転手の指示でバックパックをトランクに入れて車内へと入った。東南アジアのバスとは違い整然とした広めのシートに先進国の貫禄を感じた。コンセントまで備えられていることに歓喜した私は、パソコンのバッテリーを回復させようと充電器を取りに車外へ出た。ところがトランクには、どうしてか自分のバックパックが見当たらない。他の乗客の物はそのままなのに、自分が置いたバックの場所だけが、空間になっていた。運転手が移動させたのかと思って聞いてみるも「I don't know（知らない）」の一言。徐々に心臓の鼓動が早くなり、冷や汗が噴き出てきた。

〝いや、でも、嘘だろ？〟だって、荷物を置いてから戻るまで、おそらく2分も経っていないのだ。だが、再び置いたはずの空間を見て、すべてを悟った。そこにあったのは、隣の乗客の荷物に寄り添っていた一つのペットボトル。紛れもなく消えたバックのサイドポケットに差し込んでいた私のものだ。バックの中身がパンパンに膨れていたため、乱暴に扱うとスポッと抜けてしまう状況にあった。

このペットボトルを見て、誰かが約25kgと想定外に重かった私のバックを慌てて持ち去る様子が、鮮明に脳裏に浮かんだ。ターミナルは乗客でなくとも誰でも出入りできる。

〝やられた〟

責任があるはずの運転手にそれを伝えると、どうしてか、彼が発した言葉は僅くも、いや、あろうことか「I don't know」であった。

犯人はまだ近くにいるはずだと、闇雲に周辺を走り回った。やがて息が上がり、疲れ、足を止め、自分で見つけることなどほぼ不可能であることを、バック丸ごと失ったことを受け入れた。

冷たい風が吹いていた。されど汗だくになった一人の小さな背中の、可哀想な日本人は、バス会社に訴えるも相手にされず、足取り重く警察署へと吸い込まれていった。

次にすべき事は何だろう。

気が付けば、足が寒い。そりゃそうだ、サンダルだもの。靴？　消えたバックに括り付けていた。つまり、ない。

すごい汗かいたわ。Tシャツ換えたい。あれ？　それも消えたわ。

とりあえず今夜の宿を押さえないと。でも案の定、夏の時期は安宿がすぐに埋まる。一番安いものでも一万円のホテルしかない。〝……ふざけんな、それなら野宿するわ〟と吐くも、テントはバックの中。寝袋もない。

トドメと言わんばかりに雨がパラついてきた。

折り畳み傘は……ない。

なんだかすべてが面倒になりヤケクソで〝高級中華料理屋で豪遊するか〟なんて思考に駆られるも、もちろん高すぎて吐き気がしてやめた。

こうして、一万円もするホテルでどんよりした灰色の空をボ〜ッと、独り見上げていた。

すると、天界から声が届いたのだ。

〝よいよいブンコーよ、考えてみ？　思い起こしてみ？　お前が盗まれたものを、一つ一つ、洗い出してみ？〟と。

まさに不幸中の幸いだった。パスポートや財布にパソコンやカメラ、写真のデータを含めた貴重品は、常に持ち歩くリュックに入れていたため全セーフ。つまり、盗まれたものはほぼすべてが日用品であり、お金で解決できる状況だったのだ。しかも……。

〝犯人さん、アンタさぁ、完全にターゲットを間違えちゃったろ？　まさに宝箱を開けようとしている感覚かもしれないが、……なぁ？　くさいだろ？〟

バックに括り付けられたバンコクで買った600円の偽コンバースが、生乾きで香っていたはずだ。それは匂いで虫を退治するものではなく、虫をおびき寄せてしまうただのくさい靴だ。ノースフェイスのロゴが刻まれたバックを開けてご覧なさい。今度は生乾きの靴下がお出迎え。あとを追うように生乾きのパンツが2枚、応援に駆けつけるぞ。おまけにバックの最下部には、濡れたテントが待ち構えているというビッグサプライズときた。御愁傷様としか言いようがない。まず思い浮かんだ中身が、この濡れ商品である。さらには地球の歩き方（北欧版）に日本国旗、そして永谷園のお茶漬けという、親日家の犯人さんにはたまらないラインナップとなっている。

ちなみに、その有名ブランドのバックパックは「三千円」だ。そう、その通り、パチモンである。バンコクの泥棒市場で手に入れたものだ。合掌。

俺を狙ったのは誤算も誤算だったな。むしろ被害者はお前なのかもしれない。真心を込めて、〝ざまあみろ〟。

「今は放心状態かもしれないけど、ナポレオンがこう言ったそうです。〝過ぎたことで心を煩わせるな〟盗まれちゃったものはどうしようもないことなので、前を向いて……」

これは盗難に遭ったことを私の姉に伝えてから、返信されてきた内容の一部だ。はからずもナポレオンを召喚して慰めてくる神業に、全身の力が抜けて大笑いしてしまった。さすが我が姉御である。


世界旅で盗難に遭うというのは、もはや時間の問題と言ってもいい。こちらがいくら気をつけようが防ぎようのない状況が多々あるのだから。そんな中で、命の次に大事なお金にかえられないモノを、いかに守れるか。それが旅の難しさの一つ。

「俺には日没はない。この太陽のようにな……」

事件によって滞在が延びたベルゲンの天気はすこぶる良かった。この季節、ほとんどが雨といわれるこの地域。白夜の貴重な午後9時の太陽には、バックも盗まれたけれど、心も奪われていた。

「ナポレオンさん、俺がんばるよ」

3　妥協——ヨーロッパ最北端の一つ

バックパックを失いミニマリストへと変身した私は、軽快なフットワークでノルウェーを北上。北極圏最大規模の都市、トロムソへと足を踏み入れた。

トロムソにあるセブンイレブンやバーガーキングは、地球上で最も北に位置する店舗となる。それだけでなんとなく行ってみたくなるのは私だけではないはずだ、たぶん。

さて、ここまで来ると夏の白夜の時期は、一日中太陽が沈まない。時間的には夜でも、太陽の光が降り注ぐ中での晩飯はどうも違和感があるし、ふとんに入ってもどこか落ち着かず、眠りが浅い気がする。時計の針と外の明るさと体内時計がうまく噛み合わない。

地球の、自然の神秘じみた現象に感動を覚えたのは事実だが、率直な感想は〝暗い時間って必要だな〟ということだ。冬は逆に太陽が昇らない極夜となり、その生活の厳しさは想像にかたくない。

朝の日差しを浴びて身体と脳を目覚めさせ、日中は太陽のもとで活動し、月明かりの下で夜を過ごし、落ち着いて眠りにつく。日本では当たり前だが、これは実は素晴らしい自然の摂理なのだと、ここに来て身をもって知ることができた。

トロムソからさらにバスを乗り継ぎ、全長約7㎞の海底トンネルを抜けマーゲロイ島に入ると、景色が一変。樹木がほとんどないツンドラ地帯となり、荒涼とした景色の中を野生のトナカイの群れが闊歩する。まさに世界の果てといった情景には全身が痺れた。しかし、私の気持ちは終始複雑だった。

少しの喜びと、悔しさと、安堵。三つの感情の交錯。

マーゲロイ島の先端部に位置する岬がノールカップだ。そこはバレンツ海を望み、水平線に埋もれることなく浮遊し続ける午前０時の真夜中の太陽を観察できるスポットとして、またヨーロッパ最北端の地として知られ、世界中から観光客が集まる。

しかし、厳密な最北端はノールカップよりもわずかに北に突き出ているクニフシェロッデンという岬であることは、ガイドブックにも書かれており周知の事実。片道９㎞の風光明媚な軽いトレッキングを経て辿り着くことができ、先端部に置かれた台座が果てを示すものとなっている。ここから北極点まではおよそ2，０００㎞。その間に浮かぶのがスヴァールバル諸島だ。

同諸島の町ロングイェールビーンは、人口が一千人規模の町としては世界で最も北に位置している。ちなみに小規模ながら人が定住する最北の地は、カナダのヌナブト準州にある町、アラートである。

さて、実は、ノールカップに続きクニフシェロッデンも厳密には、真の最北端とは言えない。マーゲロイ島はその通り「島」であって、大陸ではないからだ。島を含めるとなると、スヴァールバル諸島のさらに北にあるロシア領、フランツヨシフ諸島がヨーロッパの最北となる。つまりクニフシェロッデンは「大陸とトンネルで繋がれたヨーロッパ

ヨーロッパ最北端の一つ　クニフシェロッデン　到達 2015 年 7 月 28 日

最北端の島」にすぎない。

私が標的にしていたヨーロッパ「大陸」の最果ては、ここより約70㎞東のまた別の半島に位置する、ノールキン岬だ。日本語の情報はなかった。目が回りそうな英語の紀行文を解読すると、「片道24㎞の行程で本格的なアウトドア装備を必要とし、濃霧に包まれた場合に備えてGPSを携帯せよ」とあった。

〝……なんだこれ。怖ぇ〟

つまるところ私は、ビビったのである。それに加え、本格的な装備は盗難で全て失っていた。一から買い揃えるにしても、世界トップクラスに物価の高いノルウェーだ。どこか委縮してしまったのが正直な気持ち。

「今」の自分ではいろんな意味で厳しい。いつの日か必ずリベンジしに来ることを誓い、真の最北端への挑戦は見送ることにしたのだった。そんな悔しい気持ちと、しかし今回行かずに済んだことでどこかほっとしてもいた私は、北端から折り返し、フィンランドへと下っていった。

4　濃いルームメイト――北極線（ロヴァニエミ）、ヨーロッパの中心地

サンタさんはフィンランドに住んでいる。それは小さいころからなんとなく知っていたが、どうやら経由地であるロヴァニエミのサンタクロース村（というアミューズメントパーク）で会えるようだ。そんなわけで大の男が一人でしかも真夏に訪れ、サンタさんと記念撮影をして、今年のプレゼントの希望を伝えよう。なんて、それはさておき、この村は北極圏との境目、つまり北緯66度33分の北極線上に位置している。私はその緯線を跨ぎに来たのだ。

毎度のことながら、地理的な境界線では何となく行き来してみたり、うさぎ跳びで越えてみたり、逆立ちとかしたくなっちゃうのは人間の性であろう、たぶん。

ちなみにロヴァニエミにあるマクドナルドは、かつては世界で最も北に位置する店舗だったが、２０１３年にオープンしたロシアのムルマンスク店に最北の座を奪われている。

だから何だと言われたらそれまでだけども、私たちにも馴染み深いマック。最果ての店舗で食べてみたいと思うのは私だけではなく、日本人の性であろう、たぶん。反対の

世界最南端に君臨するマックは、ニュージーランドのインバーカーギルにある店舗である。

北極圏に別れを告げ、その後は5日間かけて北欧を抜けバルト三国の最南の国、リトアニアまで南下。首都ビルニュスでロシアビザの取得に臨んだ。

ビザ発行までの10日間を過ごすに当たり、宿では濃いルームメイトに囲まれた。

案内された6人部屋に入るなり、同室のスリランカ人のオッサンが挨拶もそこそこに、私の顔のシワを数え始めた。そしてどさくさに紛れて頬にキスされた。ゲイである。

「お～ぅ、グッドガ～イ」

もう一人は心優しいものの、爆破級のいびきで無差別テロを繰り返す、憎らしいけど憎めないインド人。空気の読めない身勝手なアフリカ人は皆が寝ている中で躊躇なく電気を付けたり、遠慮なく電話で話し始めたりする。さらには毎晩夜中の3時にアラームが鳴り響き、しかしそれを止め、また眠る彼。用途なんなの？　そんなフルコーラスな状況に腹立たしさもあいまって目が覚める私は、ヨーグルトを食べて怒りを沈め、しかしこれは夜食なのか朝食なのかと無駄に考え始め、もう一度寝るに当たり歯磨きは必要か否かかと、どうでもいい思考に至る始末だ。

ある日、アフリカ人の彼は謎の巨大魚のお頭を鍋で丸ごと煮込んでいた。それは食用というよりは、もはや何かの儀式に使うのではと勘ぐってしまうほどの豪快さだった。

雨乞いか？　失礼ながら煮魚を前にして雨を願う彼の姿には全然違和感がない。

私と同じくロシアビザ待ちだった中年の中国人の男性。たまたまビザの発行日も同じだったので一緒に取りに行こうとした際に、「お前そんなラフな格好なのか?」と怪訝な顔で指摘された。

誠意ある格好をしていないと大使館員に嫌われるぞ、といった意味だろう。

Tシャツ短パン姿の私に対してビシッとスーツに身を包んだ彼からは、並々ならぬビザ取得に対する熱意がこもっていた。が、両穴からワサワサと飛び出た鼻毛には注意がいかなかったらしい。


さて、リトアニア滞在中に訪れるべき場所はただ一つ。地理的なヨーロッパの中心だ。

そもそも、ユーラシア大陸におけるヨーロッパの範囲については、西はポルトガル、北はノルウェー、南はギリシャと分かりやすいが、陸続きである東側は、ロシアにそびえるウラル山脈の分水嶺を境としている。そこに源を発しカスピ海へと注ぐウラル川が、アジアとの境界線となっている。ヨーロッパとアジアを分けるというなんともロマンのあるウラル川。ぜひ泳いでみたいと思うのは私だけではないはずだ、たぶん。

南東部はカスピ海に沿っていき、コーカサス山脈の分水嶺で分けられ、黒海と地中海を繋ぐボスポラス海峡を境としている。これが国連によるヨーロッパ本土の区分だ。

フランスの国土地理院の調査によると、北のスヴァールバル諸島、東のウラル山脈の山頂、南のアゾレス諸島、そして西のカナリア諸島からなるヨーロッパの領域の中心が、リトアニアにあるという。

それもビルニュスから北へわずか30㎞足らずのプルヌスケスという村に位置している

というのだ。路線バスで容易に行くことができるが、やはりマニアックすぎるのか知名度は低い。

緑が広がるのどかな景色の中、名もなきバス停で降りて少し歩くと、林に囲まれた神聖な雰囲気を醸した広場に出る。人っ子一人いない静かな空間だ。

広場にはまず、「地理的なヨーロッパの中心」と刻印された平らな石と、ずらりと並ぶ当時のEU加盟国である25本の国旗に迎えられた。そして右手にはバージンロードのように一本の道が伸び、その先には、高さ10mほどの白い柱がそびえていた。実に神々しい。柱のてっぺんには欧州旗を表したものだろう、12個の星々が煌めき、前方には円形の東西南北を示したコンパスのような装飾が敷かれている。これが中心を示すモニュメント、と思いたいが、柱は2004年にリトアニアが欧州連合へ加盟したことを記念して建てられたようだ。つまり厳密には、あの平らな石が中心を示すものなのかもしれない。

ところで、地理的なヨーロッパの中心地と主張する国や場所はやはり、いくつもある。オーストラリアの中心についての部分でも述べた通り、定義付けや計算方法が様々だからだ。

1775年にポーランドが欧州で最初の公式宣言をしたのち、スロヴァキアやベラルーシ、エストニア、ウクライナなども名乗りを上げた。さらにはEU加盟国内における中心地なども存在し、フランスやドイツ、ベルギーなどがある。これらに関しては、EU加盟国は年々増えていったため当然そのときどきの中心があるわけだ。

ヨーロッパの中心地 プルヌスケス
到達 2015 年 9 月 1 日

北極線　ロヴァニエミ

昔はとくにヨーロッパの区分や定義もそれぞれの国で見解が分かれていたはずで、計算方法も実に様々だったに違いない。

それぞれの主張は正解ではあっても、やはり一つの正解はないのが中心だ。しかしその中でも、この１９８９年に発表されたリトアニアにある中心地は断固、唯一無二の中心地であるとされ、あのギネスブックにも認識されているとか。

中心地の広場はゴルフ場に隣接している。ヨーロッパのど真ん中にホールインワンなんて、この上なく気持ちが良いだろう。

5　翼をください――欧亜の境界線（エカテリンブルク近郊）

地球の大きさを手っ取り早く実感するには、シベリア鉄道に乗るのが一番だ。世界最大の国ロシアは東西で最大9時間もの時差がある。ユーラシアを横断する全長約9，300㎞に及ぶ世界一長い鉄道は、停車するたびに時計の短い針を変える必要があり、まるで時空をも旅している気分に浸ることができる。

流れゆく秋のキリッとしたシベリアの森と大地の景色は、西から東へ向かっても、ほとんど変わらない。

各駅に停まるとどこからともなく現れる物売り。ピロシキや弁当、お菓子にバケツ一杯のベリー。売り物は食べ物だけに留まらず、お皿やよく分からない壺に、5歳児くらいの大きなクマのぬいぐるみや、誰が買うのかシャンデリアを抱えた売人まで。

長めに停車する駅では、車両点検のカンカンコンコンという心地良い音が響き、出発すれば今度は車内で、カンッカンッとご機嫌な音が鳴る。乾杯の音だ。飲んで食って、また飲んで、寝る。ただただ列車の揺れに身を任せて、悠久の時を過ごす。それがシベリア鉄道の旅である。

ベロベロに酔った同室のロシア人にウォッカを強要されたのは少々厄介だったが、それもまたシベリアの思い出の一つだ。

モスクワからロシアを横断するに当たり、初めに立ち寄ったのがエカテリンブルク。どうやらこの町はかつて、住民のマヨネーズ消費量が世界一としてギネスに登録されたらしい。

それはともかくとして、前回にも述べたヨーロッパとアジアを分けるウラル山脈。その東側斜面に位置するエカテリンブルクで目指すのは、言わずもがな境界線だ。

近郊には至る場所に記念碑などが建てられている。その一つを実は鉄道車内から見ることができる。これは意外と知られた話で、無人のヴェルシナ駅の横に佇んだオベリスクがそれである。車窓から現れる姿を逃すまいとカメラを構える旅行者は少なくない。

もちろん私もその一人だったが、ただ通るだけの見物に満足などできるはずもない。

町から西へ向かう幹線道路沿いにある境界線には、まだ造られたばかりの白銀のモニュメントがきらめいている。そばには土産屋もあった。

また、ノボタリツァ駅から徒歩40分にある、最古のものとされるモニュメントは巨大で、まるで劇場のような豪華さだ。その舞台で自分は今、欧亜の境、ある意味でユーラシア大陸にいながらどちらにも属していない場所に立っている。

そんな究極の感慨深さは、毛が逆立ち鳥肌が立つのを超えて、もはや鳥になって飛び立ちたいほど刺激的である。

ロシアは国土で見ればアジア地域が大部分を占めているものの、人口の約80％がヨーロッパ側に住んでおり、首都も置かれている。歴史的な観点から見ても、国家としてのロシアはヨーロッパに属するようだ。

一つの国でありながらヨーロッパとアジアに分かれているという不可思議さ。それを

ノボタリツァ駅近くにある境界線のモニュメント

幹線道路沿いにある境界線のモニュメント

ぜひ、境界線で感じてみてはいかがだろうか。

6　謎の奇矯なイギリス人
――アジアの中心地

一部紅葉した針葉樹林帯を抜けると、徐々に標高が上がって高い木が減り、黄金色と土色が混ざった荒涼とした平原に変わった。

遠くに見える水墨画のような山並みが美しく、あの向こうはモンゴルだ。

エカテリンブルクから45時間を経てアバカンで下車し、今度はバスで南へ6時間。秘境感が満載の道のりで辿り着いたのは、モンゴル国境まで270㎞とせまったクズルという町。

かつては清の支配下にあり、１９２１年から１９４４年までの23年間は独立国であったトゥバ人民共和国。現在はロシア連邦を構成する共和国の一つであり、その首都がクズルだ。クズルはアジアの地理的な中心地とされ、記念碑が建てられているという。トゥバはモンゴルの影響を強く受けていて、大国ロシアの中でもブリヤート共和国、カルムイク共和国に次ぐ三つ目のチベット仏教圏である。道中でも真っ白な仏塔やタルチョと呼ばれる五色のカラフルな祈りの旗が目につき、町は無機質なソ連系の建物と仏教関連の建物が混在している。

ロシアを西から東へ向かうにつれ、人々はブロンドへアの色白で青い瞳のいわゆるロシア人の顔から、すっかり黒髪のアジア系が増え、トゥバではモンゴル人そのものといった顔立ちの人々がほとんどを占めている。

アジアの中心は、町の北側にある整備された広場に佇んでいた。マントラと呼ばれる真言が刻まれた小高い山と、エニセイ川の開放的な景色を背景に、広い空を突き刺すかのごとく鎮座したモニュメント。その荘厳さと華麗さに、ただただ感嘆の息が漏れるばかりだった。

三頭の獅子が、ここクズルの場所がマークされた地球を背負っている。台座にはトゥバ語とロシア語、そして英語で「アジアの中心」と確かに記されている。

空を射抜くモニュメントの先端には、金色のトナカイの彫刻が空中散歩しており、トゥバとトナカイの関係が近しいことが想像できる。実際にトナカイ飼育の起源はトゥバにあるという見方もあるようだ。台座の両端にはドラゴンが置かれ、周囲には何やら牛やネズミ、馬、鳥に蛇といった十二体の動物の銅像が、モニュメントを守るかのように配置されている。そう、これらは十二支。私たちにも馴染みの深い十二支は、トゥバでもよく使われるらしい。

さて、知りたいのはクズルがアジアの中心であるという根拠だ。例に漏れず非常に複雑な地形のアジアで、クズルがその中心と言うにはどうも無理があるように思う。

果たして結論から言うと、残念ながらクズルが中心と言わしめる計算方法や定義などの参考になるものはなく、ここが厳密な中心地ではない可能性が高い。しかし、様々な文献を見ていくと、興味深いことが分かってくる。

アジアの中心と宣言されたのは１８９０年代で、それはイギリス人の旅行者によるものだったそうだ。

鎖国同然の状態にあった独立国時代のトゥバ。その当時、外国人として唯一潜入できたメンヒェン＝ヘルフェンは、帰国後、『トゥバ紀行』を出版。その著書のまさに冒頭に、このイギリス人旅行者のことが書かれている。

『ジュール・ヴェルヌが好んで主人公にとりあげそうな、一人の奇矯なイギリス人が、すべての大陸の中心点に記念碑を立てたいというたった一つの目的のために、世界中を旅してまわった。「この大陸の中心点であるここに、この日私は立った」――何年何月何日と刻んで。かれがこのアジアの心臓に記念碑を立てるために出発したのは、アフリカと南北アメリカにはすでに石碑を立てたあとだった。かれの計算に従って、イェニセイ河上流の岸辺に位置するシナのウリヤンハイ地方に石が立てられた。金持ちでスポーツマンのこの男は、多くの痴《し》れ者がそうであるようにしつっこく、いかなる困難にもめげずに目的地に到達したのである。
私は１９２９年の夏、その石碑に対面した。石はかつてのウリヤンハイ、今はトゥバと呼ばれている国のサルダムに立っている。シベリアとアルタイ山脈とゴビ砂漠に囲まれて、ヨーロッパ人には閉ざされた、アジアのこの遊牧民国家の中に。』

この冒頭の文から考えられるのは、このイギリス人はアジアというよりは「大陸」の中心、つまりユーラシア大陸の中心を目指したのではないかということだ。クズルはユーラシアのへそだと言うのならば、地図を見ても辻褄が合うように思う。

さて、著者は次のページで、このイギリス人をダグラス・カラサーズという「研究旅行家」と書いているが、他の文献では「地理学者」ともあった。第一次世界大戦の間は陸軍省に所属し、中東の地図を作成していたという。トゥバには王立地理学会の支援を受けて遠征した。

アジアのみならず、世界中の大陸の中心点を探し渡り歩いたとされる物好きが、世の中にいるものなのかと感心していたが、恐らく私も似たようなものである。

著者は、カラサーズが中心として立てた石碑と、サルダムという場所で対面したとある。サルダムはトオラ＝ヘムという村の近くにあり、クズルから北東へ、直線距離でも２００㎞ほど離れている。

やがてサルダムにあった記念碑はクズルに移されたとされる。中心の定義などが不明なため一概には判断できないものの、やはりクズルにある中心地は厳密な中心地ではないらしい。

ところで、私はある重要な事実を見落としていた。カラサーズがトゥバにいたのは、1910年のことだと分かったのだ。中心地と宣言されたのは1890年代であり、相違がある。これは一体どういうことか。彼は二度もトゥバに来たのか？　否である。なぜなら、カラサーズは1882年生まれなのだ。小学校時代にテコテコとトゥバに来て「ここがアジアの中心だべや」と言った？　そんなはずはない。

つまり、中心と宣言したのは「研究旅行家」あるいは「地理学者」であるカラサーズではなく、「奇矯な旅行者」という、同じイギリス人でもまた別の人物であった。

名はプロクター。

『トゥバ紀行』の著者は決して二人のイギリス人を混同してはいない。私が勘違いしていただけだ。要は、甚だ紛らわしいということだ。

現に、他の文献には、アジアの中心を宣言したのはカラサーズであるという記述が散見される。

それもそのはず。歴史上大体同じ時期に二人のイギリス人が来ていて、その一人が地理に長けた学者だとしたら、宣言したのは普通は彼だと思うだろう。

だが実際に宣言したのは、繰り返すが、地理学者よりも先に訪れていた、〝中心狂〟の旅行者だったのである。

プロクターという人物についての情報は皆無に等しいが、私はとある英文の記述を見つけた。なんとそれには中心地の起源を探る日本人について書かれていたのだ。この男性はトゥバ民族音楽演奏家の等々力《とどりき》政彦氏であった。

等々力氏は実際にサルダムへ赴き、中心地の起源を知るため、現地人に聞き込みを行った。それによると、どうやらサルダムにあった最初の記念碑は簡単な木製のもので、１８９０年代に現在のトゥバであるタンヌ・ウリヤンハイを植民地経営していた、ロシア人商人の商館の庭に建てられたという。

等々力氏も実際にそれらしきものを発見するが、さらに調べを進めていくと、一人の古老による証言が波紋を広げた。イギリス人はエニセイ川を下っているときに別の町、バヤン＝コルがあることを知り、こう言ったそうだ。

「あぁ、間違えた！　あそこが中心になるはずだ！」と。そして彼はもう一つのアジアの中心を、そこに置いたのだと。

バヤン＝コルはクズルから今度は西へ80㎞。『トゥバ紀行』の著者が記念碑の石を見たのは、そこではないかと等々力氏は考える。

サルダムは地名でもあるが言葉では〝流れの緩やかな川や流路〟という意味でもあるらしく、一つではなくあちこちに存在するのだそうだ。

かくして等々力氏もバヤン＝コルへ足を運ぶものの、それらしきものは見つからなかったという。

つまるところ、トゥバには例によって複数の中心地があるということだ。果たしてそれらのどれが正しい場所なのかは、もはや重要じゃない。中心「部」としてクズルに立

アジアの中心地　クズル　到達2015年9月15日

派な印があれば、それでいい。

それよりもプロクター、あなたは何者なのか。

1世紀以上も前にそれぞれの中心地をどう定義づけ、どう計算して割り出し、どうやって辿り着いたのか。彼がすでに石碑を置いたというアフリカの中心地。諸説あるに違いないが、その一つはコンゴ共和国の道なきジャングルに位置するとされ、これに関しては2015年、南アフリカ人の探検家が14人のポーターを率いてやっと到達している。

プロクター、あなたは単独なのだろうか。

これから南北アメリカ大陸の中心地にも行くつもりだが、そこで果たしてあなたの記念碑と会えるだろうか。

もし会えたなら、そのときはぜひ〝奇矯〟同士、一杯やろう。

7　我愛大陸突端――中国大陸最南端

すっかり懐かしくなったアジアの匂いがする。ロシアを抜け、モンゴルを縦断して中国へ入った。バンコクから北欧へ飛んだ際に発生した7時間の時差は、もうない。

闇夜に１８０度広がる銀河に魅了され、昼間は馬に跨り大草原の風を切る遊牧民の姿を見届けたモンゴル。そんなどこまでも続く雄大な自然の景色から一変、中国へ入った途端に町は急激に近代化。乱立するビル群と雑踏。

「か〜ッ、ぺッ」

大きな喋り声のなか、数分に一度、必ず痰や唾を吐きだす音が聞こえる。ここは北京。街中がモヤッと霧に覆われているのかと思いきや、それはスモッグらしい。この国では環境汚染が可視化されていた。

飲食店が並ぶ通りでは、香辛料の香りが食欲と、アジアの記憶を刺激する。メシはもちろん美味い。五感をフル活用できる国、中国。

北京から上海、香港を経て南下していく上で、日本のメディアでよく伝えられる邪悪な中国人は、見かけなかった。反日感情など微塵も感じず、むしろ人懐こい人々に安心しきりだった。

「俺はまさみとゆいちゃんに会うのが夢なんだ！」

長澤まさみと新垣結衣のことだ。他にもＪポップを流し、日本の漫画に夢中で、ジブリのキャラクターを愛する若者たちで溢れていた。

コンコンコン。とある宿でのことだった。夜9時に何事か、私の部屋を訪れた宿の主人。言葉が分からない私は現地人に対し、いつも筆談で応じている。漢字を組み合わせればなんとなく理解してもらえるのが、日本人が中国を旅する上での優位点である。

「あなたは学生か？ なぜここにいるのか？ なぜそこへ行きたいのか？」

眉間にしわを寄せた主人は、日本語に翻訳したスマホの画面を見せて私に問いかけた。中国ではこのころ、日本人を相次いでスパイ容疑で拘束しているというニュースがふと頭をよぎった。しかし私が正直に答えると、その若干のイヤな予感はすぐに消え去った。

「ここで日本人にわたしは初めて会いましたので知りたかったたです。歓迎光臨（ようこそ）」。しわは消え、目尻が下がり口角はくいっと上がっていた主人。

この宿の主人は、恐らく泊めてはいけない私をなんとか迎え入れてくれた。というのも中国では政府の規制があるため、外国人はどこでも自由に泊まれるわけではない。ホテル予約サイトでも「ここは中国籍の者だけが宿泊可」などと注意書きがあったりする。それがまた、安くて場所が良いところだったりすると胸糞悪い。田舎町だと高いホテルでしか受け入れてくれないことが多く、それどころか泊まれる宿がない町すらある。

この町でも、何軒も断られた末に主人が入れてくれたのだった。まったく疲れる国だけど、だからこそ主人の優しさは身に染みた。

さて、私はなぜここにいるのか？ なぜそこへ行きたいのか？ 疑問が浮かぶのも無理はない。

ここからすぐ南には中国のハワイとも呼ばれる屈指のリゾート地、海南島が浮かぶ。私がいるのはその島ではなく、対岸に位置する雷州半島の先端地域、徐聞県だ。「我愛大陸突端」。これを主人はなんとなく理解してくれた。そう、中国大陸の南の果てを味わいに来たのだ。

徐聞駅からおよそ1時間。ゴミが散乱し、荒れた道をニワトリが歩き、上半身裸で外に座り込んでいる人たちの景色は、すっかり東南アジアだった。

そんな道をバイクタクシーに揺られていると、やがて灯台が見えてくる。だだっ広い敷地に、悠然とそびえる可愛らしい青と白の六角形の灯台には「中国大陸最南端」と書かれ、そのまま読み取れた。

この辺りは中国でも最大規模のサンゴ礁域のようで、それも納得の透明な翡翠色の海が広がっている。旅行客は大陸の果てには目もくれず、対岸にうっすら見える海南島に流れることとは、ここの静けさと寂れ具合が物語っていた。

灯台の横には、清仏戦争のときにフランス人が建てた洋館の一部が残っている。彼らは別の小さな灯台も建てていたようだが、それは日中戦争のときに日本軍の侵攻を防ぐために壊されたという。１９５０年には海南島と雷州半島の戦いの場になるなど、何かと痛ましい歴史のある最果てであった。

ベトナムに向かって没してゆく夕日を、ユーラシア横断の旅の終わりと合わせてどこかセンチメンタルな気分に浸りながら見届けた。

中国大陸最南端　徐聞県角尾郷　到達 2015 年 10 月 20 日

その後、私もベトナムへ向かい、再びの東南アジアへ生還。それから一気にタイを目指し、約4カ月かけて、北欧スウェーデンから地球に刻んだ足跡を、めでたくバンコクまで繫げたのである。

番外編　インド

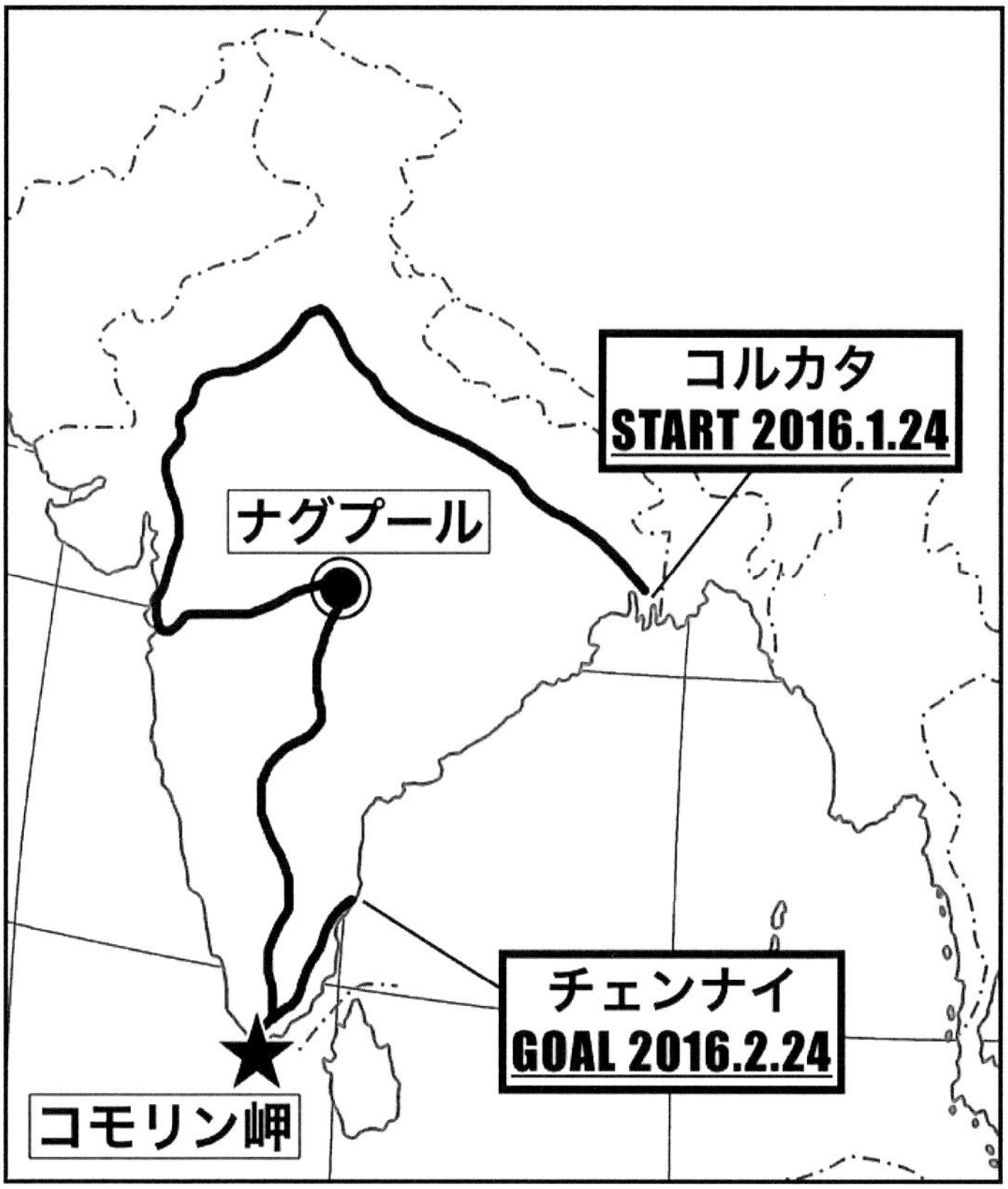

1 私はこの国が好きなのか？嫌いなのか？

道の隅っこで脱糞しているおっさん。頼むからちゃんと隠れてくれ。道端で寝ているのか死んでいるのか判別できないおじさん。口にはハエがたかっていたが大丈夫なのか。

カレーは素手で食べるらしいのでさっそくチャレンジしていると、周りの現地人はスプーンを使いだした。

時代とともにスプーンの使用率が上がってきているのだろうか。ヒンドゥー教では神聖であるはずの牛を蹴飛ばし、木の枝でぶっ叩く姿を見てはっとした。時代とともに牛は神聖じゃなくなってきているのだろうか。それとも、人々の信仰心が薄れているのだろうか。

列に並ばない中国人。お金への強い執着と、どこでも立ち小便をするベトナム人。この二つの国のしばしば目にした気になる部分を足して、さらに3、4倍掛けてグレードアップさせ、そこからインドネシアで割ってきたような国、という印象だ。

想像通り、噂通り、いや、それを軽く超えてくるインド。

ユーラシア横断の旅を完結させた私は、日本へ一時帰国したのち、バンコクからインドへ飛んだ。

この国を旅する大抵の者が下痢に悩まされるというが、もれなく私もその一人となっていた。かれこれ2年以上も海外を回っていて——あるいは4年半の旅すべてを含めても――特に目立った食あたりの記憶がなかったため、自分の胃腸には格別の自信を持っていた。それがトイレから出ることもできないザマである。

私の胃腸は10日間ものあいだ大雨洪水警報が解除されず、肛門という名のダムは決壊。「今までのお前は何だったのか？」という敗北感とともに便意が押し寄せては、自信とプライドもお尻から一緒に流されていった。幸いにも腹痛や嘔吐といった同時多発テロこそ免れたものの、食欲不振で主食はバナナとミカン。体重と体力は激減し歩くこともままならない。

〝栄養を取らねば〟となんとか外へ出ると、目についたのが屋台で売られていたラッシー。インド定番の飲み物の一つだ。

これはいわば飲むヨーグルトであり、そういえば乳酸菌は胃腸に良いと聞いたことがある。

ラッシーは好都合だ。〝しかし待てよ〟汚染されているであろう氷が入ったラッシーは果たしていかがなものかと、思いとどまった。

味噌は癌予防になる。塩分過剰は癌の元になる。では、味の濃い味噌汁はいかがなものか。味噌と塩分が相殺されて飲まなかったことになるのだろうか。という小学校時代の純粋な疑問を思い出した。ちなみに未だにその答えは知らない。

「乳酸菌 胃腸 効果」と、宿に戻ってググってみたところ、Yahoo! 知恵袋で私と同じ質問をしている人がいた。その回答の中でベストアンサーに選ばれていた「ここで聞く前に自分で調べなさい」というもっともな意見を閲覧し時間を無駄にしたのも束の間、「乳酸菌は腸内を良好なバランスに保ち、消化を促進して便通を整える」という記述を見た。なるほど。いやいや、これ以上〝便通を整えられたら〟たまったもんじゃないという結論に至り、やはりラッシーは飲まなくてよかったのだと安堵した。

さて、噂では聞いていたものの、本当にこの国の食べ物のほぼ全てがカレー、もしくはカレー風味だ。様々なスパイスを混ぜ合わせたマサラといわれるものがカレー風味の正体であり、インド人には欠かせないものとなっている。どれほど欠かせないものかというと、私が以前働いていた宅配業でインド人の従業員がいたのだが、トラックで走行中、ポケットからおもむろに謎の香辛料を取り出し、それをしゃぶり出したという逸話があるほどだ。彼は仕事中でも我慢できなかったらしい。

そしてインドへ発つ前のことだが、バンコクの空港で、インド行きのチェックインカウンターですでにスパイスの匂いが充満していたのだからびっくりだ。

機内でももちろん安定したカレー臭が漂い、到着後にＣＡが芳香剤のようなものを撒いていたものの、おそらくその効果は20分程度だろう。

しまいにはその利用した航空会社の社名が「スパイスジェット」だからもう笑うしかない。

くる日もくる日もカレー、道ゆけばカレー。それでもインド国民は飽きないらしい。
「なぜなら毎回スパイスが違うからだ」という複数人の回答を得た。しかし、それは我々日本人の感覚からすると、朝はバーモントカレーで昼がジャワカレー、夜はこくまろカレーで夜食にボンカレーといった具合ではないだろうか。

うんざりした私はマクドナルドへ駆け込むも、ハンバーガーすらもカレー風味で、もはやスプライトやマックシェイクすらもカレーの味がするような気がしてしまい、この国ではカレーから逃れることは絶対にできないのだと恐怖すら感じた。

それでも一応は抜け道があった。フライドライス（チャーハン）と、チョーメンと呼ばれる焼きそばのようなものが唯一カレーに侵食されていないメニューである。旅の中盤から（いやいや前半から）はこのツートップで凌いだのだった。

13億人の大国なんだから、どこかでアッサリサッパリした料理を思いついた人はいないのかと疑問に思っていた。

でも、どうやらいないらしい。もちろん私が知らないだけで、何処かに冷やし中華に匹敵するサッパリ料理があるのかもしれない。でも、どうやらないらしい。

イギリスの植民地だったおかげかは分かりかねるが、食パンが美味しい気がした。が、結局それもカレーにつけて食べるのである。ジャムをくれ、ジャムを！

そもそも食パンが美味いという感覚は、一種の「障害」であり、脳の悲鳴だったに違いない。いかにカレー以外のものを欲していたのかという証拠だったのである。

ところで、胃腸の不調の原因は何なのか。これまでに口にしてきたものの記憶を遡ってみた。するとなんと、まぁ、思い当たる節が多すぎて判別できない。

「これが噂のインドの洗礼ってやつか、受けて立とうぞ！」

なんてはじめは余裕をかましていたのが、一週間経っても治る気配がなく心底身の危険を感じ始めた。

「ガンジス河で背泳ぎかましたる！」と渡航前は意気込んでいたものの、やっぱり怖すぎてピチャピチャと足先だけ沐浴というか、濡らした。ところが、その後に小指に靴ズレがあったことを思い出し、宿の一室で金切り声が響き渡っていたことは内緒だ。傷口からバイ菌が入ってさらに悪化していたのも分からないほど肛門が侵されていたのだから、気づいたときはあとの祭りだった。

〝こんな国二度と来るかクソ野郎。下痢だけに……〟

トイレで汗をこぼしながらわめき散らしていたあの日々。——駆け込んだ先のトイレの扉を勢いよく開けると、イキんでいた先客と目が合って黙って扉を閉める。こんなことが二度三度あった。頼むから鍵を閉めろ。恥じらいを持て——10日振りに固形の姿を拝んで感涙したあの日を、忘れることはない。

インドを旅した者は、インドのことが大好きになるか、大嫌いになるかのどちらかに分かれるのだと、どこの誰が言い出したのかは知らないが、そう一般的に言われているようだが、私はそのどちらでもない。

嫌いじゃない。かといって好きでもない。〝今回の旅で訪れていない場所へは、いつの日か行ってみたい〟といった気持ちがあるということは、好きな部類に入るのだろうか。

いいや、入らない。でも、嫌いじゃない。なんとなく、「好き」と認めたくない、それが私なりの、インドという国である。

2　インドネシア人のアレックス――インド亜大陸最南端

キキキキ……キーキーキー!!

コウモリの鳴き声のような、鳥肌が立つ気味の悪い音で目が覚めた。何ごとかと見渡すと、どうやら隣で眠るおじいちゃんの携帯のアラーム音だったらしい。窓の外はヤシの森が広がっており、すっかり南国の景色だ。寝台列車は着実に南へ向かっていた。

「ペーストを分けてくれ」

トイレの前で歯をみがいていると、さも私と知り合いであるかのように歯みがき粉を無心するおじさん。見ず知らずの人間に突然歯みがき粉をくれと言われても「はい。どうぞ」と、動じない私はすっかりインドに染まっている。

チャイ売りの青年から砂糖がどっぷり入った一杯を頂き、ほっと一息つく。

どこかの駅で停車すると、服というよりはボロ布をまとった物乞いのおばあさんが、コップを片手に車内に入り込み乗客に金をせびっていた。入れ替わるように今度は、鮮やかなサリーを着た、濃い化粧で背の高い筋肉質な二人の「女性」が、はい注目〜！とばかりにパンパンと手を叩きながら乗り込んできた。明らかに異質な雰囲気だ。一人一人の乗客と向き合い、やはり金を要求していたが、ただの物乞いとは違った。大抵の乗客は先ほどのおばあさんには見向きもしなかったのに、彼女らには金を与え、そして、ある者は平手打ちされたり、ある者は横腹をド突かれたりしている。どうやら金を与えないと制裁を食らうらしい。

やがて私の順番になり、――香水の強い匂いが鼻をつく。顔には青ひげがうっすら、やはり「男」だ――なだめるような表情でブツブツ言いながら手のひらを差し出してきた。だが、こいつは金を出す意思がないと悟った男は、しかめっ面に豹変。しかしすでに防御態勢に入っていた私に若干動揺したのか、作戦を変更し、目の前でサリーをめくりあげたのだ。そして、ざまぁみろと言わんばかりの顔で、去っていった。

どうやら男は〝どうだ、不快だろう？〟といった具合に下半身を見せつけて報復してきたらしい。幸いにもブツは見えなかったが、女性的なピンク色のサリーと浅黒くて毛深い極太の太もものコントラストは、確かに気持ちの良いものではない。隣のコウモリおじいちゃんは放心状態の私を見て笑っていた。

……なんて素晴らしい朝だろう。

のちに判明したが、彼女（彼）らはただのカツアゲするオカマではなく（いや、実際そうだと思うが）、両性具有を意味する「ヒジュラ」と呼ばれる人たち。男性でも女性でもない第三の性を持った人間であった。

大抵は女装しており、肉体的には大半が男性で、つまり平たく言うと「おねえ」である。ヒジュラは地域によって見方は異なり、第三の性という特異な人間は神秘的で聖なる者だとして結婚式や出産などの儀礼に呼ばれたりするほか、縁起ものとして、お金を与えれば良い事が起こるとされている。逆も然りだ。

一方で、一部の大都市では売春を生活の糧にしており、不浄だとして避けられるという。

下半身の露出という離れ業によって縁起の悪さと、気分を悪くした私は、ついにインド最南端の都市カーニャクマリへと降り立った。

V字の形をしたインド亜大陸最南端の地、コモリン岬はインド洋に抱かれ、東のベンガル湾と西のアラビア海が交わる場所だ。

この地はヒンドゥー教の聖地としても日々多くの巡礼者が訪れ、神聖なる海で沐浴を行う。

正面の海上には、かつての詩人で思想家であったティルヴァッルヴァルの巨像が、インドを見渡すようにそそり立っている。太陽は彼の背後、スリランカ方面から昇り、そしてアフリカ大陸に向かう。朝日と夕日を拝むことのできるぜいたくな場所だ。どちらの時間帯にも大勢の人々が海に集まる。美しいものを見たいという気持ちはどの国も人種も関係なく、人間の心に刻まれた普遍的なものである。

広大なインドは北部と南部では食も文化も異なり、南部では人も南国特有の空気感があって穏やかだ。日本人の間では世界三大うざい国の一つとして数えられるこの国でも、それは北部のことを指しているに違いない。

ガンジス河が流れるヴァラナシにタージマハルがそびえるアーグラ、首都のデリー。旅行者がとくに集まる場所が北部に集中していることが原因だろう。

デリーで出会った日本人の大学生は、現地の旅行会社に騙され数万円の詐欺に遭ったらしい。

「インドのＧＤＰを上げてやりました」と涙していた。上がったのは騙したインド人のテンションに他ならないが、とにかく旅に慣れていない学生は、騙す者にとっては恰好の餌食となる。かつては（おそらく今でも）連休でインドにやってきた日本の学生を目掛けて、観光地に出稼ぎにやってくる者もいたという。彼らは日本のゴールデンウィークや学生の夏休みなど、長期休暇の時期を熟知している。

とりわけヴァラナシとアーグラは実際にひどく、あまりのウザさに私はインドネシア出身のアレックスという、自分で創造した架空人物になりきったほどだ。これはどういうことかというと、前述のとおり日本人というと狙われやすいため、〝俺はインドネシア人だよ〟と言ってみる作戦だ。

ちなみにアレックスというお国違いの名前に意味はない。

「やぁフレンド、元気？　日本人かな？　お土産見てかない？　俺はラジーだ、よろしく」

例のごとく歩いていると馴れ馴れしく商売をしに来る男。それに対し私は「あぁ、俺はアレックス、インドネシア人だ。金はない」と一蹴。すると「……なぜだ？　日本人……だろう？」となり、確かにインドネシア人っぽくも見えるかな、てな具合で目を丸くする男。

「ジャカルタ生まれさ。インドネシアの首都だ、分かるだろ？　じゃあな」とまくし立てれば、「……そうか、……良い旅を」効果は抜群だ。

以降も頻繁にアレックスを召喚し、遂にはこんな状態になった。

「へいフレンド、どこへ行くんだ？　中国人か？　日本人か？」

インド亜大陸最南端　コモリン岬　到達 2016 年 2 月 18 日

「俺はインドネシア人だ。金はない」

「……そうか、俺はインドネシアが嫌いだ。悪い国だし」

……なぜ悪いのか理由は分からないが、そう言われて私は不快感を覚えていた。誰しも自分の国のことをけなされれば気分は良くないはずだ。

あれ？　これはどういうことかというと、私は、つまりインドネシア人のアレックスに完璧になりきっていたのである。

3　満員列車にぶら下がってバイバイ

「……うわ、マジか」

インド最終日。最南端からチェンナイへ移動し、市内から空港へ列車で向かおうとしたが、その列車の光景に唖然とした。

よく考えてみれば夕方のラッシュアワーで

あった。混雑率は小田急線の比ではなく、300％を超えているのではないか。閉まらない扉から溢れ出た者は目の前の人にしがみ付き、ある者は窓にへばり付き、無慈悲にも、いや、慈悲深いのか、いや、何も考えていないのかもしれない列車は、そのまま発進するのである。

その一本を見送ってみたものの、次の便も同じ有様だった。

「オイお前、どこへ行くんだ？」

タクシーに気持ちが傾いていた私に、隣で待っていた若い兄ちゃんが口を開く。

「空港だ」と伝えると「そうか、ここ掴まれ。早く！」と私の腕を強引に引き、人で溢れかえった完璧なる自己責任車両に導いた。

「え、マジで？　これ危なくない？」

「大丈夫。ここも握れ、ほら早くしろ！」

彼は自分のズボンのベルト部分を私に掴ませ、支えた。そうして、無慈悲にも列車は動き出す。しかし、もともと速度が出ないのか、こんなカオスな状態だからなのか、体感的には時速30㎞以下だ。思いやりのある走行なのかもしれない。

「お前ネパール人か？」

面倒見の良い兄ちゃんは興味津々に聞いてきた。周りのしがみついた人たちからも好奇の視線が注がれている。この国では日焼けのせいもあると思われるが、日本人を見慣れた観光地を除くと、私がネパール人と間違われる確率が7割、そして2割がミャンマー人で、1割は中国人という結果であった。

ラッシュアワー

「おー！ ジャパーン！ グッドカントリー」

日本人であることを伝えると、皆一様に喜ぶ。インドではよくあることで、そのたびに日本人であることに誇りを感じたものだ。

列車はまん丸の夕日をのんびりと追いかける。昼と夜の隙間、紫色の空の下、風は心地良く、むしろむさ苦しい車内よりもずっと快適なのではないか。

「空港だぞ。Have a good trip！（よい旅を）」

最後まで頼れる兄ちゃんは私を送り出した。そして周りのしがみついた同胞も見送ってくれた。「シーユージャパーン！バイバーイ！」と。

あの手この手で騙そうとする連中はたくさんいるし、汚いし、カレーは飽きるし、腹は下すし。しかし、こんな素敵なエンディングを迎えてしまえば、すべてをチャラにせざるを得ない。

やっぱり嫌いにはなれない国、インド。意

外にも英語は通じやすいし、どこかテキトーなことも多いけどお茶目で世話好きで、3
秒で友達になれる人懐っこい人々。

うむ。ありがとう、インド。好きです。

植民地支配をしていたイギリスの手によって建てられた中心地だそうだが、その計算方法などは分かっていない。

ちなみにナグプールは、インドにおける仏教の中心地ともいえる。国民の大半がヒンドゥー教徒でも、仏教徒は1億5千万人いるとされ、その最高指導者が実は、日本人の佐々井秀嶺師である。同師はここナグプールを本拠としている。

ゼロマイルストーン

◇コラム◇ インドのへそ？

マハラシュトラ州に位置する都市ナグプール。この大都市の中央部には、「Zero Mile Stone」と書かれた記念碑があり、インドの地理的な中心地といわれている。

何の変哲もない国道沿いの一角に、4頭の馬のモニュメントと一本の石柱、そして正方形の石が置かれていた。殺風景でもあり、どこか神聖な雰囲気をも醸している。記念碑は1907年に建てられ、ここを起点として国内の各都市への距離が示されている。

ただ、説明書きにはインドの中心地とはどこにも書かれておらず、地図を見てもここが真ん中にはないことは明らか。

様々な記述を調べていくと分かってきたが、どうやらこの場所は、イギリス領時代のインドの中心地だというのだ。かつての英領インドの領域は、パキスタン、バングラデシュ、そしてミャンマーにまで及んでいた。つまりここは、現代では上記の三つの国を含めての中心地ということになる。

第4章　自転車ユーラシア大陸横断

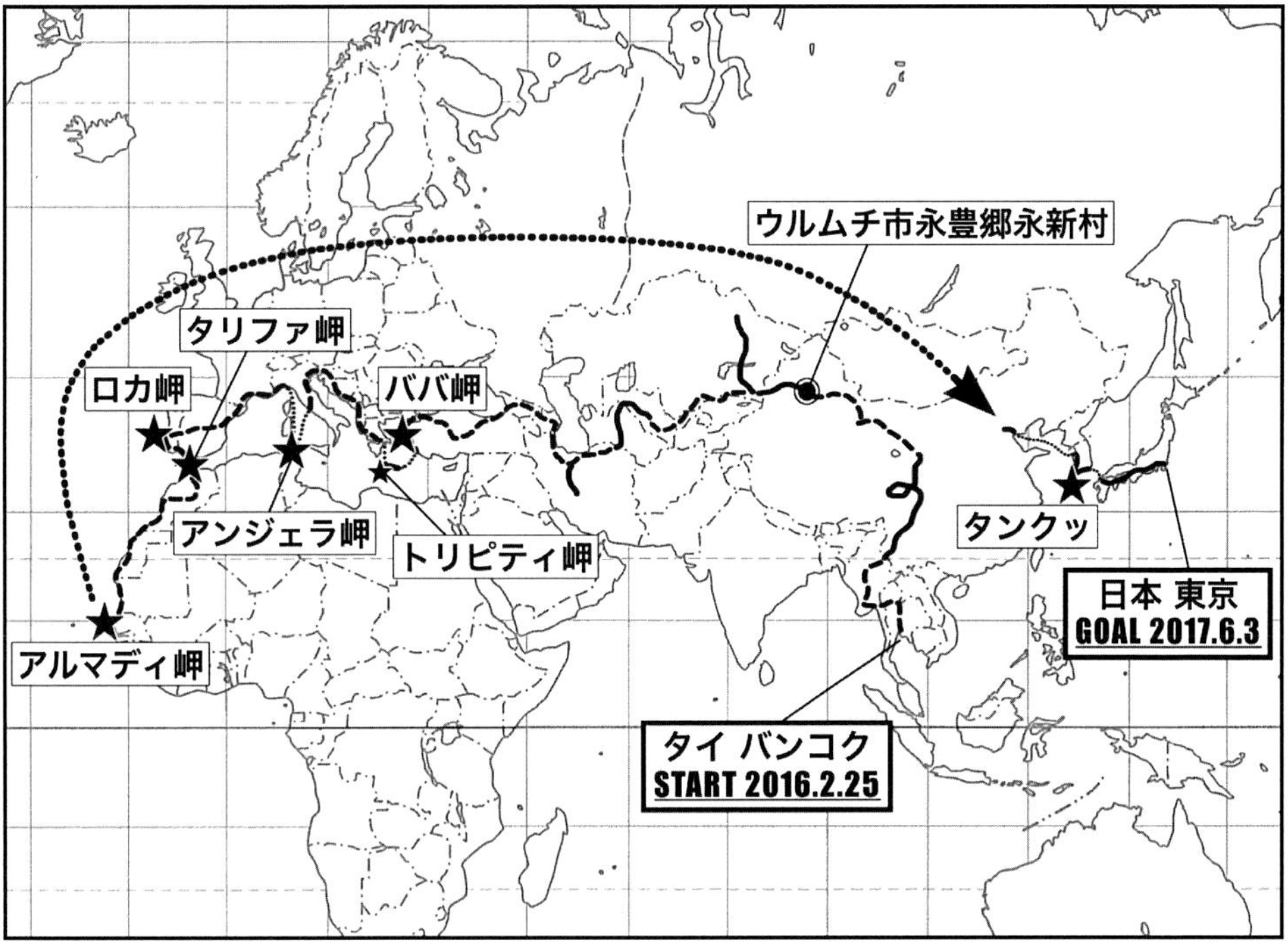

1 ミャンマーから中国へ抜けろ

喧騒に包まれたバンコク。渋滞に嘆く車のジャングルを、スルスルと抜けていく。一歩間違えば接触しかねないギリギリのスリルに、思わず微笑んでしまう。

〝やっぱこれだよ、これ〟

もっともっと、次はあの国、あそこまで。さながら麻薬のごとく欲望は膨れ上がり、止められなくなる衝動。再犯率ならぬ再〝旅〟率は極めて高い。

「おいおい、まるで粗大ゴミだ」

ユーラシア大陸横断、その後の一時帰国とインド旅を経て、約半年ぶりに相棒の自転車を見た瞬間、本能からつぶやいた。北欧へ発つ前、自転車はバンコクで知り合った友人に預かってもらっていたのだ。その間にチェーンは黄土色に変化し、ハンドルも錆びつき、胴体部分は塗装がはがれて汚い。〝あれ？ でも思い返してみればそれって初めからだわ〟。

果たして私とコイツは、どこまで行けるのか。どこまで耐えられるのか。これは一つの壮大な実験だ。自転車の旅再始動。一路、今度は西へ、再びのユーラシア大陸横断。達成感の一番奥、ポルトガルを目指して、静かにペダルを踏み始めた。

タイからミャンマーに入った私は、ヤンゴンの旅行会社とメールでやりとりをしていた。中国へ陸路で抜ける方法を探していたのだ。ネット上には一切情報が無かった。

ミャンマーは民主化が進むにつれ旅行客も増え、今やほとんど自由に国内を回ることができる。インドとの国境が外国人にも開放されたことは記憶に新しい。だが長きに渡った軍事政権の名残りは節々に残っており、どうやら中国へは、特別な出国許可証が必要だという。それに加えミャンマー北東部の町ラーショーから国境の町ムセまでの間は、外国人は個人での移動は許されず、ガイド同伴のタクシーでなければ通過できないことが分かった。

引き続き旅行会社と連絡を取りつつ、３週間かけてミャンマーを北上。

こうしてラーショーで落ち合ったのが、チャウという名のガイド。

見るからに物腰柔らかい中年の男性だ。今後の打ち合わせをすべくレストランに入るなり、チャウはメニューを指差し、まくしたてた。

「ブンコー！　これ何だと思う？　ヤバイよ？　ヤバイよ！　なんと！　ネズミの肉だフー！」

ガイドとはいってもただの付き添いなのだろうと思いきや、しっかりと解説をしてくれるお喋りなガイドであった。どこか空回りしてしまう点は否めないが、快活な様に安心感を覚える。

それにしても、ミャンマー料理も最後かと思うと、名残り惜しい。お隣インドの文化の影響から、カレーに似たヒンと呼ばれる煮込み料理が定番だが、大量の油を使っているため苦手な旅人は少なくない。しかし、中国の文化の影響もあり、深い味わいもあって私には非常に口に合った。

「チューチューチッチッ」

ネズミ料理に私よりも興奮しているチャウは、遂にネズミ語を話し出した。と、言いたいところだが、これがレストランなどで店員を呼ぶときに出す音なのだから面白い。また、どこの店員も何かを渡す際、たとえば会計でお釣りを渡すとき、必ず右手の肘に左手を添えて差し出す。この動作がミャンマーのマナーでありお作法だという。

生真面目で優しく穏やかな人々の心は、仏教の教えも深く関わっているのだろう。良い行いをすれば、来世はより良くなる、と。

「ETCカードが、挿入されていません」

エンジンが掛かるとこんな日本語の音声が飛び出すから笑える。日本で廃車となった車は、ミャンマーではバリバリの現役だ。チャウが交渉したタクシーの上部に自転車を積んでもらい、国境の町ムセまでの170㎞を走り出す。外国人が単独では通れないこの区間は、他の地域となんら変わらないのどかな景色だ。何度か検問を通るごとに、チャウは私のパスポートと書類の束を提示していた。

「OK，ゴー」

「NO！　待て」

怖いのが、ミャンマーは右車線。そこに右ハンドルの日本車となれば、運転手は対向車が見づらい。しかしそんなこともおかまいなしにすっ飛ばす運転手に、助手席に座る私は車を追い越す際に必死に指示を出すのである。

運転手の男がかける音楽の趣味も悪く、それがボロい車だからか、揺れるたびに曲がはじめに戻るという悪夢。ついに一曲も歌い終えることなく、3時間が経過したところ、ムセに到着するのであった。

「ブンコー！　見ろ！　分かるか？　なんと！　なんと！　あの向こうが！　中国だぞ！　ソー！　ワンダフォ〝ル〟！」

……なぜ私より興奮するのか。それに今まで我慢してきたが、彼が話す英語は舌を巻きすぎる発音で、「30」なんてサーティではなく、トゥーリィだからなんか気持ち悪い。

そこでやっと理解できたのだ。国境越えは翌日で、待ち合わせ時刻は「朝8時30分」だとチャウは言う。ラーショーでタクシーに乗るときも同じような時間で、その毎度の「30分」ってなんだろうと思っていた。言いたいだけなのだ、トゥーリィと。盛大に巻きたいだけなんだ、舌を。

「チャウ、明日の待ち合わせ何時だっけ？」

「エイト、トゥーリィ」

やっぱ気持ち悪ぃわ。

そんな彼だけど、たった2日間の付き合いでも冗談を言い合えるほどで、その関係はもはやガイドと客ではなく、親友となっていた。

ムセでの最後の晩餐は現地人を交え、チャウが翻訳してくれたおかげで会話になり、賑やかなひと時となった。

「チェーズーティンバーデ〜〜!!（ありがとう）」

翌日、私は無事に中国へ入国を果たし、叫び散らしていた。

中国にいる私をミャンマーから見送るチャウ

最後の最後まで優しい笑顔で、ミャンマーから私を見送るチャウに、国境を越えた中国から大きく手を振り返す。涙をかろうじてせき止め、そして前を向く。

これから過酷な場所に突入する。高揚感と同時に不安も押し寄せ、そこに彼との楽しい時間と、ミャンマーの人々の暖かな記憶が心の隙間に入り込み、涙腺を刺激した。

「ブンコー! これを持って行きなさい。フー! 私たちはずっと友達だ。そうだろ? 気をつけるんだよ。ハブ ア ワンダフォォル トゥリップ!」

……最後まで気持ち悪かったチャウ。でも、ありがとう。

もらった赤い数珠のブレスレットを腕にはめ、私は一気に近代化した街並みに吹く風を、ひとり切り始めた。

その先にある景色に感動するためには、痛みが必要だ。強くなるには、苦痛が必要だ。

自分の足で、自力で辿り着くという事実。それは極上の達成感を生み出す。その達成感を身にまとうことで、目に入る景色を、出来事を、より一層感慨深く魅せてくれるはずだ。

2　死闘！シルクロード横断

中国への入国に成功した私はまず、ここから北へ約２，５００㎞の距離にある黄河とシルクロードが交わる都市、蘭州へと向かう。

準備体操で体をほぐし、気合いを入れて自転車を、バスに積み込んだ。…潸がない。

中国南部の雲南省や四川省は、標高４，０００ｍ級の山脈が唸りをあげており、変速機のないマウンテン無理バイクである相棒との話し合いは、即決だった。

実際問題、２カ月という限られたビザの滞在日数でこの大国を越えるとなると、バスの使用は避けられない。

高山病にかかり頭痛にもだえつつも、東チベットへ寄り道し、四川省の本場の麻婆豆腐の辛さにもだえ、蘭州へ辿り着く。宿へ入るなり、サイクリング好きだという宿主は目を丸くした。

「あれで北西部を走れるのか？　本気か？」と。

〝あれ〟とは言わずもがな、私の惨めな自転車のことだ。その問いに対して私は、キッパリと答えた。「俺も知りたい」と。むしろ、聞き返した。「どう思う？」と。これまで1万km近く走ってきたとはいえ、それはおそらく難易度の低い場所だった。これから踏み入れる場所は、簡単にはいかないことくらいは分かっている。それでも、こんな自転車だからこそ燃えるものがあるってもんだ。

欧州と中国を結ぶ交易路、シルクロード。自転車で挑む再びのユーラシア横断の旅は、この悠久の道を辿ることから始まる。東南アジアでは味わえなかった、圧倒的なスケールの自然と、その脅威。〝やってみなきゃ分かんねぇし、なんとかなる〟という持ち前の闘魂は頼もしくも、想像を超えた未体験の領域が、私を待ち構えていた。

「本気なんだ…」とばかりにもっと目を丸くする宿主に見送られ、私はユーラシア再横断の始まりの大地を蹴り出した。お隣カザフスタンまでの距離はおよそ2，300km。季節は春先。この辺りは標高が1，500mほどで、立ち止まると乾燥した風が瞬時に汗を冷やす。北西部には冬はマイナス20度にまでなるという極寒の地もある。インドの旅は、この冬をやり過ごすためでもあったのだ。

灰色の道路と同化するような曇天と、黄土色の草原、周囲はゴツゴツした茶色いはげ山が広がっていた。

極めて無機質で荒れ果てた景色に、肌寒い空気と静けさ、一抹の不安もあって感じる強烈な孤独感。

上り坂が一日中続く日もあれば、逆に下りが延々と続き、3時間足らずで70km以上も進んだ日もあった。一日の走行距離の目安は１００㎞だから、もの凄い速さだ。

一日に通過する町は二つほど。先へ進むにつれ数はどんどん減っていった。町がキリのいい場所にあったりするのは助かったが、中国特有の宿泊拒否にはまったくうんざりだ。蘭州から３００㎞にある永昌という町では、ことごとく断られた末に、ホテルがやっと決まりそうなところで、警察が登場。４人も！　どうやらホテルの従業員に通報されたらしい。

先頭の男は、私を舐めるように見渡し、パスポートを求めた。残りの者は自転車に興味津々のようだ。

「ウェアーユーフロム？」

やましい事はないが、もしかして反日感情で因縁でも付けてくるのでは、と危惧していたところ、先ほどとは打って変わってハニカミを見せた男。

「ワッツユー、ネーム？」

……名前も国籍も、あなたが握っているパスポートに答えはあるはずだが、天然か？いや、おそらく英会話をしたいらしい。なるほどつまり、暇らしい。

「自転車に乗った外人が来たようだ、ちょっと行ってくる」「ほう、それは見てみたい」「俺も！」「私も！」こんな具合だろう。

部屋に荷物を置き、ロビーへ戻ると、まだハニカミ警官だけは残っていた。やはり暇なのだろうか？　試しに、よかったら一緒に飯食わないかと誘ってみると、「アイムビジー（忙しいんだ）」と返された。しかし、近くの食堂へは案内してくれた。

かくして私はチャーハンを平らげ、彼も牛肉麺を完食しご満悦だ。この警官は暇を持て余している確信犯である。

通報された理由は定かではないが、それでも孤独を癒してくれ、しかもご馳走までしてもらい、ほっこり暖かな一夜となった。

翌日からは6日間で750kmの激走。徐々に景色は砂の世界に変わり、何度かパンクに見舞われつつも、敦煌《とんこう》へ辿り着いた。敦煌は映画の世界のような、砂漠地帯に突如として現れるオアシス都市だ。緑がまぶしい。

かつてシルクロードの分岐点として栄え、ラクダに乗ったキャラバン隊はこの町でゆっくり疲れを癒したのだろう。

そんな感慨深さはしかし、すぐに消え去る。町を抜けると道路工事中で、砂の上を80km走らされ、しかもその全てが緩やかとはいえ上り坂ときた。

その間に町は一つもなく、想定外の水の消費量に怯えた。まれに通りかかるトラックの一台に「水をいただけませんか」と乞うたら、「ビールならある」と返され苦笑した。

新疆ウイグル自治区に入ると、今度は強い風に悩まされた。正面から、右から左から、時間と場所によって変幻自在の風向き。断固として追い風にはなってくれない憎たらしさ。

側道もなくなった。高速道路の路肩を走るしかないらしい。大型トラックが真横を駆け抜ける瞬間は、風向きによっては自転車ごと車道に吸い込まれるから気が抜けず、何度風に殺されかけたか分からない。

「ふざけんなお前‼」

そんな状況で今度はパンクしまくるから発狂し、怒りを相棒にぶつける始末。路肩にはバーストした車のタイヤが散らばっており、そのタイヤの内部に詰まっているワイヤーを踏むことがパンクの原因だろう。完全に想定外の障害物に阻まれ、ついに日が暮れて町に辿り着けず、道路下の用水路で夜を明かすはめに。しかも深夜に風向きが変わりテントが崩壊しかけ、ちっとも眠れやしなかった。

翌日も、その次の日も、向かい風に加え上り坂ではまるで歯が立たない。地平線上で生きているかのように不気味にうごめく巨大なつむじ風をいくつも見ながら、ひたすらに相棒を押して歩いた。自転車旅なのに上半身が筋肉痛とは何事だ‼

敦煌を出て4日目。再びのオアシス都市、哈密《ハミ》市を越えると、雄大な岩山に囲まれた道が続く。異次元とも言える絶景っぷりでも、感動している余裕などまったくなかった。砂塵がバチバチと素肌を打ち、凶器と化した砂嵐に見舞われ、目鼻口はもちろん、尻の穴までもが砂まみれの怪現象。

哈密から2日続けて野宿を強いられつつ、ようやく麗しい草木を見て取れた。その緑の向こう、赤茶けた壮大な渓谷の先には、西遊記で孫悟空が牛魔王と戦った舞台でもある火焔山が顔を出す。轟々と燃え盛る炎のような模様は見た目もさることながら、夏には地表温度が90度にまで達するまさに火の山だ。麓には三蔵法師一行の像や、大きな地表温度計が設置されていた。火焔山を越えれば、葡萄の木が街を彩る三つ目のオアシス都市、吐魯蕃《トルファン》だ。宿に飛ぶ込むなり、疲労の重みでベッドに溶け込んでしまうかのように寝入った。

「あれ？ 誰？」

翌朝、鏡にはひどくやつれた顔の男が映っていた。数日ゆっくりと疲れを取りたいものの、ビザの有効期限が迫っている。

もはや中国をこのまま自転車で抜けるには時間切れだが、あと2日の距離でウルムチだ。そこまでは絶対に自分の力で行ってやろうと思った。

しかし、その熱意は儚くも散ることとなる。ウルムチへは奇しくも、いや必然だったのか、半日で辿り着いたのであった。吐魯蕃から50km地点。白い軍隊のごとく辺り一面に立つ幾千もの風力発電が、私を嘲笑っているかのようだった。

「……手加減してくれよ、地球さん」

下り坂だというのに前傾姿勢で、力の限り押して歩くしかなかった。こんな場所があっていいのか。進む速度は時速2km、それ以下か。水を飲むことすら難しい。それどころか、もう動けない。

強引に進めば進むほど、これまでとは比較にならない爆風とも言える風によって、この無慈悲な空間の中で、遥かなるシルクロードの上に、私の心は完全にへし折られた。

これがあと何キロ続くというのか。引き返すにしても、今度は強烈な追い風でハンドルを取られ、真横を通る車に跳ね飛ばされかねない。もはや風が弱まるのをその場で祈ることしかできなかった。

風の抵抗を最小限に、地面にひれ伏す自分の姿は、哀れに違いなかった。こんな状況

心がへし折れる１時間前

でも眠くなってくるから不思議だ。

ひとたび目を閉じれば、すぐに夢の世界に入れそうだった。しかし、烈風の轟音の中でかすかに響いたとある音で、私は覚醒する。クラクションだ。音の先には、まさか、一台のトラックが停まっていた。そして言葉もなく、二人の男性が、私に手を差し伸べた。

3　アジアの中心、再び
――アジア大陸の中心地

中国であって中国ではない、新疆ウイグル自治区。

トルコ系民族であるウイグル族が多く住み、かつては東トルキスタンという一つの国でもあったこの地域。イスラム教を信仰し、独自の料理から文字、非公式ながら北京時間とは２時間遅れの新疆時間を使用しており、漢族、いわゆる中国人とはまったく異なる文化や風習を持っている。

　ウイグル族の他にも様々な民族がいる。掘りが深く濃い顔立ちの人や、モンゴル系、浅黒いアラビックに西洋風が入り混じった、まさに異色の世界。その新疆ウイグル自治区の州府であり、最大の都市がウルムチだ。繁華街では羊肉の香ばしい匂いが立ち込め、トルコアイスが伸び、カラフルなヒジャブを被った女性たちが華やかに練り歩く。そんな活気溢れる街を、豪勢なモスクが見守っている。

　一方で、中国政府によるテロ対策という名の少数民族への弾圧が進んでおり、乱立するビル群の隙間では武装した警察も目を光らせていた。民族の文化はこの先、葬り去られてしまうのだろうか。ウイグル人の男性にトラックで助けられていた私には、気が気ではない問題だ。

　そんな死闘からの敗北で辿り着いたウルムチ。ここは世界で最も内陸にあり、海から最も遠い都市といわれている。この隔絶された地で訪れたのが、そう、アジア大陸のへそだ。同じくロシアも主張しているのは前出の通り。中国が主張する中心地は、ウルムチ市内から南西へ約30㎞、永新という村に位置している。

　閑静な住宅街を抜け、寂れた雰囲気の中でデカデカと「亜州大陸中心」と書かれた看板が迎えてくれた。敷地内へ入ると、一転して綺麗に整備され、入り口までの道路脇には、アジア諸国の看板が並んでいた。その中にはしっかり「日本」もあって、どこかほっとする。中国視点のアジアの国であるため、もちろん台湾や香港はないが、パレスチナとか、今やインドの一部であるシッキム、さらにはキプロスなどが紹介されていた。そして、なぜかタイ王国が二つもあるといううっかりミスは、さすが中国である。

道の先には、今後の世界におけるアジアの飛翔の意味を込めたという、羽ばたく鳥をイメージした巨大な入り口の門がそびえている。

門を抜けると今度は、再びの中国視点であろう、それぞれのアジア諸国のイメージとされる彫刻がずらっと並んでいる。シンガポールはマーライオン、ラオスは仏教徒、日本は相撲だった。これらは分かりやすいが、なぜだか北朝鮮は馬跳びらしい。

彫刻群を抜け、２ｍほどの大きな地球儀を横目に、放牧されたヤギがくつろぐ並木道の先だった。ようやくそれは姿を見せた。

雪をかぶった天山山脈を背景に、大きな劇場のような大理石のステージに立つ一つの記念塔。高さは22ｍ。４本の柱で円錐状に建てられ、ＡＳＩＡの「Ａ」と、どの角度からでも見て取れる。塔のてっぺんから吊り下げられた矢印は、ステージの床に描かれたアジア大陸の、中心を指している。アジアの国の数であろう48個の石が記念塔を囲み、まるでファンタジー映画のセットのよう。とにかくやたらと豪華で派手な演出はさすが中国だ。

この広い記念公園を作るために、元々存在した村は強制的に移動させられたという。強引な様もさすが中国だ。

さて、中心となる根拠などだが、案内板には〝１９９２年、中国科学院や地理学者、地図製作者などの有識者によって、最新の技術と設備を使用して測定された〟という説明しかなかった。中心であると判断したのは、アメリカ人の科学者だという記述も見ら

アジア大陸の中心地　ウルムチ市永豊郷永新村　到達 2016 年 5 月 9 日

れたが、やはり定義付けや計算方法などを知ることはできなかった。

新疆には少なからずトゥバ人も住んでいるという。彼らは７００㎞北東に位置する祖国にも、似たようなものがあることを知っているのだろうか。……たぶん知らないばかりか、気にも留めないのかもしれない。

4　麗しきカザフスタンの風

すごい人だかりだ。開館前のウズベキスタン大使館に、我先にとビザ申請者などが殺到している。私もその一人なのだが。

いざ大使館が開いても職員がちっとも機能しないため、人々は並ぶことをせず、押し合い圧し合い割り込みの無秩序状態。荒波に揉まれながらもなんとか手続きは完了した。が、今後のビザのために用意していた証明写真の束を失くしてしまった。作ったばかりなのに……。

中国からカザフスタンへ入った私は、これから向かう国々のビザ取得に臨んでいた。大抵の国でビザが免除される日本人でも、中央アジアや中東諸国はほとんど必要となり、取得に当たっては手間も時間もかかる。訪れる国の数によっては数カ月も待つ必要があるから厄介だ（２０１６年当時。現在はビザ不要の国が増えている）。

ただこの際に、日本のパスポートの強さを目の当たりにした。ビザ無しで入れる国数ランキングとやらでは、日本と欧米諸国などが首位争いをしているが、同じくビザ申請に来ていたデンマーク人とドイツ人の旅人は、ウズベキスタンの滞在可能日数は30ドルで一週間だそうだ。日本国籍は同額で一カ月であった。彼らはそれ以上滞在する場合、追加料金が必要らしい。アメリカ人の旅人もいたが、アメリカ国籍は情勢上、イランに入ることは簡単ではないし、アゼルバイジャンビザの申請料は１００ドルもしたとか。日本人は無料だ。いずれも理由は不明だし、ほんの一例だが、入れる国の数だけではなく「品質」も含めて、日本のパスポートはやはり最強なのかもしれない。

ビザ申請から一週間後、私は受け取りのため再び大使館を訪れた。相変わらず人でごった返している。また揉み合いになることを受け入れ、臨戦態勢に入っていた、そのときだった。

信じられないものを見てしまったのだ。

青い背景に、凛とした作り笑いで微笑む薄気味悪い顔。それはまるで遺影のごとく、あるいは小汚い宗教団体の教祖のごとく、大使館の扉の横に祀られていたのだ。なんと私の証明写真である。実に一週間ものあいだ、この引きつった笑顔の謎のアジア人が、大勢の人の目に晒されていたらしい事実に、私の腹筋は崩壊せざるを得なかった。笑いすぎて過呼吸に陥る中、めでたくビザを受領し、しれっと証明写真を回収したのであった。

その後はキルギスを経て、麗しきカザフスタンの風を西へ切っていった。道中は鮮やかな緑の中で、色とりどりの花が乱舞する草原が一面に広がっていた。風が草花を撫でる音、心地良い虫の鳴き声。のびのびと草をはむ牛たちに付けられた鈴の音が、軽快なテンポで聞こえてくる。これらの音が調和して伴奏となる中で、ボーカルの小鳥達が優しく歌い上げる。自然が織りなす初夏の宴に、ただただ心が奪われるばかりだ。

町を通過するときには現地の子供から大人まで笑顔で手を振られ、頻繁に食事に誘われた。町まで車で送ってくれようとする人もいたり、「これでジュースでも飲め」とお金を渡されたりすることもあった。なぜこんなにも見ず知らずの人間に親切にできるのか。自然の美しさに劣らぬこの国の人たちにも、心が奪われるばかりだった。

シムケントという町では出会いが連鎖し、テレビにまで出演だ。

「カザフスタンの自転車旅はどう?」などのインタビューや、「この国にも寿司があるけど、日本とは違う?」に対して、ちょっと違うけど美味しかったです、でも下痢しました。という正直すぎるコメントは無事にカットされていてよかった。

そんな良い思い出づくしのカザフスタンをあとにし、このまま景気よくウズベキスタンへ入りたいところだ。というのも、ウズベキスタンの税関は悪名高いことで知られている。カメラのレンズは一本までだとかパソコン一台につきいくら払えとか、何かとイチャモンを付け、賄賂を要求してくると聞いた。

私も心して通過せねばならない。が、税関カウンターにはロシア語の申告書しかなかった。なるべくここの人間と喋りたくはないのだが、仕方がない。

私は英語の申告書はないかと男性職員に尋ねた。すると男は、「ふむ。……ん～、キミはタイ人？　それともフィリピン？　ネパール？」と眉間にしわを寄せて問うてきた。

……気持ちが良いほどのハズレだ。日焼けのしすぎで国籍の判別に困難を極めるのは、よく分かる。それはさておき、相手の国籍によって賄賂要求に踏み切るのだろうか？恐る恐る日本人だと伝えると、男は目の色を変えた。

「お!? ジャパニーズ？　はっはっはー！　ウェルカーム！　こっちへ来なさい、書き方を教えよう」

……あれ？　親日家だろうか。急に愛想の良くなったこの人は、これから書き方を教えてやって金をせびるのだろうか。いや、そんな様子はない。むしろ、想像の斜め上をいく展開となった。

「よし。ここがキミの名前、こっちが名字だ」「男は左に印を。あ、もし違うのであれば真ん中に印を。なんつって」「ここは生年月日だ」「……？　おい、ここは今日の日付けじゃなくて、キミの生年月日を書くんだぞ？」

この日、ちょうど私は誕生日だったのだ。

「……は？　だからここにはキミの誕生日を書くんだってば」「おじさんよく見て、

微笑む教祖

１９８７年だ、２０１６年とは書いてない」「……お？？　パスポート見せてみろ」「……へぇぇぇえいマイフレンド！　ハッピーバースデー！」（ハイタッチ）

「オイみんな！　このジャパニーズ今日誕生日だってよ！」

たぶん、そんなようなことを同僚に伝えている。税関や他の職員、それに同じタイミングで入国した人たちからも「おめでとう日本人！」と暖かな祝福を受けたのだった。数人の入国者だけで静かな空間だったが、一気に笑顔と賑やかな空気に包まれていた。

しまいには「これ持っていきな！」と、賄賂どころか、キンキンに冷えた水とパンを、なんと税関職員からプレゼントされてしまう入国劇。忘れられない誕生日となった。

5　潜入！ 独裁国家トルクメニスタン

「安心しな、この国は安全だ」「ところで、日本人は毎晩Ｓ○Ｘするのか？」「サムライってまだいるのか？」

入国審査で別室送りにされたものの、ただの世間話に終わった。暇だったらしい。独裁国家といわれるだけに不安はあったが、極めて友好的な姿勢には安心した。

さて、先を急ごう。

身震いするほど美しいモスクが並ぶウズベキスタンを抜け、次にやって来たのは「中央アジアの北朝鮮」との異名を持つ、旧ソ連の一部であったトルクメニスタン。汚職指数は１８０カ国中で１７０位前後といわれ、報道の自由度では北朝鮮と最下位争いを繰り広げているこの国。それもこれも、ソ連時代の秘密主義の継承か、あるいは、ニヤゾフ初代大統領による個人崇拝に基づいた、やりたい放題の政治から始まっているのか。

見苦しいから男の長髪や髭は禁止。俺が肺がんで禁煙しているからタバコ禁止。我が国の女性は小麦肌こそ美しいのだ、だからニュースキャスターの化粧はダメ。金歯も似合わないからダメ。音楽の発展を妨げるから、テレビや結婚式などのイベントも口パクでの歌唱は禁止。

無論インターネットも禁止。などなど、これでもほんの一例だが信じがたい政策を打ち出していた。

なお、８月の第二日曜日は、メロンの日として祝日となっている。ニヤゾフさんの大好物だからだ。現在では大統領が代わり、多少は開放的にはなっているらしい。だが、依然として外国人の観光ビザの取得は容易ではなく、ほとんどの旅人は5日間のみのトランジットビザでこの国を駆け抜ける。

しかし、閉鎖的だからこそ興味が惹かれるもので、実際に首都であるアシガバードの街並みは、身も心も震えた。なんならウズベキスタンのモスクよりも。

無事に入国を果たしたのも束の間、私は国境の町でタクシーを雇い、砂漠の一本道を進み始めた。ガソリンがリッター約20円という価格はさすがだ。トルクメニスタンは豊富な資源に恵まれ、天然ガスは世界でも上位の埋蔵量を誇る。

このガスによって偶然できた産物が、ダルヴァザという村の近くで唸りを上げている。その名も地獄の門。

１９７１年に行われた地盤調査で落盤事故が起き、その際にできた穴から吹き出る有毒ガスを食い止めるため、火を放った結果、未だに燃え続けているというガスクレーターだ。今やトルクメニスタンの代名詞とも言えるほどの観光スポットになっていて、ちょうどイランへ抜ける通り道にあるため覗いてみるのもいいだろう。

国境の町から5時間ほど、村へ着いたころには夜も更けていた。ここから地獄の門へは４㎞。観光スポットとはいえまったく整備されておらず、見渡す限り砂の道なき道を進む必要がある。万全を期して出発は翌日に持ち越した。

だが、地獄の門は暗い時にこそ見る価値があるため、日没まで時間を潰さなければならない。ダルヴァザは村といっても、道路脇にチャイハナと呼ばれる軽食屋が点在しているだけ。店は交渉すれば泊めてはくれるものの、シャワーもインターネットも電源もない、居場所もないで、日中は死ぬほど退屈だ。

私は外でバッタの死骸を数えたり、フンコロガシのフンを奪って隠してみたり、野生なのか放牧なのか、ラクダの襲撃から店を守ったり、この先の旅についての花占いで青ざめたり、世界平和について考えてみたりして暇を潰した。

日が徐々に傾いてきたところで、〝時は満ちた。いざ、参らん！〟とばかりに立ち上がると、めまいで尻もちをついた。暇疲れだ。周辺に咲いていた砂漠の花は、なくなっていた。花占いのしすぎである。

私は寝袋を準備し、沈みゆく太陽を背に、砂漠の奥へと潜っていった。進行方向には不気味な鈍い赤色が見て取れた。

こうして丸一日越しで辿り着いた、40年以上も火を上げ続けるガスクレーター、地獄の門。砂漠の真ん中に突如として現れる奇跡の大穴は直径約１００ｍ。深さ20ｍほどの陥没した大地からは、轟々と燃え盛る炎というよりは、ぐつぐつと煮えたぎるように小さな火がまばらに吹き出しており、深い闇を赤く染めている。とてもこの世のものとは思えない。

橙色、赤茶色、朱色と、数種類もの暖色で形成された地球の姿は、その名に似合わず美しい。しかし、柵もない穴を間近で覗けば、吹き上がる熱風で顔が焼け、落ちればひとたまりもない。結末は地獄そのもの。

虫たちが月あかりと勘違いし、この無情な淡い光に誘われ飛び込んでいく様は、実に儚い。

どこからか犬の遠吠えが聞こえる中、私は一人、地獄の横で夜を明かした。この辺りはサソリや毒蛇もいるようだし、あるいは寝返りを打ちすぎて地獄へ落ちるという、花占いの結果が的中することなく目覚めて安堵した。

翌日は一日に一本というバスを捕まえ、首都アシガバードへ再び南下。

流れゆく砂の世界からぽつぽつと建物が顔を出し、やがて全容を見せる大都市。その姿にはまた息を呑むばかりであった。

まるで街づくりゲームで面白半分に建てたかのように、均等に整然と並ぶ高層マンションに、林立する無機質な高層ビル。これらはすべて大理石でできているらしい。どこもゴミ一つ落ちていない歩道に人の歩く姿はなく、車のエンジン音だけが響いている。特筆すべきは、建物や街灯など、町の大部分が純白で統一されていることだ。そんな町を唯一彩る草木は徹底的に整備され、しぶきを上げる噴水は、ここが砂漠の国であることを忘れさせる。この都市は、丸ごとSF映画のセットなのではないかと疑う光景だ。

バスも真っ白で車の色も白が多く、どうやらかつては白以外の色の車は違法だったとか。ニヤゾフさんは白がお好きなようだ。政策は限りなくブラックだが。

広い公園は簡易的な遊園地にもなっており、人で賑っていた。みんな謎のキャラクターの着ぐるみと記念写真を撮っていて、その素朴な光景にどこか安心感を覚えた。女性は一様に民族衣装を着ているのだが、これも法律なのかもしれない。

南の方向に見える山脈の向こう側はイランだろう。山脈を背に、奇抜な建物が目を引

アシガバード

地獄の門

く。５日間のみという制限が実に惜しい。こんなにも好奇心をくすぐる町があるとは。

政府系の建物などにカメラを向けると警備員に制止させられたりはするが、とくにしがらみなく自由に動き回れて窮屈さは感じなかった。それに天然資源のおかげで国は潤っており、他国を挑発したりもしないトルクメニスタンは「明るい北朝鮮」とも呼ばれている。

地球の息吹を感じる地獄の門に、さながら白亜のＳＦ都市、アシガバード。トルクメニスタンに世界中から旅行客が押し寄せるのは、天然資源が尽きるころなのだろう。

6　歴史の上に立つ極点――アジア最西端

羊とヤギが草を食むかたわら、道は地平線へとまっすぐ伸びていた。見渡す限りの牧歌的な風景を、初秋の風に押され、広い群青色の空を流れる雲と併走する。ペダルも気分も軽い。

「メルハバ！」

路上で果物を売るおじさんと挨拶をかわせば、一つ二つ、旬の桃や葡萄をそっと手に添えてくれる。小さな町を通れば、笑顔で手招きされ、チャイのおもてなし。トルコの道は、暖かい。

これが実はお隣イランの道は、もっと凄かった。

「サラーム！」

路上で果物を売るおじさんと挨拶をかわせば、メロンにチャイ、ご飯まで出てくる。「どこまで行くんだ？」「水持ってくか？」「めし食おう」「今夜泊まってけよ」「写真撮ろう」

イラン人の常軌を逸した優しさと人懐こさは、ときに前進できなくなるほどだった。そんなおもてなし精神は、どちらの国もイスラムの教えから生まれるのだろうか。ただし戒律の厳しいイランは、旅行者でさえも短パンは控えるべきで、女性は素肌も頭も隠さなくてはならない。ネット規制でエロサイトは見れないし、食べ物もイマイチだ。

その点トルコは戒律も緩く、無修正もバッチ来いだし、トルコ料理は中華料理、フランス料理に並ぶ世界三大料理の一つで文句はない。雄大な自然や遺跡など見どころにも溢れ、なんと言っても同国最大の都市であるイスタンブールは、ヨーロッパとアジアの二大陸にまたがるという類まれな町である。

紀元前7世紀ころにギリシャ人によってビザンティオンという名で創建され、その後はローマ帝国による支配によってコンスタンティノープル、そしてオスマン帝国の征服を経て現在のイスタンブールと三度も名前が変わった歴史都市だ。

東西文化の架け橋として栄えたイスタンブールは、黒海とマルマラ海を結ぶボスポラス海峡が欧亜の境となっており、西のヨーロッパ側に歴史的建造物が立ち並ぶ商業の中心地があり、東のアジア側に住民の過半数が住んでいる。

まるで、本州から関門海峡を越えて九州へ出勤するという、なんて規模の小さい例えだろう、しかしそんな具合で両大陸間は車や船、電車でいとも簡単に渡ることができるのだ。

欧亜をまたぐ都市は他にも、ウラル川が境界とされることからロシアのオレンブルグや、カザフスタンのアティラウなどがある。トルコは国土の97%がアジアに属し、ヨーロッパの領域はたったの3%。首都アンカラもアジア側に位置し、人口もアジア側が9割を占めており、日本の公式見解ではトルコは「中東アジアの国」として分類される。しかしロシアと同じく、歴史的な観点でも欧州の文化や影響が強いなどとして、トルコ政府は自国を「ヨーロッパの国である」と認識している。

地理的に見るか、歴史的、政治的に見るか。ロシア然り、トルコのこの複雑な問題に、答えはあるのか。

　話をイスタンブールに戻そう。圧倒的な存在感を放つモスクに見守られたこの町は、豪華絢爛という言葉がぴったりの古き良き街並みが広がっている。

　観光客で溢れたヨーロッパ側に対して、落ち着いた雰囲気のアジア側でサバサンドを片手に散歩するのも良い。海峡に面してそびえた荘厳な佇まいのハイダルパシャ駅は、1872年に建てられ今は廃駅となっているが、当時はアジアで最も西に位置する鉄道駅であった。かつてはここからシリアやイラク、イランへの列車が発着し、アジアの玄関口として賑わっていたようだ。現在のアジア最西端となる鉄道駅は、同国のイズミル市に位置するアリアガの駅だろう。ちなみに反対のアジア最東端となる駅はズバリ、JR北海道根室本線の東根室駅である。この無人駅には「日本最東端の駅」と書かれた看板が立てられている。

　つまりトルコは、アジアの最も西に位置する国であるわけだ。その最果てはイスタンブールの南西、トロイ遺跡などが眠る歴史的な地域、ビガ半島の先端となる。チャナッカレの町からは約100㎞。秋空の下でヤギがのんびり昼寝をするかたわら、半島特有の起伏の激しい道のりを進む。たわわに実ったオリーブ畑を抜けると、エーゲ海に包まれた赤い屋根の家々が顔を出す。この人口500人ほどの小さな漁村であるババカレこそが、アジアの西の最果てだ。

　木陰のカフェテリアでチャイをすする老夫婦、それを野良猫が見つめ、柔らかい海風が静寂を醸し出していた。

30分あれば一周できてしまう村。絵本のような可愛らしい景観だが、その可愛らしさとは対照的な、威風堂々とした城塞が、海に面してどっしりと構えている。これは１７２０年代、オスマン帝国期に建てられた最後の城だという。アフメト三世の指示で、海賊から村を守るために、国中から集められた囚人の手によって造られたそうだ。

今や内部は石が積まれ発掘現場と化しているが、城壁だけは綺麗に保存されている。階段を上がると村が見渡せ、背後にはターコイズブルーのエーゲ海が煌めいている。水平線の先にはうっすらと、ギリシャの島が見て取れる。

ちなみにこのエーゲ海には二つのトルコ領の島が浮かんでおり、その一つであるギョクチェアダ島が同国の最西端となる。が、エーゲ海がヨーロッパに属しているため、その島は「アジアの最西端」にはならない。

ババカレの海岸にはかつて村に住んでいた、ババ（トルコ語で父）と呼ばれた宗教指導者の霊廟がある。村の名前はこの指導者に由来し、カレは「城塞」という意味だ。

海に最も近い城塞の一角には、真っ白な灯台が佇んでいる。地の果てを背負うにはいささか質素だが、この灯台こそが海の道しるべであると同時に、アジアの終点、または始点を示すものとなっている。アジアの西端が、歴史的な城塞の上に位置するとは、灯台は質素でも豪華な最果てであった。

村には小さなホテルが三軒ほどあり、いずれもレストランを併設している。ババカレは「アクアリウム」と呼ばれるほどの、国内でも有数の漁業地だ。

アジア最西端　ババ岬
到達2016年9月25日

新鮮なシーフードを堪能しよう、アジアで最後に沈む夕日を眺めながら。

7　闇、のち光。のち雨。のち快晴。（上）

これはもう、旅はおしまいにしろということなのかもしれない。まぁでも、こうして生きながらえたわけだし……。

ぽつ。ぽつ。ぽつ。ゆっくり、ゆっくりと落ちていく、自分の身体に溶け込んでゆく点滴のしずくを横目に、じ〜っと、ただただ、じ〜っと、白い天井を見上げている。

トルコから船でギリシャへ渡り、めでたくヨーロッパへ突入したものの、頭が締め付けられているような不快な症状が続いていた。

ふわふわ浮いているような感覚もあり、常に眠い。しかもそれらの症状は日に日に悪化している気がした。

首都アテネから、不快感は気合いでごまかし続け、さらに約４００km北上。ギリシャが誇る世界遺産の一つ、メテオラの観光拠点となる小さな町でのことだった。

到着した日から連日あいにくの雨で、太陽を心待ちにしていた。

そんなある日。予報によると午後からやっと晴れそうで、空も少し明るくなってきた。しかし、頭の調子は空模様に反して、相変わらず晴れそうにない。不安が拭いきれなくなった私は、病院へと足を運んでいた。患者の前で医師やスタッフがコーヒーをすすりながらゲラゲラと雑談するその自由さに、文化の違いを垣間見ながらＣＴ検査などをこなす。

医師は言った。

「ろれつも回るし、身体の痺れや目の異常、嘔吐などもない。だから季節的なものだと思うよ」と。

検査結果を待つ間、「季節的なもの」という言葉に安心していた私はずいぶんとリラックスしていた。ところが……。

「Don't move（動くな）!!!」

トイレに行こうと立ち上がり、医師に一声かけると、怒鳴り声が診察室内に響き渡った。一瞬、誰に対しての怒声なのかが分からなかったが、それを言い放った医師と目が合っていた。どうやら私らしい。

数分後、今度は診察室の扉から男二人が従えた担架が飛び込んできた。その光景はまさに海外ドラマそのもの。若干の感動を覚えたのも束の間、その担架はもの凄い勢いで私に迫って来たのだ。

「……俺？」

二人は有無を言わさず私を担架に乗せ、連れ去った。

運転手らしき男性は、人差し指をポンポンと頭に当てる仕草をし、「プロブレムだ！」と一言だけ私に告げて救急車に押し込んだ。

「脳の専門家がいる病院まで行くよ！」

同乗した医師が補足した。どうやらヤバイらしい。

急発進する車。外に出ると待ち遠しかった太陽の光が差し込んだものの、私の心は真っ暗だった。

何があったのか。医療英語が分からない私に向けて、同乗した医師は、日本語に訳したスマホの画面を見せた。そこには「脳内出血」「手術」の文字。……どうやら相当にヤバイらしい。

尿意は消え失せたが、こんな状況でも強い眠気が襲ってきた。これもその出血のせいなのか？　このまま眠ったらもう二度と、目を覚まさないのではないかと恐ろしい。サイレンを轟かせ加速する救急車。それと比例するように加速する恐怖と鼓動。久々に見る青空にも、まったく感情が湧かない。

「死ぬのかな？」

私は単刀直入に聞いた。そこは、たとえお世辞でも〝大丈夫よ〟くらいのことを言うのが医師たる心得だという気がするが、「I don't know（分からない）」と返された。正直すぎる。

きっと、限りなく高い確率で旅は続けられないのだろう。いや、それ以前に死にたくない。生きているだけでいい。

病院から出るころの自分は、どんな自分なんだろう。スッキリした笑顔なのか、障害などが残り無表情なのか。あるいは棺の中に納まって永遠の闇の中なのか。

猛然と担架で運び込まれるアジア人に好奇の視線を寄せる人々の間をかいくぐり、脳の専門家の元へ1時間かけて辿り着く。室内はピリッとした空気だった。

しばらくしてから医師は、柔らかさと驚きが入り混じった表情で告げた。

「キミはミラクルボーイだな。後遺症が一切ないなんて。出血も止まっているから大丈夫。手術の必要もないだろう」と。

その瞬間、全身から力が抜け緊張の糸が解けた。パーッと闇が晴れ、人生という名の道が目の前をグーーンと先へ先へ伸びていくのが見えた。

窓から差す光が眩しく、青空が気持ち良い。

どうやら一命を取り留めたらしい私は、そのまま経過観察として入院することとなる。点滴を打つくらいで薬なども必要ないようだった。とはいえ脳の中で出血とは、ただごとではないはずだ。まだ状況は掴めないが、おそらく帰国は免れないのだろう。旅が終わることは悔しいけれど、生きている。それで十分だ。
「最低2カ月間は絶対安静に。もちろん、自転車もダメ。日本へ帰るべきだ」
医師からそう言い渡された。想定内の内容に苦笑した。しかし、それは想定外でもあった。2カ月だけの我慢でいいのかと。旅自体を止めろとまでは言っていない。

2カ月なら、待てるじゃないか。

その間どこか物価の安い国で大人しくしていればいい。それからあわよくば自転車旅を再開できる可能性もあるということか。いずれにしても、旅が終わるという状況ではなくなったのかもしれない。しかし、であった。
「How are you feeling？（気分はどうだい）」
調子を伺いながら医師は、2日、3日、4日と毎朝、私の旅の続行が厳しいものであることを告げていく。

再出血の危険があるため、2カ月の間、許されるのは本当に軽い動作や体操、短い距離を歩くことだけ。血圧が上がることをなるべく避けること。一度破れた血管は再発しやすく、しかも再発のほうが危険は大きいのだと言う。それも最低で2カ月であり、その後の再検査によって良くない状況が見られれば、またさらに何カ月、何年と安静にしなければいけない状態が続く。
「キミはまだ若い。今はしっかり治して、それからまた旅はすればいい」

至極まっとうな意見にぐうの音も出ない。やはり、続行は厳しいのか。

薄暗い空の下、シトシトと寂しく降る冷たい雨に、一人打たれているかのような心境だった。

なぜだろう。救急車で運ばれているときは生きているだけでいいと願い、それは晴れて叶えられ障害もないことが分かり、なんと幸運なのかと。確かに感じたこの気持ちを、もう忘れたのだろうか。ずいぶんと欲深い人間だな。

今後の人生は徹底した血圧の管理が必要になるかもしれない。思いっきり体を動かすことはもう、できないのだろうか。これからずっと再発の危険に苛まれて生活していくのだろうか。生きながらえたあとにやって来る「現実」という名のネガティブな雲が胸を覆い、断続的に雨を降らす。

ＭＲＩで脳の中身を精密に検査することとなった入院５日目。車椅子で検査室まで連れて行かれる様は〝思いっきり病人なんだなぁ〟と改めて認めざるを得ない。

その晩、結果を告げに来たのであろう四人のスタッフを従えた医師。彼らの表情は硬くも柔らかくも見えた。そしていつも通りの挨拶も束の間、医師が言い放った短い言葉に、衝撃が走る。

8　闇、のち光。のち雨。のち快晴。（下）

「６カ月」

「……？」

「6カ月後に再度、検査を受けなさい」

「……え、2カ月ではなく?」

コクリと頷く医師。

「……」

心にかかっていた雲の間から発せられたイナズマが、一瞬にして旅の終わりを告げていた。

どうやら状態は良くはないらしい。2カ月であれば辛抱してみようとの魂胆だったが、半年は厳しい。とりあえず、今の、この旅は、ここで終わった。

やっと突入したヨーロッパ。〝血管がブチ破れるくらい歯を食いしばって行ったる〟なんて言いながらここまで来てみたら、本当にブチ破れちゃうとは。

こんな終わり方があるのかよ。

自転車と初めて対面したマレーシアでのあの日。〝こんなボロけりゃいつでも捨てられるわ〟と引き取ったが、そのうち楽しくなって止められず、今度はコイツがぶっ壊れないかが心配になっていた。そして結末は、私の方が先に潰れたのである。

「半年後に、必ず再検査をすること。これは絶対に約束だよ」

ところが、であった。医師はこう続け、そして「6カ月」という先の言葉よりももっと衝撃で強烈な一言を、私に投げかけるのだった。

「Have A nice bicycle journey.」

「……?」

ピンとこなかった。良い旅を?? 自転車という単語も聞こえたのは気のせいか。

〝……あれ？ 先生の顔が、他の皆さんも、表情がほぐれたような。〟

「先生、今なんて？」

「精密な検査の結果、キミの脳に出血は見当たらなかった」

「……!?」

「だから、何でもやれるよ」

ゾワッと、全身の毛が逆立っていくのが分かった。いや、でも、待て、じゃあ、あの違和感は何だった？ なぜ救急車で運ばれた？ なぜ入院？ 脳内出血とは？ たくさんのWhy? が頭を埋め尽くした。

『何度も言うが、半年後に必ず検査を受けるように。なぜなら、キミの脳の中に得体の知れない物体が映し出されていた。これが何なのか我々にも分からない。これが昔から、元からあるものなのか、最近できたものなのか、比較する方法がない。だから半年後の様子と比べてみるしかないんだ」

医師は一呼吸置き、続けた。

「ただ、その映し出されたものは出血でも悪性の腫瘍などでもなく、すぐに重大な危険を及ぼすものではないと我々は分析している。おそらくは、無害であると予測している」

私は自然と拳を握っていた。

「違和感は、今はどうだい？ 正直、我々もなぜかは分からないんだ。でも、キミの顔色は随分と良くなっているように見えるけれど、まだ気になるかい？」

……5日間大人しく寝たきりだったからなのか、不快感はほとんど消えていた。

「眠気なども、その物体から来ていたというよりは、自律神経系の問題である可能性が高い」

はっとした。

「我々の立場上は、日本へ帰った方がいい、と言うべきだが、私たちが何を言おうと、キミは旅をやめようとしないことは分かっていた。必ず再検査をすること。これだけ守ってくれれば、あとは何をしようが、キミの自由だ」

医師以外の四人がニコッと私を見つめる。

つまり、初めの病院で受けたCT検査で映った物体は、出血ではなかったということ。無害である可能性は高いものの、その物体が何かは現時点では分からない。頭の違和感などは、これまた初めに言われた「季節的なもの」という症状が、タイミング良く、悪く？ 発症していた可能性があるということだ。

高く舞い上がった打球は、ホームランなのかアウトなのか。そのボールの行方で優勝が決まる日本シリーズで、どうだ!? どうだッ‼?? と固唾を飲みながらボールに視線を送る選手のような気分だ。

旅が続けられることには、今にも飛び上がりたいくらい嬉しい。だけど？ 脳に謎の物体？ それはどうなのか、本当に大丈夫なのか？

完全に安心できていない私はいま一度、医師の口からポジティブなOKサインを聞きたかった。

すると医師は、表情を変えずに「Good Luck」と口にした。

……これは単純に、頑張れよ、なのか、幸運を祈る。にしても、どういう意味で祈られているのか、ニュアンスの判別に戸惑った。

しかし別れぎわ、彼は私の肩を掴み、ポンと叩きながら、そしてキリッとしたまな差しで、されど口角を上げて囁いた。

「You can do it」と。

これも単純に、自転車で旅をすることができるぞ、なのか、キミは絶対にポルトガルまで辿り着くことができるだろう、的な意味合いなのかは判別に迷うが、それは、もはやどっちでもいい。どちらにしても完全にＯＫサイン、ＧＯサインに変わりはないのだから。

舞い上がったボールは空へ宙へと、その言葉たちによってさらに勢いを増し、心にかかっていた厚い雲をもぶっ飛ばす。逆転場外満塁サヨナラホームランといったところか。

「How are you feeling?」

私は鏡に映る自分に問いかけた。

そんなこと、聞く必要があるかい？　そう言わんばかりに、ニヤッと歯を見せワクワクがにじみ出た自分が目の前にいた。

少しひんやりした5日ぶりに外で吸う空気。

「オイ起きろぉー！　再起動ぉーー！」

寝たきりで筋肉を使わないとこんなにもすぐに鈍るものなのか。6階の病室から階段で降りてきただけで、足が生まれたての子鹿のようにプルプルしていた。太ももをぶっ叩いてスイッチを入れ、スーッと深呼吸をする。そして――担架で運び込まれたときに考えていたことを思い出した。

病院から出るころの自分は、どんな自分なんだろう。スッキリした笑顔なのか、障害などが残り無表情なのか。あるいは永遠の闇の中なのか。

〝スッキリした笑顔〟が近いかもしれないが、それは旅は終わってしまったけれど、無事に生きながらえた自分は超ラッキーだ、そういったニュアンスだ。だからこれらはすべて当てはまらない。

答えは、――超絶に心を燃やし全力疾走していた自分。

生きていること。走れること。何でもできること。なんて素晴らしい。

両足に鞭を打ち加速する。それと比例するように加速する鼓動と高揚感。

さあ、再開だ!!

9 踏んだり蹴ったりのチュニジア――アフリカ大陸最北端

甲板に出ると、しっとりした空気が体にまとわり付いた。眼下にはモスクや、曇り空と同化するような白い建物が整然と並んでいる。気温はイタリアよりもだいぶマシになり、肌寒い程度。

ギリシャで奇跡の復活を遂げた私はその後、難なくバルカン半島を越えてイタリアへ。見どころに溢れるらしいこの国だが、目もくれずにローマから船に乗り、海を渡った。モンテネグロやクロアチアなど、約１カ月かけて通過してきたアドリア海に面した国々には、絶景が広がっていた。ただ、それだけだった。

ヨーロッパは道も綺麗だし旅もしやすい反面、どうも退屈さを感じてしまう。何が起こるか分からない混沌としたアジアや途上国を好む私にはスリルが足りない。

そういうわけだから、ではないが、ローマから船で20時間を経てやってきたのは、チュニジア。アフリカ大陸だ。

入国の際の別室送りはもはや想定内だった。船でやってきた自転車を担いだ小汚いアジア人となれば、このご時世、不信を抱くのも仕方がない。

２０１０年に起きた「アラブの春」と呼ばれる大規模な反政府デモと暴動の余波、そしてイスラム過激派によるテロの頻発で、チュニジアの観光客は激減していた。

町はさぞ暗い雰囲気なのだろう。と思いきや、そんなことを微塵も感じさせなかった首都チュニスの人々。香港映画が流行っているのか、私を見るなり「アチョー!!」「ジャッキーチェン!!」などとカンフーを繰り出し絡んでくるから面白い。ヨーロッパでは道端で声を掛けられる場面など記憶にないが、果たしてこの気さくで愉快な人々の違いは何なのか。

『ビール２本！　出会いに乾杯だ！』

例によって道端で絡んできた男性と意気投合。一緒に食事を楽しんだ。が、最終的に、「へいフレンド、すまん、家に財布を忘れたようだ。あとで返すからここは払ってくれないか?」こうなった。

ありったけ食って飲んで、男はそそくさと退散した。気安く声を掛けてくる者には注意しろという、海外での初歩的な教えをすっかり忘れていた。でも、この何が起こるか分からない感じが、やはり面白い。

それに被害額は千円ほど。物価の安さも旅の重要なポイントだ。チュニジアはフランスの植民地だったためフランスパンが主食で、料理屋では基本的にそれが食べ放題なのも嬉しい。

泊まった宿は世界遺産に登録されている旧市街に位置し、18世紀に建てられたとされるイスラム建築で風情たっぷりの内装だ。しかし、寝ている間にパソコンの充電器を盗まれてしまった。

こうして私ははやばやと、見事にアフリカの洗礼を受け、人間不信に陥ってイタリアへ戻るという結末を辿る……には、まだ早い。

チュニジアはアフリカ大陸の最北端に位置する国だ。そう、てっぺんの到達のためにはるばる海を越えてやって来たのだ。この国はアルジェリアとリビアに挟まれており、両国は内戦やらテロで情勢が不安定で入国することすら難しい。つまり、飛行機を使わない移動にこだわるのなら、イタリアかフランスなどから船を使うしかないのだ。

私はさっそくチュニスから北へ70㎞、最北の都市であるビゼルトへ向かった。道中は

アフリカ大陸最北端　アンジェラ岬　到達 2016 年 12 月 12 日

涼しい風の中で、青々とした山と畑を背景に羊が草をはんでいた。ジリジリとした太陽の下で、レパードがサバンナを駆けるイメージのアフリカは微塵もない。人々もいわゆる黒人ではなく、浅黒いアラビア人がほとんどを占めている。チュニジアではアフリカにいるという実感がまったく湧かない。

欧風の街並みが運河沿いに連なるビゼルトは「チュニジアのヴェネチア」と呼ばれ、観光客で活気に溢れていた。

最果ての地はこの町からさらに15㎞。郊外は貧困層が住むエリアなのか、道にはゴミが散らかり家屋も古めかしい。

電線には靴が何足もぶら下がっていた。この不気味な光景は世界各地でたまに見かけるが、麻薬などのドラッグや売春、ギャングの縄張りなどを示しているといわれている。でも、それよりも怖いのが野良犬というオチ。彼らを刺激しないよう、ゆっくりと駆け引きを繰り返し、町を抜け丘を越え、牧歌的な風景を進んだ。

こうして町から2時間、かすかに聞こえた波の音。メルヘンチックな松の並木道を抜ければ、大地が海にむき出しになった荒涼とした空間が広がっていた。

アンジェラ岬、アフリカ大陸の北の果て。

島を含めた場合の最北端は、ここから30㎞東に浮かぶカニ島となる。いずれも海の向こうはイタリアだし、何と言ってもアフリカのアの字も知らないまま先端の一つを制覇という、率直にはロマンも達成感も薄い到達だ。だが、「来るな」と言わんばかりの猛烈な風が吹く中で、地中海を背にした最北を示す記念碑に胸は踊り、想いは募る。

２０１４年に立てられたばかりという、重厚な台座の上に立つアフリカの形をかたどった白銀のボディは、これまで見てきた記念碑の中でも、特に精彩を放っている。太陽の光できらめく姿は、実に神々しい。

記念碑には、アフリカの最南端であるアグラス岬まで8，０６０㎞と書かれていた。近いうちに必ず訪れるであろうその場所には、どんな景色と、ロマンが広がっているのだろうか。

10　再会の地――ユーラシア大陸最西端、ヨーロッパ大陸最南端

国旗がピクリともしない。前日の風が不気味にもピタッとやみ、波の音もしない。こ

の惑星から自分以外の人間は消え去ったかのごとく漂う、無音の空気。到達と、「再会」を歓迎してくれているのだろうか。

追いかけて追い越されて、遥かユーラシアの東の果てからやって来る太陽との旅は、ここで静かに終わりを迎える。

チュニジアから再びイタリアへ戻った私は、一直線にフランスとスペインを駆け抜けた。フランスでは藪の中、テントで迎えたクリスマス。ディナーは缶詰のイワシを載せたご飯。缶詰の油をすする際に、寝袋にこぼしてしまって生臭い聖なる夜となった。

スペインでは年越しくらいはと宿に泊まったが、同室のおばさんがカウントダウンそっちのけで室内で大麻を吸い始める鬼畜っぷり。なんだかこっちまでハイになり、このおめでたい年を迎えたのである。

２０１７年1月25日、バンコクを発ってから３４０日目。自転車でのユーラシア大陸横断の目標地点となるポルトガルへ、ついに辿り着いた。というよりは、〝うっかり来れちゃった〟と言ったほうがシックリくるのかもしれない。

鉄砲やタバコにカステラや天ぷら、文化や芸術などなどを日本へ伝え、多大な影響を与えたポルトガル。

首都のリスボンはレトロな路面電車と、タイのものとそっくりなトゥクトゥクが走っていた。洗濯物がひるがえる雑多な狭い通りなどの風景は、アジアっぽくも見え、他のヨーロッパ諸国とは一味違ってどこか懐かしい気持ちになる。

テージョ川沿いにそびえた、大航海時代の栄光を示す高さ52ｍの「発見」のモニュメントは壮観だ。ヴァスコ・ダ・ガマ、マゼラン、フランシスコ・ザビエルなど、そうそうたる歴代の人物の像が集結している。石畳には世界地図のモザイクが敷かれ、冒険者たちが辿った航路、大陸を発見した年が記されていた。

そんな冒険王国ポルトガルでロマンを感じられる最たる場所が、私が目指してきたロカ岬だろう。

リスボンからは40㎞。自転車で3時間ほどだが、その日はあえて岬の手前で見つけた野営地までに留め、翌日に向かうことにした。人で混み合い猛烈な風も吹きつけており、ゆっくりと感慨に浸るには無理がある。

野営地からは灯台と、ユーラシア大陸で最後に沈みゆく夕日をも見届けることができた。一足先に感無量である。

そして来たるこの日。まだ暗い海に囲まれたロカ岬へ、ゆっくりと向かった。断崖絶壁に立つ灯台からはオレンジ色の光線が闇を貫いていた。

空が徐々に、世界の果てに明かりを灯し始めた。眼下に姿を見せる大西洋、浮かび上がる水平線。あの先をまっすぐ進むと、ニューヨーク付近にぶつかるのだろう。15世紀の大航海時代が始まる前は、水平線の向こうは崖になっていて、そこまで行けば奈落の底に落ちると信じられていた。

やがて朝日が昇っていき、絶壁に佇む十字架を掲げた石碑を照らしつけた。この記念碑こそが、世界最大の大陸の、西の果てを示すもの。

『ここに陸終わり 海始まる』

石碑にはポルトガルの偉大な詩人、ルイス・デ・カモンイスの叙事詩「ウズ・ルジアダス」の一節が刻まれている。

イベリア半島の西端にあり、ヨーロッパおよびユーラシア大陸最西端のロカ岬。日中はツアーバスがひっきりなしに押し寄せるほど、世界中の観光客で賑わっている。はるばるアジアから陸路で目指す旅人も少なくない。晴れて私もその一人となった。

到達までの険しい道のりや出来事など、様々な記憶が脳裏を駆け巡るのはもちろんのこと、約10年ぶりの「再会」には感慨深いものがあった。

訪れた旅人の数だけ物語が刻まれるロカ岬だが、実はロカ岬は、もう一つ存在する。あれはまだ20歳のとき。私はすでに、偶然にも、日本で出会っていたのだ。

場所は千葉県銚子市。かつて多くの文人が雄大な海を望みに訪れた銚子市は、文豪の地として親しまれ、数々の句碑や歌碑が点在している。中でも江戸の豪商、鈴木金兵衛が詠んだとされる「ほととぎす　銚子は国の　とっぱずれ」という句は、銚子を代表する句となっている。

さて、その句が示すように、銚子市の東端の岬である犬吠埼は、関東最東端に位置する。富士山などの高地や離島を除けば、日本で一番早く初日の出が拝める岬として有名だ。

あの日、太平洋を望みに訪れた犬吠埼で、水平線の先にそびえるアメリカに思いを馳せているときだった。ふと、灯台の脇にひっそりと佇む石碑が目に入る。高さは３ｍほど。石碑には、「海終わり　陸始まる」と刻まれていた。ロカ岬のものとは陸と海が逆になった一節だ。

上には「犬吠埼ロカ岬友好記念碑」とあり、下にはロカ岬と犬吠埼にマークが付けられた地図があった。

ほぼ同緯度に位置するという二つの岬。その先端繋がりからか、双方を姉妹都市ならぬ姉妹岬として友好と交流を深めているというのだ。

記念碑はポルトガル産の大理石が使われ、市民有志で結成された銚子ぽるとがる友好協会などによって立てられたという。また、犬吠駅の駅舎もポルトガルの宮殿がイメージされている。

（※ご留意いただきたいのが、あくまでもロカ岬と犬吠埼は「ほぼ同緯度にある岬」という点だ。ロカ岬の反対はロシアに位置するユーラシア大陸最東端のデジニョフ岬であり、日本の本土最東端は北海道の納沙布岬である。）

はからずも関東のとっぱずれでアジアのロカ岬と対面していた私だが、あのころは海外に興味もなかったし、気にもとめなかった。

しかしその数年後、世界中の果てを制するという野望を抱き情報を集めていれば、必然的にロカ岬の存在は目に入る。

〝……似たような文を、どこかで見たような〟と、その地に立つ石碑に刻まれているという一節に、確かに感じた既視感。

「そうだ、犬吠埼だ」

どこか運命のようなものも感じた私は、ロカ岬には必ず立つことを心に誓った。それからおよそ5年後の今。まさかそこへペダルを漕いでやって来るなどとは、当時は夢にも思わない。こうして旅好きを本格的にこじらせていることも、この自転車の旅が、まだ終わらないことも。

早くも観光客で賑わってきたところで、私は再びペダルを回し、南へと舵を切った。ロカ岬から約７００㎞。再びのスペインへ入り、訪れたのはヨーロッパ大陸最南端に位置する町、タリファ。郊外の丘からは眼下にジブラルタル海峡が広がり、対岸にはモロッコ、つまりはアフリカ大陸が見渡せる。タリファこそが、縦横無尽に駆けたユーラシア旅の真の終点だ。そんな贅沢な景色のめでたい場所で一人、祝杯を挙げよう。

町と同名の最果て、タリファ岬はビーチの先にある土手道で繋がれた小島に位置していた。小島は軍事施設となっていて中に入ることはできず、入り口に最南端を示す看板が置かれているだけ。どうも釈然としない果てだが、特筆すべきは１００ｍにわたる土手道にある。

タリファ岬は二つの海洋を分けており、つまりこの土手道は大西洋と地中海の境界線となっている一本道なのだ。南を向いて右側が白波の立つ大西洋、左側が湖のような穏やかさの地中海と、双方の海の違いがはっきりと判別できる。これほど珍しくてロマンに溢れた道は世界でも唯一かもしれない。

ちなみにロカ岬よりはマシだが、タリファも人で賑わっている。落ち着いた地の果てを感じたいのであれば、タリファとロカ岬の中間に位置するヨーロッパ大陸の最南西端、サン・ヴィセンテ岬がおすすめだ。かの司馬遼太郎もこの地を訪れ『日本では、山が海に沈んだところが岬だが、ここではまないたのような大地が海にむかっている。どの断崖も、ビスケットを割ったような断面である（南蛮のみちⅡ）』と、特異な地形であることを綴っている。地平線と水平線に囲まれた荒漠たる原野と波の音だけが漂う空間に、存分に地の果てを感じられるだろう。

また、サン・ヴィセンテ岬から入江を一つ隔てた５㎞先に、サグレス岬がある。この岬は多くの若者に影響を与えた紀行小説「深夜特急」の著者、沢木耕太郎が長い旅に終止符を打つことを決めた場所として知られている。

夜も更け、煌々と輝くご機嫌な満月が、ユーラシアの卒業を祝ってくれているかのようだった。対岸に光るモロッコの町と流れゆく船をアテに、一杯！　プシュッと静寂を揺らし、グイっと、プハァーッと喉ごしの良い、スプライト。

思い焦がれたロカ岬は通過点へ、タリファ岬は自転車旅の最終章となるスタート地点へと、変わっていた。

ヨーロッパ大陸最南端
タリファ岬
到達 2017 年 2 月 8 日

ユーラシア大陸最西端　ロカ岬
到達 2017 年 1 月 27 日

11　サハラを越えろ

荷台に日本人と自転車を詰め込んだパトカーは、一路ダフラへと向かっていた。

〝ついに本格的に警察の世話になってしまったか〟

体にまとわりついた砂を払いながら、苦笑した。

まだ1時間ほど前のこと。乾いた空気を震わせ、内臓にまで響き渡った忌々しい音が脳内でリピートされる。

パーーン!!! 劣化が進んでいたのか、タイヤを保持するリムという部分が裂け、中のチューブが破裂。一瞬で身動きが取れない状態になってしまった。辺りは北風が吹きすさぶ小麦色の世界。地平線上には、西日を浴びたラクダの群れがゆっくりと練り歩いている。

なんて浮世離れした光景だろう。実家帰りたい。でも悲しきかな、実家どころか最寄りの町へ行くにも80㎞はあった。

「小麦色の世界」という柔らかい表現とは裏腹に、白骨化したラクダも転がっていた。

〝あれ？ これ未来の自分？ 冗談じゃない〟

そんな無人地帯で、呆然と砂にまみれて立ち尽くしている私を拾ってくれたのが、たまたま通りかかったモロッコ警察だった。車に乗せてもらうや、私にかけられたのは冷たい手錠ではなく、温かい一言。

「お茶のむか？」

自分の強運っぷりにも驚嘆だが、とにかくモロッコ警察のホスピタリティは半端じゃない。もしかしたら世界で一番優しい警察はモロッコかもしれない。

彼らはわざわざ、自転車屋の前まで行って降ろしてくれた。こうして私は奇しくも、ダフラに戻ってきたのであった。

今朝出発して80㎞進んだ時点でのトラブルだった。進行方向にまともな町があるのは、実に３００㎞以上も先なのだ。

過酷な地、サハラ。しかし、だからこそ優しいサハラ。あともう少し、タイヤを修理して、最後までやり抜こう。

アフリカ大陸の三分の一の面積を占めるサハラ砂漠。自転車旅の最終章となるのが、モロッコ南部からセネガルまでの２，０００㎞以上に及ぶこの世界最大の砂漠を越える旅だ。といっても、砂丘をえっちら進むわけではなく、舗装された一本道が沿岸部に伸びている。さらにこの海域には北風がほぼ年中吹き荒れ、南下する分には頼もしく背中を押してくれる。

モロッコから西サハラに入ると、数百㎞レベルで無人地帯が広がるものの、車の通りは少なからずあるから飢え死にはしないだろう。実際に車のほうから気にかけてくれたりもして、冷たい水と優しさが身にしみた。あるときは釣りの帰りだったらしい人が、袋いっぱいのイワシのような生魚を私に持たせてくれた。ありがたい。あれ？　でもいらねぇ。今この場で、生魚、マジでいらねぇ。

魚は村で物々交換によってスプライト二本に変化した。

西サハラはやたらと検問が多くなる。軍や警察に賄賂を求められたとの情報もあるが、逆に私は水から食べ物まで頂いて感謝してもしきれない。途方に暮れていたときに助けてくれたのも彼らだ。とある日は、手持ちの現金が少なかったため野宿することを伝えると、宿へ案内され、支払いまで済まされていたこともあった。

またあるときは、検問所の裏でテント泊をさせてもらい、翌日には朝食まで用意されていた。こんな警察が他にいるだろうか。

ところで西サハラは、一つの〝国〟であって国ではない地域であり、アフリカ最後の植民地とも言える。１９７５年にスペインから独立過程にあった西サハラだが、モロッコが侵略、現在も占領し続けている。現地住民はそれに抵抗するための組織を作り、モロッコ軍と衝突。１９９１年より停戦しているものの、問題は未だ解決には至っていない。ただ現状としては、領土の大半がモロッコの実効支配下にあるため、通貨も銀行も通信会社もバス会社も、何もかもがモロッコと変わらず、完全にモロッコと化している。どの町でも誇示するように、モロッコ国王の肖像画と国旗が掲げられていた。

それでも西サハラは、アフリカ諸国と中南米諸国を中心に「国」として承認されている。一方で日本を含め国際社会の多くは、モロッコとの関係上、国とは認めていない。国であり国ではない西サハラ。悲運で複雑な状況下にあるが、モロッコ警察に助けられれっぱなしの私も複雑な気持ちであった。

カモメが舞う平和なダフラの朝。私はリベンジに燃え、ゆっくりとペダルを漕ぎ始めた。大陸から突き出た半島に位置するダフラは、西サハラ最大の漁港の町。実は日本で売られている「モロッコ産」と書かれたタコは、ほとんどがダフラで水揚げされている。ダフラは常に強い風が吹くことから「風の町」と呼ばれ、近郊の海ではカイトサーフィンを楽しむ旅行客で賑わっていた。一切の緑がない砂地の殺風景なゴルフ場もあるが、つまりここは全面がバンカーであり、強風もあいまって、世界一難易度の高いゴルフコースかもしれない。

ハプニングに見舞われた場所を華麗に通り過ぎ、大西洋を右手に再び地平線を追いかけていった。

サハラ砂漠は一口に砂漠と言っても、砂丘が広がるイメージ通りの場所もあれば、海沿いは断崖絶壁が続き、湿気を含んだ硬い地面や岩で覆われた岩石地帯など、様々な姿を見せる。色も赤茶けた場所や肌色や茶色、真っ白な砂地と多彩だ。

海沿いの岸壁には人が住んでいたりもする。掘っ建て小屋にソーラーパネルが置かれていたり、釣竿が散乱していたところもあった。漁師か、あるいは世捨て人も中にはいるのかもしれないが、ほとんどは警備ではないかと思う。

とある夜のことだ。道路からは見えない場所にテントを張り、火を焚いているときだった。ふと、闇の中に浮かぶ二つの光を見て取った。明らかに私に近づいている。

野宿をする際は、絶対に人に見られないよう細心の注意を払う。深夜に寝込みを襲われたらひとたまりもないからだ。幽霊のほうがまだマシだが、残念ながら光の正体は二人の人間である。わずかな月明かりが男のシルエットを浮かびあがらせた。しかも手に

下手したらこうなる

棒のような物を持っている。

〝……俺終わったかも〟

ここで殺されたら、たぶん永久に発見されないだろう。ところが、二人の男性は警棒を持った警察であった。西サハラ問題によるものだろうか。友好的な態度に安堵し、パスポートを見せるだけで事なきを得た。


再びのダフラを出発して二日目、一直線に伸びる道を、風にさらわれた砂がなでるように流れていた。そんな現実離れした景色をしばらく走っていると、神殿のような建物がなんの前触れもなく現れた。まさかと思ったが、どうやらこれはホテルらしかった。

コの字に造られた三階建ての客室。中庭には青々とした草木が溢れ小鳥が飛び、ハイビスカスが咲いている。

無機質な外界とはあまりにも差があって、一旦思考が停止した。かつてのラクダの商人が砂漠を越え、オアシスへ辿り着いたときの気分がなんとなく味わえた気がした。自然の緑は人に深い安らぎを与えてくれる。私はここで最後のタジンを噛み締め、ほっと一息ついた。

ホテルからは半日の距離でモーリタニアだ。

12　モーリタニアで受けた衝撃

「車の通り道から離れるなよ」

そう告げられ、遠くに朽ち果てた車を見ながら歩いて国境を越えた。

出国のスタンプはもちろん西サハラではなく「モロッコ」。国境はかつてモーリタニアとも衝突していたことから緩衝地帯となっている。むき出しの大地に未だ地雷が残っているといわれ、以前は国境越えに軍の車両を使っていたそうだ。

モーリタニアの国土は日本の約3倍にして85%が砂漠。国が変わったとはいえ、景色はなんら変わらない。建物が古めかしくなり、モロッコよりも貧しいことが分かるくらいだ。

国境のほど近くには、アイアントレインと呼ばれる貨物列車が通る線路が伸びている。その名のとおり鉄鋼石を内陸から運ぶ鉄道で、車両の長さは最大で3，０００mと、世界一長い列車といわれている。映画さながらに荷台に無賃乗車できるが、屋根のない空間で10時間、砂漠の走行に耐える必要がある。

線路と並んで走るうちに、夕日が砂を照らし始め、一面が黄金色に染まった。

線路は地平線へと吸い込まれていく。セピア調で写した写真のような光景に息を呑んだ。また夜は、銀河がこぼれ落ちそうにまたたき、ため息が漏れた。


モーリタニアに入り、私はいくつかの衝撃を受けた。

一つは食べ物だ。モロッコがパン文化なのに対し、モーリタニアでは主食が米に変わる。

その代表的な料理がチェブジェンという魚と野菜の炊き込みご飯のようなもので、発祥はお隣セネガルだそうだが、これが激烈にうまい。醤油風味が香ばしくて無性に懐かしく、日本人の口にも完璧に合う。

初めて食べたのが地図にも載らない砂漠の集落で、看板がなければ絶対にレストランであることなど知り得ない掘っ建て小屋。盛られた器がどう見ても洗面器だったものの、ジャリッと砂が混入していようとも関係なく、うまい。〝おかわり!〟


もう一つの衝撃は、奇跡の70歳と奇跡の出会い。

それはいつも通りの見渡す限りの砂地だった。モーリタニアも検問が多い中で、そのとき、検問警察となにやら二人の女性が立ち尽くしていたのだ。なんと二人は日本人だった。

セネガルからスペインまでヒッチハイクで目指していて、不審に思われたのかその検問で降ろされたらしい。ツッコミどころは数知れないが、まず気になったのが二人の関係だ。一人は私と同い年だった。もう一人はなんと70歳。親子でも、孫と祖母でもなく、親友だという二人。

同い年の子はこれまで、アフリカ全土を一人で、やはりヒッチハイクで旅をしてきたという。生命力が目に見えるほどドッシリと地に足のついたツワモノだ。

そして相方、名はふーちゃん。もう一度言おう、70歳である。重さ10 kgのリュックには寝袋とテントが仕込まれている。野宿に一切の尻込みはないのだとか。「息子を超えたい」これがふーちゃんの過酷な旅の動機の一つ。息子さんもかつて、ユーラシア大陸を自転車で横断したという。

検問所からほど近くに食堂を備えたガソリンスタンドがあったため、私たちはそこで僻地を超えた僻地での出会いを祝い、そして食堂の隅でともに夜を明かした。

「ちょっとシャンプーしてくる」と、寝る前のふーちゃん。もちろん、トイレの水で、である。そしてその菌がいっぱいいそうな水を、平気で飲む。こんな野生的な70歳の日本人女性が、他にいるだろうか。特別天然記念〝人物〟に指定されるべきだと思う。

談笑は深夜まで続いた。サハラ砂漠の真ん中で、インスタントのみそ汁と柿ピーを囲む日本人の構図は、奇跡としか言いようがない。

翌日、二人は手慣れた様子で出発の準備をし、道に立って一発で車を停め、砂漠へと潜っていった。車内ではなく、軽やかに荷台に乗り込むふーちゃんの姿が、しばらく頭から離れなかった。その後、彼女たちは無事にマドリードへ到着した。セネガルからおよそ4，000kmだ。

女だからとか、年齢がどうだとか、そんなものは一切言い訳にならないことを、まざまざと見せつける二人であった。


南へ進むほど暑さが厳しくなってくる。ペットボトルの水が完全にお湯と化していた。道中には高い木がなく、休憩場所はたびたび目撃する放置された廃車の影。あるとき、暑さと疲労で朦朧としていた私を、住人のおじさんがテントに招き入れてくれた。砂漠に暮らす遊牧民だ。

テントの中は想像通り質素なもので、ライフラインのラの字もない。料理はガスボンベでするらしい。気になったのが、隅に大容量の歯みがき粉の箱が積み重なっていたこと。遊牧民は歯が命なのだろうか。たしかに、ここで虫歯になれば非常に厄介だろう。テントで一人暮らしのおじさんは、真っ白なブーブーという民族衣装をまとっていた。これはドラゴンボールのピッコロが着ている服とそっくりだ。私にお茶とラクダのミルクを振舞ってくれた。野菜の代わりにもなるほど栄養価が高いといわれるラクダの乳は、都市部のスーパーではパックで売られているほど、この国では身近なもの。ほんのり香ばしく、若干の塩味を感じる。

言葉は通じていないものの、珍客との会話が嬉しいのか、おじさんは何かを喋り続けていた。うんうんと私は頷くものの、やっぱり歯みがき粉が気になって会話がいっそう耳に入らない。別れ際、貴重なはずの水を持たせてくれた。心ばかりのお礼を差し出すも、おじさんは決して受け取ろうとはせず、地平線に消えるまで見届けてくれた。

またあるときだった。順調に首都を越え、終点までのカウントダウンが始まる矢先のこと。路肩にできた穴にはまり私は一回転、派手に転倒してしまう。幸いにも大きな怪我はなく、自転車も前輪ブレーキが壊れただけだった。

その場でしばらく放心していると、一台のトラックが停まった。運転手の兄さんは、顔まで擦り傷だらけの私を気にかけてくれ、何かを手渡した。赤チンだった。そして兄さんは、トラックの荷台を指差す。「乗ってもいいぞ」と言ってくれているのだ。

よく分からない他人に、異国の人間に、自分だったらそこまでできるだろうか。浅い傷には赤チンがしみて、深い優しさは心にしみ渡る。

私は兄さんに礼を言い、トラックが去ってゆくのを見届けた。あと少し、たとえ相棒が動かなくなろうとも、押して歩いてでも、最後まで自分でやり切ろうと思った。

過酷な地、サハラ。しかし、だからこそ、衝撃的と言ってもいいほどの人々の優しさがあるサハラ。

兄さんが持たせてくれた水を飲み干し、今まで助けてくれた人たちの顔を呼び起こし、私は再び砂を蹴り上げた。

13　相棒の世にも奇妙な物語――アフリカ大陸最西端、朝鮮半島最南端

「そいつはレジェンドだろ。家に飾ったらどうだ?」

しみじみと相棒を眺めていると、宿の主人は言った。

〝レジェンド〟、伝説か。私はニヤッとした。

同時に、マレーシアで相棒を譲ってくれたおじさんの言葉を思い出した。

「しんどかったら捨てればいいよ」

当時私もまったく同じことを考えていた。

誰にも使われずに朽ち果てそうな一台の自転車。約2年前、私はそいつにまたがり、本当に軽い気持ちで、シンガポールとの国境の町からペダルを漕ぎ出した。

その自転車がまさか、確かに今、目の前にある。アフリカ大陸、セネガルに。

総走行距離およそ26,000㎞。地球半周分以上を走るなど、神様すら想像できなかったに違いない。当初の目的地はバンコクだった。それから延びに延びすぎた相棒との旅は、セネガルの首都であるここダカールにて、ついに終わりを迎える。

そんなわけで、自転車をその後どうしようかと考えていたところだった。

セネガルからは一旦日本へ戻る。それなら持ち帰ればいいじゃないかと、宿の主人も、私も常々考えてはいた。とはいえもう乗ることはないだろうし、飾るにしても大きい。そこで、解体して一部分、ハンドルだけでも家宝にするのもいいと思った。こいつはまさしく、相棒であり親友でもあり戦友でもあり、そして伝説なのだから。

ダカールはアフリカ大陸の最西端に位置している。一つの旅の終着地としてふさわしいだろう。世界的な自動車レースの大会「ダカール・ラリー」のかつてのゴール地点でもあったのだ。

最西端の岬は町の外れ、それが高級ホテルの敷地内にあるというめずらしい世界の果てである。しかし、ホテルにはそう簡単に入れそうになかった。それは私の身なりが汚かったから……ではなく、それは事実だとしても、改装工事をしていたのだ。嫌な予感がする。

「中には入れないよ」

案の定、バリケードの前に立つ警備員は、面倒くさそうに言い放った。でも、工事は着手したばかりのようで、まだ大掛かりな作業も始まっていない様子だ。何度も食い下がったが、それでも断固として入ることは許されなかった。別の入り口を見つけた先にも警備が敷かれ、ため息だけがこぼれた。

しかし、そこで私はひらめいた。先端はホテルの敷地内にあるとはいえ、海岸だ。では回り込めばいい。建物を通過する必要はないだろう。そんないたってシンプルな発想こそが、ビンゴだった。

ホテルの北の海岸沿いにはレストランが並んでいる。一番奥のレストランを越えてみると、そこはもうホテルのプライベートビーチが広がっていた。

そして砂浜の先に、しっかりと先端を示すものが見て取れたのだ。私はニヤッとした。だが、警備に抜け目はなかった。

「うーん、ごめんな、入れないんだよ。……うーん、いや、ボスに見つかるとまずいんだ」

先の警備員とは違い物腰の柔らかい彼でさえも、突破はならなかった。

誰もいない静かなビーチに、虚しく響く波の音。厳密な先端とその記念碑は、目と鼻の先にあるにも関わらず、遠かった。無念。

アフリカ大陸最西端、アルマディ岬。この先の海をまっすぐに進むと、カーボベルデの島々が浮かんでいる。島の一つであるサントアンタン島が離島を含めた場合のアフリカ最西端となる。その先へさらに直進すれば、中米、ニカラグアにぶつかるはずだ。

かつての大航海時代、ヨーロッパ人が新しく発見した南北アメリカ大陸やオセアニアの地域を、「新世界」と呼んだ。まだ他の大陸があることなど知り得なかった時代のアジア、アフリカ、ヨーロッパは「旧世界」であり、アルマディ岬はアフリカ及び、旧世界の西の果てでもあった。

そんな岬に、シェラトンの高層ホテルが建つらしい。完成には何年かかるのか。いつか「世界の果てのシェラトン」から、この大西洋を望む日、リベンジする日は来るだろうか。そのときはきっと、綺麗な身なりをして立っていると思いたい。

昼下がりの中途半端な時間。海岸に並ぶレストランは閑散としていた。その中の小さな店を覗くと、牡蠣の身をほぐす店員の姿があった。アルマディ岬周辺では生牡蠣がいただけるのだ。それも一つ当たり約30円。生牡蠣の店が出るきっかけとなったのは日本人のようで、養殖の技術を伝えるために派遣された青年海外協力隊員による貢献だそうだ。

こちらの牡蠣はマングローブの根から採るらしい。やはり生で食べるのはほとんどが外国人で、セネガル人はあまり口にしない模様。

私は悲壮感をも消化すべく、つるんつるんと平らげていった。小ぶりで味も少々淡白に思えたものの、口に入れた瞬間に潮の香りが、一足先に日本の情景を脳裏に写し出してくれた。懐かしい。逆に日本で牡蠣を食べるときは、今度はアルマディ岬の景色が、悔しい記憶とともに目に浮かぶのだろうか。

そんな感傷に浸っていたものの、……どうやら、そうでもないかもしれない――

飛行機で帰国の途につき、座席モニターの現在地をぼんやり眺めていた。スペインを経由し東へ、アジアへと向かっていく。私は逐一現在地を見てはニヤッとしていた。2年以上をかけて、汗と涙と、血を流して越えてきた道のり。それをたったの十数時間で突き抜ける様には、率直な面白さと悔しさがないまぜになって、苦笑が止まらなかった。

飛行機は無事に懐かしの北京へと到着し、それからバスで天津へと向かった。私は単純に日本に戻ることはしなかったのだ。

天津から船に乗り、海を越えて韓国へ。そして釜山から再び船で海を渡り、九州から陸路で東京、という行程をわざわざ辿った。これには二つの訳がある。

韓国語で「地の果て」を意味するタンクッ。これは地名でも町の名でもある。そう、韓国本土および朝鮮半島の最南端に立つのが船で韓国を経由した理由の一つだ。

ソウルから南へ約４００km、ヘナム群に位置するのどかな漁村タンクッ。セミやウグイスが鳴き、ハングル文字を見なければ日本の田舎そのものといった風景だ。

最果ての碑は高さ20ｍほどの豪勢なもので、東シナ海のすべてを見渡すかのようにそびえていた。この先の海には済州島《チェジュ》が浮かび、島を含めた場合の韓国の最南端は、済州島の少し南にある小島、馬羅島《マラド》となる。

海路で帰国したもう一つの理由は、単なる自己満足にすぎないが、地球に付けたこれまでの軌跡を繋げるためだった。

世界旅の各章の行程は、インドネシアのバリ島からバンコク、次にスウェーデンからバンコク、そして今回のバンコクからセネガル。

バンコクを拠点に、インドを除くすべての陸路と海路の旅の軌跡が繋がれている。その軌跡を日本の故郷にまで伸ばすため、一度訪れた北京からわざわざ空路を使わずに帰国したのだ。こうすることによって、地図にこれまでの軌跡を記すと、東京の実家と世界各地が繋がるわけだ。アフリカ大陸の西の果てとも……。

これを想像するだけでビール５杯はいける。

相棒の自転車も、この軌跡上で元気に走っているはずだ。そう考えると寂しくはなかった。私は、ダカールで相棒を解体することはしなかった。

――――牡蠣を頬張っているときだった。奇跡は起きた。

〝……あれ？ さっきの警備員だ。どうしたんだろう？〟

彼はレストランが並ぶ通りに現れ、何やらキョロキョロしている。そして店にいた私と目が合い、足早に駆け寄った。どうやら私を探していたらしい。早口でこう言った。

「フレンド！　いまボスが出ていったようなんだ。10分だけならホテルに入っていいぞ！」

私は喉越しのいい牡蠣を喉に詰まらせた。

辺りはゴミが散らかり、波の音、北風がヤシの木を揺らす音だけ。これぞ究極のプライベートビーチ。突端には、船の形をした木造の台が哀愁を漂わせ、大西洋を望んでいる。簡素な作りでくたびれてはいるが、これがアフリカ大陸の最西端を示すものだろう。ビーチには、ここから世界各地への距離が書かれたポールも置かれていた。「ＴＯＫＩＯ　１３，９３１㎞」とある。私はニヤッとした。それは一般的に見れば途方もない距離に違いないはずだが、本能からつぶやいた。

「近いじゃん」と。

その後、２６，０００㎞をともにした相棒をしみじみと眺めていた。お前はまだまだ元気に走っていたほうが幸せだろうし、なんと言っても面白い。宿の主人は私に伝えていた。

「もし自転車を日本に持ち帰らないのなら、友人が欲しがってるぞ」と。

主人の友人は宿の近くに住んでいた。

「本当にいいのかい？」

彼はこんな粗大ゴミのような自転車に目を輝かせていた。

「捨ててもいいよ」

冗談交じりに私は言った。

あのとき、私がおじさんと偶然出会って自転車を手に入れたように、彼も偶然に私と出会い、自転車を手に入れる。東南アジアで朽ち果てていくはずだった一台の自転車は、一人の日本人によって１８０度運命が変わった。ユーラシアの大冒険に駆り出され、ついにはこれから西アフリカの大地をセネガル人を乗せて走ろうというのだ。

こんな数奇な自転車が他にあるだろうか。こいつは記憶の中で、そしてこれからも想像の中で走り続ける。思い出や伝説は決して解体されることはない。

相棒との旅で思い出すのは、過酷な状況は数知れないが、とくに印象に残っているのがカザフスタンでのことだ。

そのとき私は誕生日だった。そこで現地で知り合った友人たちに、なんとサプライズで新しい自転車をプレゼントされていた。マウンテンバイクの一通りの装備を備えた立派な一台。それは嬉しくて、だけどつらかった。私の相棒のボロさ加減に見かねた完全なる善意だった。それでも私は、相棒を、唯一無二のこいつを、選んだ。

「新しい自転車が気に入らない？」

友人の一人が聞いた。そして私は言った。

「好きだよ、皆の気持ちが詰まってるから。でも、俺は今の相棒を愛してる」

血と汗や痛み、色んな感情と苦楽と景色をともに歩んだ親友、そして戦友。こいつで最後まで限界までやりきるのだと。それに、こんなふざけた自転車だからこそ使う意味があるのだ。

粘っこく、諦めなければ、どこへでも行ける。何でもやり遂げられるということを、相棒は教えてくれた。

アフリカ大陸最西端　アルマディ岬
到達 2017 年 5 月 13 日

お別れのとき。これからも記憶と想像の中で走り続けろ、相棒。
イオンの袋には自転車の工具などが入っている。

朝鮮半島最南端　タンクッ
到達 2017 年 5 月 22 日

◇コラム◇ ヨーロッパ最南端ガヴドス島

ギリシャに位置するエーゲ海最大の島、クレタ島。その南西に浮かぶのが、ヨーロッパ最南端の島といわれるガヴドス島だ。島の南端、トリピティ岬の岸壁には記念碑として高さ３ｍの木造の椅子が置かれている。大海原に囲まれた姿は実にシュールな光景だ。

定住人口は40人ほどのガヴドス島でも、夏季には旅行客によって人口が3,000人程度にまで膨らむ。島は電気や水道などのインフラはほとんど整っておらず、宿泊施設も数えるほどしかない。では来島者は皆、どうするか。

テントを持ち込みキャンプをするのだ。自分だけの秘密基地を作り、何をするわけでもなく、自然の中でただ「生きる」ことを楽しむ。

食べて眠って、ハンモックで潮風に吹かれ、美しい海を望む。ひと夏をこの島で過ごす者も少なくない。

島はヌーディストビーチが点在するほどオープンであり、住人も昼は素っ裸で行動する姿が見て取れる。

そんなありのままでいられるガヴドス島は、ヨーロッパ最南端の島、の一つだ。

岸壁の椅子には「ヨーロッパの南端」と控えめに書かれていた。〝最〟南端と声高にしないのは、いずれもガヴドス島よりも南に位置するポルトガル領のマデイラ諸島、スペイン領のカナリア諸島、そしてキプロス島の存在があるからだ。

しかし、マデイラ諸島とカナリア諸島はそれぞれ自国の領土から離れすぎているし、キプロスは独立しているとはいえ、南端はイギリス領土のまま。

「ギリシャ」という生粋の国の領域にある最南端こそ、真のヨーロッパ最南端と言えるのではないか、と私は思う。

第5章　アフリカ大陸縦断

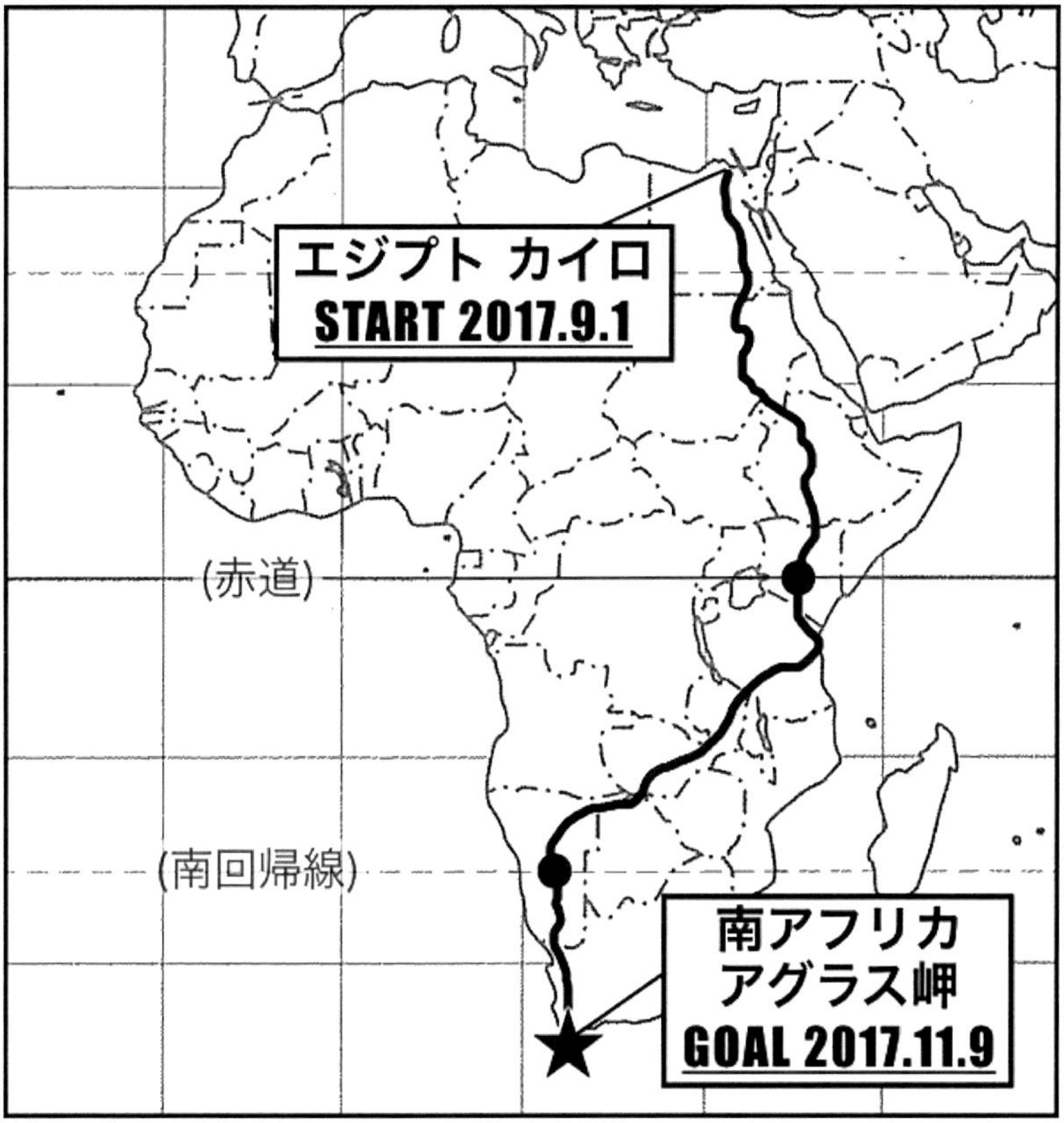

1　エジプトの歯医者の喜劇

「アッラーが私たちの空の旅を見守ってくれます。どうかご安心を。神は偉大なり」

〝また生きて帰って来れるだろうか〟

暗い窓に映る自分につぶやいた。毎度のことながら、出発のときは感傷的な気分になる。

自転車の旅を完結させた私は、三度目となる一時帰国を経て、残るアフリカと南北アメリカを制するべく飛び出した。次の舞台はこれまでのユーラシアの国々と比べると格段に治安が悪い。とくに南米は治安面もさることながら、いずれの極点も情報が少なく到達難易度も上がるだろう。

長い旅路は今回で終わるはずだ。アッラーの神様は無宗教の私でも最後まで見守ってくれるだろうか。イスラムの総本山、サウジアラビアのトランジットを経て、一路エジプトへと向かった。

首都のカイロはアザーンが響き渡る中で、血のにおいと獣臭が漂っていた。ちょうど犠牲祭というイスラム教の祝日のようで、生贄のため至る場所で羊や牛が解体されている。

牛の頭部を包み隠さずバイクに載せて走る姿に、もし同じように渋谷のスクランブル交差点を横断したら通報されるのだろうか、そんな想像がかきたてられた。

気付けば、あんなショッキングに違いない光景を見ても、ちっとも驚きやしない自分がいた。それは旅の長さを物語っていた。

「ウェルカムエジプト！」「ワッツユアネーム！」「フォト！　フォト！」

カイロの人々は異常なほど気さくで、街を歩けばとにかく絡まれた。

とりわけ写真を撮られるのが好きなようで、でもその写真自体を欲しがる者はほとんどいない。「俺を撮ってくれ！」はい、パシャ。「はっはっはーじゃあな！」写真を消去しますか？→はい。このループである。

「俺の名前を漢字で書いてくれ！」と言うので名前を聞くとムハンマド。で、「無反間士」と書いたものの、飾り気のない、いかにも硬派だけど地味で根暗な人間のような、それしか思い付かない自分の漢字力の無さに落胆しきり。

ところで、なぜエジプトへ来たかって？　旅をしに来たのだけど、いくら先端にしか目がないとはいえ、じゃあアフリカ大陸最南端である南アフリカへ飛んで、はい制覇。というのは私の旅のポリシーに反するし、達成感のかけらもない。先端へ向かう過程こそが重要だ。それならば、いっそのこと大陸を北から縦断しようというわけだ。

こうしてアフリカの旅を穏やかに始めたいところだが、そう簡単にはいかない。

カイロに到着した翌日のことだった。一つ15円のサンドウィッチを貪り食っている際に、ジャリッと、何か口の中で固いものを感じたのだ。

吐き出してみると白い塊で、どうやら生米のようだった。サンドウィッチに固い米粒の混入とは、これはクレームすべきだろう。

……しかしながら、一つ15円という価格は、すべてを受け入れるべきだと自分を納得させた。ところが、数分後。……あれ？　なんかおかしい。

〝……おいおい、こりゃたまげたぞ。欠けてんだよ、歯が〟

たまげたのはそのきっかけだ。サンドウィッチで？

欠ける要素ある？　なにこのウェルカムエジプトじゃなくてウェルカムサンドウィッチ。勘弁してくれよ。アフリカの洗礼早くない？

……そうか。あの白い塊は、米粒ではなく、私の歯だったのだ。「歯」という漢字に「米」が入っていて、なおさら笑うばかりである。

幸いにも痛みはないものの、欠けた歯を放置しておいていいはずがない。もしも次の国スーダンやエチオピアで猛烈な痛みが出た場合、帰国を選ぶだろう。まだ、エジプトなら腕の立つ歯医者がいそうだ。

ということでカイロの数ある歯医者でも、実際に行ってみて、先進的な治療をしてくれそうな、つまり店構えが綺麗な場所を選んで訪ねた。突然のアジア人の登場で目を丸くする受け付けは、まったく英語を話さなかったが、医師はペラペラで安心した。

「アラビア語は分からないだろうから、とりあえず名前だけ書いて待っててね」

と渡された問診票。でも名前すら、どこに書けばいいか分からない。

「どうぞ、入って。よろしく。中国人かい？」

治療室は清潔で、見た感じは先進的な医療器具が備えられているように思えた。ところが、口をゆすぐ排水溝には、大小さまざまな抜歯された残骸が転がったままで身の毛がよだった。

「なるほど、少し欠けているね、その部分を写真で撮るね」

そう言うので、レントゲン室に移動なのかと思いきや、先生のカバンからヌ～ッと現れたのは、一眼レフカメラだった。

「じゃあ撮るね～」……お願いします先生。

「え～っと、こうかな。もうちょぃいかな、ほいほい…こんなもんかなと」ちゅぴ。

「……ッ。先生、ズームのしすぎでレンズが唇に当たってますよ」

「おっとすまん、え～っとこのくらいかなと、そ～れっと」ちゅぷ。

「…ッ！先生、また当たってます先生！」

それにレンズをよく見ると、他の患者の唇の跡がくっきりと、しかも何層にも重なっている。〝きったねぇ〟

「すまん、ん～っと、と～」ちゃぴッ。

「先生いい加減にして…ちょ、」ちゅむ～ッ。

「やめろお前ちょっと、テメェおちょくってんですかぁ」

「終わったよぉ～」……治療ではなく、撮影が、である。

「怖かったかい？安心しなさい、詰め物に使ったのはメイドインジャパンだぞ、ハッハッハー」

私のアフリカ縦断の旅は、歯の治療から始まったのである。

2　古代エジプトに興味がなさすぎた男の末路

バスのチケットはアラビア語で書かれているが、しっかりと英語で「ＶＩＰ」という文字は読み取れる。しかし、この場合のＶＩＰ席とは残酷なものであった。

リクライニング機能が破壊されたリクライニングシートに、肘掛けは脱臼した腕のようにぷらぷらぷら。冷房の風向きは壊れて変えられず、冷たい風がみるみる体温を奪う。おまけに通路を挟んで左隣のおじさんが、私のうしろの乗客と常に喋っており、そのおじさんの口が臭すぎる。頼むからこっち向かないでほしい。

そう願いヨレヨレのテーブルにうつ伏せになって避難すると、今度は右隣に座るおじさんの足が臭すぎる。

上から冷たい空気、横から口臭、下から足臭。

四面楚歌という素敵なＶＩＰ待遇で涙が出る。

え？　キミは中国人かと？　違ぇよ歯を磨けよ、歯をぉ。

え？　お菓子食うかと？　ありがとう、でも足を洗えよ、足をぉ。

カイロから13時間を経てルクソールへ到着したときには、寝不足で5歳くらい老けこんでいた。

数多くの遺跡が残るルクソールは、エジプトの代名詞と言えるほどの大観光地。しかしながら、私の古代エジプトへの関心はゴマ粒どころかすりゴマ級だ。ギザのピラミッドには行ったものの、ラクダが草を食う姿を見ている時間のほうが長かった。また、あのスフィンクスは目線の先にあるケンタッキーを狙っているという噂は本当で、その二階はピザハットであった。おそらくこのピザハットからが、スフィンクスもピラミッドも見渡せる、最高のロケーションであろう。つまるところ、こんな絶好の場所だけに、ここの賃料はいくらなのかという思考が駆け巡り、古代エジプトの謎よりも気になってしまう始末だ。

イスラム過激派によるテロなどで、エジプトの観光客は激減しているという。それもあってか（いやおそらくなくても）、町を歩けばタクシーや馬車、川沿いではボートの客引き、ツアーの勧誘などがあの手この手で繰り広げられる。

例によって一台の馬車が私に近づき、やりとりは始まる。

「やぁフレンド！　10ポンドでカルナック神殿だ、乗れ！」

「ありがとう、でもいいや」

「分かった、５ポンドだ！」

「俺はサトウキビジュースを飲みたいだけなんだ」

「よし、１ポンドだ。乗れ！　ジュース屋まで連れてく！」

私は悲しくなった。１ポンド、日本円で６円である。６円を得るために彼は必死なのだ。といっても、それでなかなか降ろさずにかさ増し請求するのが狙いだと思われるが、それをもってしても、この世の絶望的なまでの不平等さに胸が詰まるばかり。それでも乗らないけど。

「やぁ、キミは日本人だね？」

今度は土産屋の店員だ。

「……いや、俺はインドネシア人だ」

「それは嘘だ。僕には分かる。ちょうど良かった、日本人の友達が誕生日なんだよ。だから日本語で〝たんじょうびおめでとう〟って手紙に書いてくれないか？　さ、入って」

……露骨すぎる手口はよく考えたものである。インド生まれの架空人物、アレックス召喚もまるで効果がない。

「やぁフレンド！　俺を覚えてるだろ？　ボブマーリー・ブーメラン・ホテルで働いてるスタッフだ！　午後はこの仕事をしてるんだ、一緒に遊ぼう！　さ、ボートに乗って！」

……ボブマーリーにブーメランをぶっ込むとは大胆な、中二病みたいな名前のホテルだ。名付け親はおそらくゲーマーなのだろう。

その名のホテルが実在するのは知っているが、私がそこに泊まった覚えはない。以降、別の人間もまったく同じ内容で誘い出していた。もう笑うしかない。

お誘いをいなし続け、ナイル川を横目にそそくさとルクソールを脱出。列車でエジプト南端の町であるアスワンへ南下した。

片道3時間の列車の運賃は、たったの32ポンドだった。日本円で約１８０円なのだが、これは渋谷から15分の武蔵小杉よりも安い。とにかく、申し訳ない気持ちになるほど物

私だけファーストクラス

価安であるこの国の未来を案じてしまう。
　さて、アスワンは、世界遺産が創立されたきっかけになったといわれる巨大な遺跡、アブ・シンベル神殿への観光拠点だ。だが、クレオパトラさんには申し訳ないが、それに目もくれない私はすぐにスーダンへ向かう。
　バスの出発は朝5時と聞いていたものの、8時になってようやくエンジンを掛け出すという安定の遅延。何のために早起きしたのか分からないが、それでも出発してくれるだけありがたいと思えてきた自分は、すでにアフリカ色に染まってきているのだろう。
　乗客は祖国へ帰るスーダン人がほとんどだと思われ、彼らの荷物がとにかくすごい。一人につきキャリーバックが二個に、それから家具や洗濯機といった大型家電を持ち込んでいた。どうやらスーダンよりもエジプトのほうが安く手に入るようだ。この積み込みに時間がかかり、トランクに入りきらず車内にまで及んだ荷物の姿は、むしろ引越し便である。

こうして10日間のエジプト旅は、おおよそ穏やかに終わりを迎える、はずがない。チケットに書かれた自分の座席に向かうと、信じられない光景に目を疑った。同時に恐怖すら覚えた。

他のどの席を見渡しても、私の席だけが、ＶＩＰ席なのである。私の席だけが、クッションが崩壊し、鉄骨の部分が露わになっているファーストクラスだったのだ。これはもしかして、古代エジプトに興味がなさすぎた私に対してのファラオの呪いといったところか？

ありがたく受け取っておきますよ、クレオパトラさん。あー怖い！

歯の治療から始まったエジプトは、ケツの痛みで終わるのである。

3　スーダンの楽しみかた

「一泊だな？　ではパスポートを見せてくれ。……ふむ、ありがとう。え〜っと、キミは中国人かな？」

……私のパスポートを手に握りしめたまま、真顔で中国人かと尋ねる怪奇現象は、これまで一度や二度ではない。試しに「そうです」と答えてみる私の意地の悪さはさておき、彼はそうかそうかと私のパスポートを覗きながら、宿帳の国籍欄に「ＪＡＰＡ

N」と書き、「中国のどこだ？ 上海か？」と話を続ける神秘は、長い旅の中でも印象深いチェックインだ。

案内されたのは８人部屋。半年くらい洗ってなさそうなシーツが敷かれたベッドだけの、埃っぽい部屋だった。

スーダンへ入国した私は、国境の町ワジハルファで一泊した。この町の宿はどこも絶望的に汚いという情報が散見されるが、言うほどでもなく、むしろ物足りなく感じてしまう。この感覚も、旅の長さを物語っている。

ところが、次に向かったアブリという町の宿は、私の心を掴んだ。一泊の料金が今までの最安記録を更新。なんと20ポンド、約１２０円だ。もはやタダではないか。まず、日本の自販機のジュースよりも安い部屋には熱がこもり、シーツは推定1年くらい洗っていないであろう上物が使用され、チャバネゴキブリが私のベッドの横断に成功。トイレは壊滅的で、おそらく世界的にも未発見の種類の虫がたむろっており、小さな子供には絶対に見せてはいけないトラウマ級の汚さ。

その光景は一周回って、むしろ神々しく見えてくるから不思議だ。

それゆえに宿泊者はトイレがあるにもかかわらず、外に出て放尿するのである。また、夜になっても室温は変わらず、我慢ならない宿泊者は一斉に外にベッドを並べ、霞んだ星空の下で眠るのだ。

こうなるともはや、彼らが宿に泊まる意味を問うてしまう。ベッド代としての１２０円といったところだろうか。

室内は暑すぎるがゆえに睡眠時間は2時間ほどだったが、経験は財産だ。

ところで、スーダンは観光資源に乏しい。豪勢な遺跡が数多く鎮座するエジプトから来ると、その差は歴然。それに、南スーダンやチャドなどの国境付近では情勢が不安定である上に、外国の旅行者はこの国に3日以上滞在する場合、外国人登録という面倒な手続きが必要で金もかかる。挙句にはスーダンに渡航歴がある場合は、アメリカに入国する際にビザの取得が必要になってしまうというおまけ付き。

これだけの悪条件が揃えば、そりゃ旅行者に避けられてしまうのも無理はない。しかし、人が来ない場所だからこそ、逆に魅力を感じるというものだ。

ワジハルファの現地人から、アブリは美しいぞと聞いていたが、確かに町はゴミだらけで絶景だった。見どころはなく、あるのは現地の人の笑顔だけ。

そう、見るものは少ないけれど、人々の心が美しい。それがスーダンという国である。砂漠に覆われた過酷な環境下で生きるがゆえの、助け合いのもとで生まれる優しさだろうか。乾いた砂の無機質さとは対照的な、屈託のない純粋な微笑みに吸い込まれる。

たっぷりの砂糖と、そしてなんと生姜の入ったスーダンのコーヒーは、ツンッとした風味の中で優しい甘さに包まれ、この国を反映するかのような味わいだ。一杯20円という価格は、彼らからすれば決して安いものではないはずだが、どの町でもコーヒーのおもてなしを受けた。

温かな彼らとのコミュニケーション、そして、あまりお目にかかれない素敵な宿での滞在。これがスーダンという国の楽しみかたである。

一泊120円

カリマという町の宿は一泊25ポンド、約150円であり、日本のペットボトルジュースと同価でも費用対効果に優れていた。なんと部屋の窓が根こそぎ撤去され、つまり吹き抜けのVIPルームなのだ。開放的で心地良く、アリも自由に出入りできる親切設計。

だが残念ながら訪れたのは蚊ではなく、アリの団体で、私の体をトレッキングし始めたために睡眠時間はまたも2時間ほど。でも、経験は財産だ。

順調にスーダンを南下し、エチオピアとの国境へ向かっているときだった。5人を乗せたミニバンが、突然弱々しく止まった。ガス欠だ。ポリタンクを抱えた運転手は、対向車をヒッチハイクして消えた。

砂漠に覆われていたこの国も、南部は草木が生き生きと茂っている。やはり、人間は緑を見ると心に余裕が生まれるのか、運転手の不手際があってもイライラしない。

しかし同乗者の彼らの場合は、緑に関係なく、人間誰しも失敗はあるさ、といった寛大な心を持ち合わせているかのように、あるいはこういう事態は慣れているのか、平然と談笑を続けていた。

ガソリンを手にした運転手が戻り、乗客たちは油臭くなるのをものともせずに給油に手を貸す。ビタビタとこぼれ落ちる液体を私は絶対に触りたくないが、彼らの助け合いの心に胸を打たれるばかりだ。

最後までスーダンの人々の心の美しさを見届けながら、エチオピアへと歩を進めた。

そして、彼らから見習うべき寛容さを、この国ですぐに失うのだった。

4　なんも言えねぇエチオピア

「入国はこっちだ。付いて来い」

スーダンを出国したのち、定番の謎の人物登場。この手の者は大概、案内したんだから金をくれだの言い出すパターンがほとんどでろくな奴はいない。しかし、イミグレの場所が分からないのは事実で、なんとなく案内されずとも自分で向かっているかのように見せかけ、付いていく。これアフリカ旅の基本。

「両替は？　するだろ？　おい聞け、祝日で銀行は休みだ、今ここでやっておかないと両替はできないぞ」

難なく入国は果たしたものの、先ほどの男が待ち伏せていた。祝日？　両替を今？　露骨なワードだ。どうせ高いレートでハメようとしているのだ。

「聞いてくれ、エチオピアは悪い奴がたくさんいるが、俺は違う！」

男はいきんだ。

旅人のあいだでは二度と行きたくない国として悪名高いエチオピア。とにかく金にがめつい連中だらけのようで、私はそれを早くも目の当たりにしているらしい。興味深いのは、我が国の人間は一筋縄ではいかないということを、この男も自認している点である。

しかし、彼は立て続けにその悪い奴らの手口などについて話し始め、ついには「ゴンダール行きのバスは80ブルだ、もし１００ブル以上請求されたら殴ってやれ！」と、これから向かう町へのバス運賃の相場を、紙にまで書いてくれたのだ。

そして、トゥクトゥクを呼び止め、私をバス乗り場まで送り届けた。

「俺は日本人が好きだ。気をつけて楽しんでくれよマイフレンド！」

白い歯がまぶしかった。

どうやら善良の固まりのような男だった。なんだか申し訳ない気持ちに駆られるものの、でもそれくらいでないと異国の地、とくにアフリカでは自分を守れない。

「ゴンダールは２５０ブルだ」

バスの兄ちゃんは目をギラつかせた。

…やっぱり、前途多難な国なのかもしれない。しかし、そんな行きすぎた言い値も今は屁でもない。

さぁ、歯を食いしばれお兄さん。私は拳を握り、構え、これが目に入らぬかと言わんばかりの右ストレートで、あのジェントルマンが書いた紙を見せつけ、バスに乗り込んだ。

車窓からは人々が十字架に火を放つ様子が各地で見られた。これはマスカル祭と呼ばれるキリスト教のお祭りらしく、祝日というのも本当だった。

これまで訪れた北アフリカ諸国のすべてがイスラム教の国であるのに対し、エチオピアは国民の6割以上がキリスト教で、その中でも大多数がエチオピア正教会の信徒である。教会を通り過ぎる際には十字を切る人の姿もあり、敬虔な信者も多いようだ。

ゴンダールへ到着するやいなや、宿の客引きの男が現れた。それに目もくれずに目星をつけていたホテルへ向かうも、祝日とあってかどこも満室だ。

仕方なく、しつこくあとを付けていた客引きに妥協して入ったホテルは、Wi-Fiもホットシャワーも、1時間後には使えるようになるとは言う。しかし、それ以前に洗面所の水すらも出ない。そんな怪しさ満載の部屋だったが、仕方がない。

夕食のため外に出ると、私を待ち伏せていたかのようにさっきの客引きと、また別の男二人がたむろっていた。この三人は案の定、慣れ慣れしく私に付きまとい、この町やお祭りのことなどを勝手にレクチャーし始める。

暇なだけだという彼らには、「断じて金銭のやり取りはない」と念を押し、近くにあった食堂へと入っていった。

〝なるほど、これが噂の……〟

適当に頼んで目の前に出されたのは、10年くらい洗っていないランチョンマットの上に載せられた犬のエサ、かと思いきや、これがかの有名なインジェラというエチオピアの国民食なのだ。

「見た目は雑巾、味はゲロ」とまで評される、世界でも五つ星の最底辺クラスの食べ物らしい。

しかしながらエチオピア国民にとってインジェラは、我々からするとお米に当たるわけで、雑巾だとかゲロだなんて言うのは彼らに対して至極失礼だろう。

私は食べ物に関しては敬意を払う人間だと、自分で信じており、その物言いは聞き逃せない。リスペクトの心を持つべきだ。それでは実際にお味を見ていこう。

……ふむ。はいはい。なるほど。くっそマズいわ。

「ゲロ」って表現した奴に雑巾じゃなくて座布団３００枚あげたい。何でこんなの食えんの？　マジで意味わかんない。とは言いすぎだが、具は美味なのだ。

この見るだけで体がかゆくなる汚いランチョンマットのような神秘的な物体こそが、すべての原因である。ブニッとしたすっぱいクレープといった感じで、これはテフという穀物を発酵させて作る際に出る酸味であり、腐っているわけではない。

アフリカで唯一植民地化されていないエチオピアでも、数年間だけイタリアの支配下に置かれていた。おそらくその影響から「チャヤオ」と挨拶されることもあり、ピザやパ

インジェラ

スタなどもよく食べられる。しかしながらパスタも、このインジェラに包まれて提供されてしまうのである。

ところで、悪戦苦闘しながら完食を目指す私を男たちは揃って眺めていたが、遂に「見ていたらお腹がすいてきた、俺らにご馳走してくれないか？　解説もしたし」などとボヤき始めた。

〝やっぱりね〟といった展開で、むしろそういった発言を若干待っていた節のある自分も、腹黒いのかもしれない。「いやだ」と一言。

すると男の一人がしびれを切らしたのか、私のリュックをまさぐるという暴挙に出た。むしろこれが狙いだったのか？

この不愉快な男三人のうち、一人は私が泊まったホテルのスタッフだった。彼によると、あの客引きは私と同じく宿泊客らしい。紹介料でも受け取っているのだろう。一方で窃盗未遂の男はまた別のホテルの従業員だというから唖然とした。

　どういう関係でグループになったのかは分からないが、初日にしてこんな変事のあるエチオピア。前途多難である。

「フレンド、言い忘れたが朝食は別料金なんだ」〝……詐欺じゃねぇか〟

「150ブルでグッドなインジェラだ、どうだ?」〝……タダでもいらないし、店では50ブルで食べれる〟

「フレンド、室内での洗濯は禁止なんだ、100ブルで俺が洗ってやろう」〝……そもそも未だに水が出ないいんだが〟

「え? チェックアウト? 宿帳には二泊すると書いてあるぞ?」〝……。〟

　これはその後のスタッフとの一連のやり取りである。病的なまでの金への強欲さは、ある意味で尊敬に値する。その活力をどこか他のまっとうな場面で使うことはできないのだろうか。もうなんも言えねぇ。

5　ニワトリばあさんの土産

「ニワトリばあさん」は内部に溜め込んでいたもの、まるで鬱憤や邪気などといった負の要素すらも、全部出し切ったと言わんばかりの晴れやかな表情だ。

　それに比べ、細かい草と土が服のあちこちにへばりついた背中から、哀愁が、いや異臭が漂う隣の男性は放心状態にある。御愁傷様としか言いようがない。

バハルダールへ向かうミニバンは、元気なニワトリを片手に途中乗車した一人のばあさんによって、一時騒乱と化した。乗車率は１５０％ほど。明らかに座席ではない場所に座る人々の姿は、もう見慣れた。

ばあさんは前列に座り、相棒のニワトリを後部の私の足元に断りもなく、躊躇なく放り投げた。

〝……なにか一言くらいないのか？〟

靴の上にでも脱糞されたら窓から逃してしまおう。そんな妄想をしつつ、ミニバンはクネクネと山道を進んでいった。そのときだった。

「うぷッ。ちょぉぉおおぼぉぉー!!!」

なんの前触れもなく開催されたニワトリばあさんのゲロという名の大還元セール。車内に響き渡る悲鳴と充満する腐臭。ばあさんは隣の男性をまたいでドア側に放流するという、微かな気遣いを見せたものの、どこに放とうが車内であることに変わりはない。悲惨なのは男性だ。

「止めてくれぇ!!」

右半身を被災した彼は、この世の終わりかのように――あるいは終わったほうがマシなほどに――むせび泣きながら車から飛び出し、奇跡的にも目の前にあった商店に駆け込もうとするが、勢いあまって転倒。

雨に濡れた地面を転がる姿は、まるで服についた火を消すかのような地獄絵図であった。しかし、彼の場合は火だるまではなく、ゲロだるまなのである。

未消化のインジェラとおぼしき破片を目にしてしまった私も、十分に被害者だ。ばあさんの座席の下には私のバックパックが収納されていたものの、幸いにして惨事は免れたようだ。もしも荷物の上に丸ごとテポドンを投下された場合、損害賠償どころでは済まない。

ばあさんはというと、スッキリした顔でそのへんに生えていた謎の草をむしりとり、ハツラツと自分の産物の清掃に取り掛かっていた。そしてニワトリはというと、よっぽど腹が減っていたのか、ご主人様の汚物をせっせとついばんでいた。このニワトリはばあさんの晩御飯になるのだろうが、その晩御飯となるニワトリが、あなたの内部から出てきたものをついばんでいるという奇天烈な姿は、大変興味深い食のサイクルである。

しかしながら、ニワトリさんにとっての最後の晩餐が、ご主人様の身から出た未消化のインジェラだとしたら……アーメン。

そんな未曾有の大惨事を経て辿り着いたバハルダール。

ナイル川の支流である青ナイル川、その源流に位置するこの町で泊まった宿も、気が休まることはなかった。ネット環境が悪いエチオピアで、「グッドスピードなWi-Fi付きだぞ！」として決めたＮＧＧという名のホテル。しかし夕方になると、３分の動画を見るのに夜が明けそうな、天体の動きよりも遅い回線だった。

あとで分かったが、ここはホテル予約サイトにも掲載されており、評価は10点満点中の５点と低い水準であった。それも納得だ。

ベッドは小綺麗で及第点ではあるものの、夜になるとWi-Fiがないに等しいどころか、室内はなぜかチーズの匂いが漂い始めるという不可解な現象があり落ち着かない。

それに、片方の電池が抜かれた内臓むき出しのテレビのリモコンが、椅子の上に無造作にうつ伏せに倒れてあったのが気になった。

「ざんねーん！　これは使えません。チャンネルはテレビ本体で替えてね」といった無言のメッセージだろうか。

これで、よく堂々と予約サイトに載せられるものだ。評価など一切気にしないのだろうか。そもそもホテル名のNGGとは自虐なのか？　宿泊NGのホテルである。
・夜はインターネットが使えずイヤな気持ちになった。
・夜はチーズの匂いがしてきて怖くなった。
・部屋に入るなり哀れなリモコンの姿を見てイヤな気持ちになった。
サイトで予約していたらこんな具合で辛口評価を叩き込むだろう、とボヤきながら用を足そうとすると、また唖然とした。

「ざんねーん！」と言わんばかりに、便座の半分が失われた挑発的なトイレだった。でもこれはある意味で、便座の上げ下げが不要で大小どちらも……いや、厳しい。

おそらく、廃業するまで交換されることはないのだろう。
・便座が半分で用を足しづらく、イヤな気持ちになった。
電池も半分、便座も半分、室内はチーズの匂いという不可解な部屋だったが、ようやく気づいた。明らかに強くなっているチーズ臭、その原因はなんと私のバックパックにあると……。よく見ると不吉な液体が付着していたのだ。
ここまであとを引くとは、恐るべし、ニワトリばあさん!!

半分の便座

足元に放たれたニワトリ。
目の前の何かを椅子にして座るのが被災した男性。左の水玉の服がばあさん。

6　また会う日まで。

「チンチョンチャン」「ヒーハーヒーハーッ」

……何とでも言うがいい。俺は日本人だ、なんて言い返す気力はもうない。

アジア人への差別、侮辱とされるそれらの言葉。中国語を真似てできたといわれ、子供や若者から、いい年をしたオッサンからも道を歩けば飛んでくる。ケニアとの国境の町モヤレ。エチオピアの最後の最後まで「口撃」は途絶えることはなかった。

忌まわしい言葉はこの国のみならず、世界中で言い方や音程を変えて存在するものの、石を投げ付けられたのはエチオピアが初めてだ。5歳くらいの子でさえ小馬鹿にしてくるこの国の大人たちは、一体どんな教育をしているのか、受けているのか。

ただ「教育が足りないから」では片付けられない、何か遺伝子レベルでの違いがあるのではないかと疑うほどだ。

もちろんその言葉を「よぉ外人！」てな具合の挨拶として、深い意味もなく使う人もいるだろうし、そもそも意味を知らない人もいるかもしれない。しかし、すれ違いざまに吐き捨てたり、変顔でケラケラ笑い飛ばしたりする様はこの限りではない。反撃を恐れているのか、離れたところから、複数人だったり、車などから浴びせられたりすることが多かった。

アディスアベバへ向かうバスでは、前列に座っていた少年が後部にいた私に気づき、「チーンチョーン」と歌い出し、大勢の大人が笑い出したときはさすがに侘しくなった。

「楽しんでもらえて嬉しいです」なんてポジティブさは私は持ち合わせていない。

本来は中国人に対するものだと思われるが、彼らは日本人と中国人の区別が付かず、アジア人顔の人間＝中国人という方程式が成り立っているので、つまり真の被害者と言えるのは中国人の方々ではなく我々日本人である。

もっとも、それらの言葉に対して過敏に反応してしまう自分の器の小ささにも、問題があるのだろうが…。

とにかくほとほと疲れる国だ。もう来ることはないだろう。

一刻の旅行者、というよりは通過者であり、国の上部しか見ていない人間が言うのも失礼なのかもしれないが、それが率直な感想だ。

しかしながら、エチオピアはアフリカではほとんど唯一の独自の言語を持ち、周辺国が似たような料理ばかりなのに対し、丸っきり違った食べ物があって、それに13月まであるという独自の暦や時刻まで存在する特異な文化を持つ。世界規模で見ても異質で強烈なインパクトを味わうことはできた。

モヤレでのエチオピア最後の食事はもちろん、インジェラ！　抜きのスパゲティ。

この国の旅の知識として押さえておきたいのが、「サビ抜きで！」って感じでインジェラは勘弁して下さいと伝えると、店にもよるが代わりにパンが提供されることである。

コーヒー発祥の地とされるエチオピアでも、ミントを入れて飲むのは、南部の風習だろうか。最後の一杯は現地の人がご馳走してくれた。忘れてはいけないのが、当然親切な人もたくさんいるということだ。

そしてアフリカの中でも、とりわけ美人が多いという点も見逃せない。

さようなら、また会う日まで。

アフリカにあってアフリカではない、エチオピア。この国のカオス感は終わってみれば、恋しくなるのかもしれない……。インドのように。

7　コリオリの力——赤道（ナニュキ）

蚊によって媒介されるマラリア。感染すると死に至るケースもある注意すべき病で、世界でもマラリアによる死者のなんと90%が、ここサハラ砂漠以南に集中している。絶対に刺されてはいけないと、宿泊部屋では日本から持参していたおすだけベープを、一日一回でいいらしいのだが、その3倍に当たる3プッシュで完璧なる防護施設へと変貌させた。

ケニアの強そうな蚊にも効果はてきめんで、バッサバッサと撃墜されてゆく光景にはニヤニヤが止まらない。ジャパンテクノロジーには毎度のこと脱帽だ。

しかしながら、用を足している最中に2発刺されるという脇の甘さで——しかもおでこに——自己嫌悪に陥った。脱帽からの絶望で感染に怯えながらも、引き続き南へ、南へ。

ところで、エチオピアとケニアに接するソマリアは、アフリカ大陸最東端の国だ。アフリカの角《つの》とも呼ばれるこの国は、内戦により20年以上続いた無政府状態、また依然としてイスラム過激派によるテロが頻発しており、その治安は言わずもがな。それでも一応観光は可能だ。高額なツアーガイドと、ライフルを片手にした護衛を雇えば。

東の最果て、その名もハーフーン岬。そこへ悠々と単独で行くことができる日は、果たして来るのか。そこから眺めるアラビア海はどんな景色が広がっているのだろうか。

そんなことを思いながら、流れゆく殺風景な景色を眺めていた。

すると、さすがは動物王国ケニア。インパラと猿、それにダチョウがバスと並走する姿を見てただならぬ感動を覚えた。これだ。移動中に野生動物を見れちゃうお得感。

アフリカと言えばサバンナを駆ける動物たち。でも、わざわざ高い金を払って動物を見に行くこと、いわゆるサファリツアーにはまったく惹かれない。それは私にとって富士サファリパークに行くのとなんら変わらないからだ。

予期せずタダで見れちゃったときのお得感と感動に勝るものはない。これは私が大のツアー嫌いであることも大きいが、ウサギやハムスターなどの小動物好きということもあり、だからアフリカの野生動物ではなく八ヶ岳ウェスタン牧場にいる動物で十分に満足できるし、なんならサバンナの動物じゃなくてペットショップの動物で十分なのである。

乾燥した大地の中で動物と、そして名も知れぬ民族が村を練り歩く素朴な景色が続いた。この愉快な道は、今や綺麗に舗装され警察による検問も敷かれていて緊張感は皆無だが、まだほんの数年前までは絶望的な悪路で、頻繁に強盗にも出くわす危険な道だったようだ。こうした経緯から、通過してきたモヤレの国境はかつて「絶対に越えてはならない国境」としてガイドブックに掲載されていたほどだ。

そして今まさに向かっている首都ナイロビは、アフリカでも有数の凶悪都市として知られており、とにかく情報を集めれば集めるほど怖くなってしまう。ケニアに入った途端に店やホテルの受付には鉄柵が備えられているのも、治安面からに違いない。

「夜は絶対に出歩くな」

ナイロビの宿へ着くなり宿主に念を押された。やはりそういうことらしい。

宿の扉は重厚な鉄の門戸で、夜通し警備が敷かれている。昼間に町を歩く分にはとくに問題はない気がするものの、薄暗い裏路地を覗くと、「……これマジだ」と自分の本能の声が聞こえてくるほど邪悪な雰囲気が漂っている。

しかし、その治安面に反して、ケニア人の人の良さには癒された。エチオピアの反動が大きいことは言うまでもないが、あの不愉快なからかいの言葉もなくなり、東アフリカ最大の経済国としての風格をも漂わせている。

公用語はスワヒリ語と英語であり、意思疎通も容易だ。現地人同士の会話ではその二つの言語が混じりあっていてなんだか面白い。

そんなケニアで楽しみにしていたのが、実はナイロビよりも前に訪れていたナニュキという町にあった。

地球の真ん中、そう、赤道だ。

東アフリカではお隣ウガンダで赤道を跨ぐ旅人が多く、そちらにはどうやら立派なモニュメントがあるらしい。なのでこちらケニア側も期待したのだが、道路標識のごとく道の脇に看板が置かれているだけだった。でも、このうっかり通り過ぎちゃうような売り込んでいない感じと、手書き感満載の看板がまた味があって良い。

一応は土産屋も並んでおり、あの赤道ならではのパフォーマンスもあった。

地球の自転によって生じる見かけ上の力、「コリオリの力」。簡単に言えば、台風の渦が北半球では反時計回りになり、南半球では時計回りになるという現象で、それが水流でも同じことが起きるとして、水を張った小さな桶で実演するものだ。欧米人のツアー団体が訪れるなり、その実演を見て「お〜、アメイジング！」と感動していた。しかしながら、コリオリの力はこんな小さな桶に影響することはない。それを知ってしまっていた私は、その光景を冷ややかな目で見ていた。つまるところ、実演者自身が渦を作るインチキパフォーマンスなのだ。

他にも赤道上では重力の関係で卵が立つとあるが、東京の実家でさえ頑張れば立たせられるし、また、赤道上では目をつむりながらまっすぐ歩くことはできないというが、実はどこにいようが人間は目隠しされたら直進することはできないのである。

さて、あの「インドなんて二度と行くか！　ボケ‼」の著者である、さくら剛さんは、このナニュキの赤道で反復横跳びをされたそうだ。それにならい私も「ハイッハイッハイッハイーッ！」ってな具合で反復横跳びを実演するが、その滑稽な姿を欧米人や赤道

赤道　ナニュキ　到達 2017 年 10 月 8 日
看板の下にあるのはパフォーマンス用の桶

パフォーマーたちに冷ややかな目で見られたところで、そそくさとナイロビを経てタンザニアへ向かうのであった。

8　アナザーワールド、ザンジバル

タンザニアにあってタンザニアではない一つの国、ザンジバル。

「ジャンボ！」「マンボ！」「カリブ！」

この小気味よい響きのスワヒリ語は、どれも挨拶のフレーズに使われる言葉で、町を歩けば人々は気さくに声をかけてくれる。

タンザニア本土から船で3時間ほど。インド洋に浮かぶ小さな島に入ると今度は「アッサラームアレイクム」と、イスラム教の挨拶も飛び交う。これがアフリカ随一のリゾート地といわれるザンジバル諸島だ。

今まで一体いくつものリゾート地を見てき

たか。初めは興味も関心もなかったが、蓋を開けてみれば、こんなに不思議な島は世界でもまれだと思う。

現在ではタンザニアの一部となっているザンジバルは、かつては独立した国家であったため、今でもそのまま自治権が認められている。従って入島の際には、パスポートの提示も入国カードも必要で、まさに別の国と言えるのだ。

ポルトガルにオマーン、そしてイギリスに支配されてきた経緯から、ヨーロッパとアラブの文化がミックスされ、アフリカにありながら独特な世界観を醸し出している。その入り混じった文化の影響で、アフリカではめずらしい三階建て以上の石造りの建築物が連なる旧市街地は、ストーン・タウンと呼ばれ、その特異な歴史的景観から世界遺産に登録されている。

アラビア語や英語などの単語が多く取り入れられているスワヒリ語は、ここザンジバルが発祥ともいわれている。

キリスト教とイスラム教、そして伝統宗教の人々で構成されるタンザニア本土に対し、ザンジバルではほぼ１００％がイスラム教だ。街はアザーンが響く中でヒジャブを被った女性たちが談笑し、色鮮やかなマントをまとったマサイ族が闊歩する。

これだけも奇異な光景だが、さらにどこか見覚えのある自転車が頻繁に行き来していた。まさしく日本のママチャリである。日本で撤去された自転車は、防犯登録のシールもそのまま世界各国でたまに見かけるものの、これほどまでに多く行き交っている風景は初めてだ。

大通りには「幼稚園」や「スイミングクラブ」と書かれた、平成初期に使われたような日本の小型バスが走りまくっているから思わず噴き出してしまう。

料理はザンジバル独自のものもあり、イギリスの植民地繋がりでインド人も多く、カレーやビリヤニ、サモサなども広く食べられている。こんなにも国際色豊かであり、かつ民族色をも併せ持った島が他にあるだろうか。

治安面も良好で、たった数十㎞しか離れていないタンザニアの事実上の首都、ダルエスサラームとは雲泥の差だ。ナイロビと並ぶ、アフリカ有数の凶悪都市であるダルエスサラームは、首からカメラを下げて歩くことはまずできない。実際に私の滞在中に、韓国人の旅行者がもれなく強盗に遭っている。私が宿のスタッフに、ザンジバルへの船のチケットを買いに行くことを伝えたら、真意は不明だが真顔で「Good Luck（幸運を祈る）」と返されたほどだ。

それに対してザンジバルは、安心感と、真っ白な砂浜から水平線へ向かって何層もの青によって形成される美しい海に包まれた、イスラムの楽園。街では様々な人種の人々が日本のママチャリを走らせ、場違いな日本の中古車に揺られ、アラビックな旧市街を練り歩く。

夕刻時には海に大勢の島っ子が集まり、真っ赤な夕日に照らされ黒光りするたくましい体が、ビーチに乱舞する。その光景を眺めながら、ココナッツジュースを片手に大人たちが穏やかに語り合う。

優しくてポレポレ（ゆっくり）した、カオスで摩訶不思議なアフリカのアナザーワー

日本の車を見ているだけでも楽しい

ルド、ザンジバル。

長らく旅を続けていると、果てというテーマ以外での観光意欲はまるで失われていたものの、ここまで心を動かされるとは、まだまだ私の知らない世界は、散らばっている。

「アサンテ、トゥタオナナ（ありがとう、また会う日まで）」

平和な場所から、また少々危険な場所へ戻るのは億劫だけど、まぁ、いつも通り〝ハクナマタータ（なんとかなるさ）〟

9　今とあのころの私――南回帰線（レホボス近郊）

休憩のために停車したバスに、待ち構えていた物売りが集まってくる。バナナやマンゴーなどをバケツに抱え、みんな買ってもらおうと必死だ。

場所によって売りものは様々で、ビニール袋に入れられた油ギトギトのフライドポテトやソーセージといった軽食から、果たしてこのタイミングで需要はあるのか腕時計や爪切りにサングラスといった雑貨まで、実にバラエティ豊かだ。あるときは玉ねぎを売る者たちもいた。その場で食べられるものが欲しいのが、長距離バスの乗客の心理ではないだろうか。今そんなものを買う人なんているはずがない。だが、隣に座るおばさんは私に言った。「ちょっとあなた、玉ねぎ欲しいから呼んでくれる？」……世界は広い。

窓から手を挙げると、もの凄い形相で我先にと車窓に群がり、遂にはこいつは俺の客だと言わんばかりに売人同士で小競り合いが始まるから少々滑稽である。

それにしても隣のおばさん、買った玉ねぎの量が思いのほか多かったらしく、私の拒否権を退け強制的に五つも与えてくるという奇々怪々な行動に出た。私のリュックを我が物顔で強引に開き、ゴロゴロと投入していく様には恐怖すら覚える。

海外ではスリに気をつけなければならないが、これはスリの逆で新手の犯罪だろう。マジでいらない。

インド洋に面したタンザニアから、町が徐々に近代化していく姿を眺めながら一気にザンビアを横断し、大西洋へ抜けナミビアへと踏み入れた。

動物がひしめく一大サファリスポットや世界で最も美しいといわれている個性的な民族、グランドキャニオンに次ぐ世界で二番目とされる規模を誇る渓谷、そして世界最古の砂漠とされるナミブ砂漠と、魂をも揺さぶる大自然が旅人を惹きつけるナミビア。この魅力に溢れた国で、私が唯一、絶対に行きたかった場所、それが南回帰線だ。

首都のウィントフックからレホボスという町まではミニバスで行けるが、南回帰線はその先さらに20㎞。周りに何もない場所に位置しており、ヒッチハイクで向かうしかない。しかし、車を停めるのは簡単だ。ナミビアは交通網が貧弱なせいかヒッチハイクは一般的なのだ。ただし、基本的にドライバーとの交渉制で有料ヒッチハイクとなる。乗せるほうは小遣い稼ぎになるというわけ。

「……こんなところでキミ、何するの？」

物好きな人間がいるもんだ、そんな表情で乗せてくれた男性は、赤土と地平線に囲まれた殺風景な場所で私を降ろした。

道路が一本貫いているだけのその場所には、ポツンと「TROPIC OF CAPRICORN」と書かれた看板が、頼むから俺に気づいてくれと言わんばかりに立ち尽くしていた。

冬至の日に太陽が真上にくる地点、かつ熱帯地域と四季のある温帯地域の境界となる南回帰線。これをただ、跨ぎたかっただけだ。

私にとって南回帰線には思い入れがある。この緯線は他にも南米や、そしてインド洋を越えオーストラリアをも貫いている。そう、もう約４年も前、オーストラリアの東西でも跨いでいた。

南回帰線　レホボス近郊

あのころのお前は夢にも思わなかっただろう、アフリカで同じ線上で反復横跳びを繰り出すことなど。

「うりゃりゃりゃい！」

はたから見れば滑稽な姿だが、大丈夫。私を見ているのは鳥だけだ。

よし、満足。帰る。

アホは何年経っても治りそうにない。

10　異議あり！
――アフリカ大陸最南端

バスを降りると、ひんやりとした空気に包まれた。周りには洗練されたモダンな建物と高層ビルが整然と並んでいる。私の知っている素朴なアフリカの姿はもう、ここにはない。

コンクリートジャングルの背後には、圧倒的な存在感のテーブルマウンテンがどっしりと構え、街を見守っている。

……でも、できれば神様、いや、警察に見守られたい。

カランカランと、風に押された空き缶の転がる音が響く。中心街を少し外れると、日曜とあってか昼間でも人はまばら。目につくのは至るところでゴミを漁る人たち。大きな荷物を抱えてえっちらおっちら歩いていく私に、彼らはチラチラと視線を向けてくる。目が合えば、ニヤ～っとする気がするからゾッとする。その表情は色んな意味で歓迎されているかのよう。

「ようこそ、光と闇のケープタウンへ」と。

とびっきりに美しい港湾都市はその反面、ひと気のない場所では「一人で行動するな」と促す看板もあるほど治安が悪いのだ。

ダイビングヘッドでなんとか宿へ飛び込み、ほっとした。だがその矢先のことだった。

「おい、なぜ日本人はクジラを食べるんだ？　なぁ、教えてくれよ」

同室のコンゴ人の男が、挨拶もそこそこに問うてきたのだ。

「日本は年間数百頭のクジラを殺している。なぜだ？　どうしてそんなことができるんだ!?」

やっと日本人に直接聞くことができる、とばかりに勝手にヒートアップし始める男。これに対し「文化だ」としか言えない私も情けない気がした。それにしても彼は牛も豚も食べるそうで、牛が神聖な生き物とされるヒンドゥー教のインド人や、豚を食べないイスラム教の人にもし同じことを問われたらどう答えるのか。

「牛と豚は家畜だから良いんだ」と彼は即答した。

野生は可哀想だからダメだと言いたいのだろうか。異議ありまくりだが、おそらく固定観念にとらわれすぎているこの男とは、どんな議論をしようとも無意味だと思った。そもそも、たとえ理解しがたい文化があったとしても、一国民に感情的に食ってかかるなど論外だろう。この件で彼とギスギスし、あっという間に宿の居心地が悪くなったのは言うまでもない。

鬱憤を晴らすかのように私は、寿司屋へ駆け込んでいた。そう、ついに縦断の最後の国、南アフリカへと辿り着いた私は、蓄積したストレスのあまり、すぐさま帰国した……のではない。

ケープタウンでは寿司がよく食べられるのだ。沖合で獲れるマグロは日本へも送られている。数多くある店の中には、食べ放題の回転寿司まで存在する。まったく、ここでクジラのネタでもあればあのコンゴ人を誘いたかったのだが、豊富に見えたメニューのうち、魚介はマグロとサーモンとエビだけだった。

選んだ店が失敗だったと思う。あとはアボカドやエビフライにマヨネーズをかけてみたり海苔で巻いてみたり、マヨネーズを混ぜてみたり、遊んでんの？といった具合だった。

味はそこまで悪くはない。でも、ひと皿で腹二分目といったシャリの密度だった。寿司の握りというよりは握り飯だ。

ストレスは減るばかりか微増した気もしなくはないが、翌日、待ちわびた場所へと車を走らせた。アフリカ大陸最南端だ。

ケープタウンからは２３０㎞。公共交通機関はなく、レンタカーを使うのが一般的だ。異国の地で車を運転するのは気が引けるものだが、南アフリカにいたってはそうでもない。イギリスの植民地繋がりで公用語は英語、左側通行、先進的な都市。そして同緯度に位置するため爽やかな気候も、ワイン葡萄の畑と美しい海が広がる景色も似ている。そうだ、オーストラリアとそっくりなのだ。あのころの情景がカシャカシャと音を立てて脳裏の記憶を駆け巡る。

ケープタウンの50㎞南には、言わずと知れた喜望峰がある。１４８８年にポルトガルの航海者が発見した岬で、当初は嵐の岬と命名された。しかしのちにインドへの航路の発見を願い、喜望峰と改名。英語では「Cape of Good Hope」。直訳すると希望の岬だが、漢字ではなぜ〝喜〟の字が当てられたのかは不明で、岬ではなく〝峰〟が使われたのは単なる誤訳と考えられている。もしかしたら、テキトーな翻訳者の仕業かもしれない。その後、ヴァスコ・ダ・ガマによってインドへの航路が確立され、ポルトガルに栄華をもたらす。

名実ともに、欧州とアジアを結ぶ希望の岬となった場所だ。そんな喜望峰が、どういうわけかアフリカの最南端であると誤解されるらしい。当の喜望峰は「アフリカ大陸の最〝南西〟端」という強引とも言えるタイトルを掲げている。

これは異議あり！　国内の南西端であれば納得だが、大陸規模となるとガボンか、アンゴラ辺りではないかと私は考える。だがそもそも、アフリカ大陸の最南西端なんて、地形的に見て明らかにおこがましくはないだろうか。

もしも、喜望峰が「アフリカ大陸の最南南南南南西端」とか素直で控えめだったら、面白いから行ってみたと思う。

正真正銘の最南端はアグラス岬。同名の町アグラスに位置し、ひときわ目立つ赤と白の灯台から歩いて15分ほどだ。

周囲には高い木がなく開放的な景色が広がり、波の音だけが辺りを包み込んでいた。海岸一帯はゴツゴツとした岩場で連なり、ポルトガル語で「針」を意味するアグラスは、この尖った岩に由来しているとされるのが一つ。もう一つが、この近辺で磁北と真北が一致したという観測だ。コンパスの「針」が示す北が磁北、北極点を指す地図上のいわゆる北が真北。

地球の磁場は場所や時間によって変化するため、コンパスが示す北と地図上の北には若干のズレが生じる。しかし、15世紀ころはここで確かに一致していたとされ、当時の数々の著者もアグラス岬を「コンパスの岬」と書いていたという。

かつての航海者が舵を切っていた大海原を見ると、いくつもの白波が立っていた。そんな激しい波しぶきをものともしない、石造りの重厚な記念碑が、やがて姿を見せた。二つの海洋の狭間を背に、どんと構えている。それは、アフリカのすべてを背負っているかのように見えた。

この記念碑こそがアフリカ大陸の南の果てを示すもの。そしてここが、インド洋と大

アフリカ大陸最南端　アグラス岬　到達 2017 年 11 月 9 日

西洋が出合う場所。

この海の向こう、歴史的な航路を断ち切るようにまっすぐ進めば、南極大陸へぶつかるのだ。そこからやってくる風は、強烈で冷たい。冒険家たちがこの荒ぶる海に苦しめられている姿が目に浮かんだ。海岸周辺には、大航海時代のものを合わせ１５０あまりの難破船が眠っているという。

その一つが、西へ少し歩いた場所で哀愁を漂わせている。船名は Meisho Maru。そう、日本の船、マグロ漁船だ。１９８２年に座礁し、幸いにも全員が生き残ったという。

今や海鳥の休憩地と撮影スポットと化した鉄の塊は、船体の半分だけが残り、錆びついて朽ち果てた胴体は長い年月が刻まれたことをまざまざと見せつける。

こうして今日もまた、日が暮れて、月日を重ねていく。

橙色の空をまとった淡い夕日が、船体のシ

ルエットの向こうに沈んでゆく。その方角には、確かに、南米大陸が待っている。
アグラス岬はアフリカ旅の終わりであり、南米旅のはじまりだ。

◇コラム◇ 北回帰線

夏至の日に太陽が真上に来る北回帰線、または夏至線。

南回帰線と同じく、温帯地域と熱帯地域の境界線だ。ユーラシアにアフリカ、北米と、20もの国と地域を貫いている。

アフリカで北回帰線が通るモロッコ（西サハラ）とエジプトは訪れてはいるものの、その場所に看板やモニュメントなどは見られなかった。

下の写真は中国の仙頭市を通る北回帰線で、４つの柱が直径３ｍはある地球を支えた豪勢なモニュメントだ。

北回帰線は英語で「Tropic of Cancer」。日本語でも浸透しているトロピカル（tropical）という単語は本来、回帰線を意味するこの Tropic から来ており、言わずもがな南北の回帰線の間が熱帯地域であることに由来する。また Cancer は「かに座」を意味するが、これは遥か昔に西洋占星術が作られたころ、夏至の日の太陽がかに座の方向に位置していたことによる。

南回帰線（Tropic of Capricorn）も同じく、当時の冬至点が Capricorn（やぎ座）にあったことに由来している。

なお、現在の夏至点はふたご座の辺り、冬至点はいて座の辺りに来るようだ。

第6章　南米大陸を行く

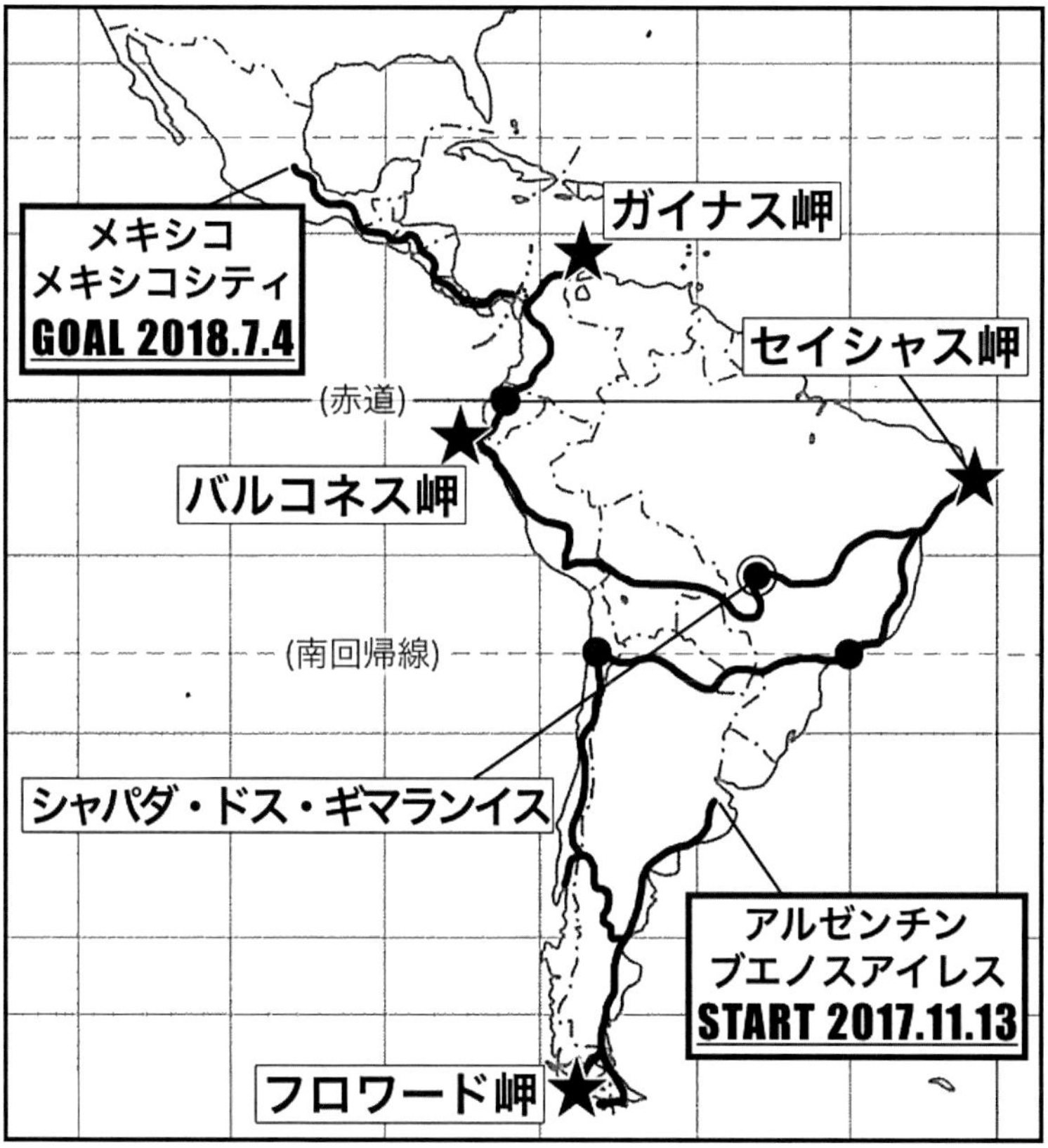
ガイナス岬
メキシコ
メキシコシティ
GOAL 2018.7.4
セイシャス岬
(赤道)
バルコネス岬
(南回帰線)
シャパダ・ドス・ギマランイス
アルゼンチン
ブエノスアイレス
START 2017.11.13
フロワード岬

1　世界の果てづくし

ケープタウンから南米アルゼンチンへトルコ経由で向かった。これはつまり、いったん北半球へ飛び、また南半球に戻るという壮大な空の旅であり、盛大なる飛行機の無駄遣いである。ただただ、チケットが安かったのだ。

しかし、トルコで乗り継ぎ、再び地球を南下していくときだった。思わぬサプライズが待っていた。

何気なくモニターで航路を眺めていると、チュニジアのアフリカ最北端、そしてセネガルのアフリカ最西端と、それぞれの先端のぴったり上空を飛んだのだ。これには運命を感じずにはいられなかった。これから私はアフリカ大陸の四端制覇に向け虎視眈々と、残ったアフリカ最東端、ソマリアの情勢に目を光らせるだろう。

だがそれにはまず、南米を生き抜くことだ。

夏とはいえ白い息が舞い上がり、南極から吹き荒れる風が身を縮ませた。首都のブエノスアイレスから、パタゴニア南部へバスで一気に3，000km南下。

太平洋と大西洋を結ぶマゼラン海峡を越え、丸2日かけて辿り着いたのが、世界最南端の都市、ウシュアイアだ。壮大な自然が広がる国立公園があり、また南極への観光拠点としての役割も果たしている。そして何よりも世界の果ての町となれば、誰しもが惹き寄せられてしまう場所だろう。

フエゴ島の南部に位置するウシュアイアは、アンデス山脈の先端部に当たる雪化粧をした山々を背に、静かに流れるビーグル水道に面して発展している。この水道は、のちに進化論を確立させることとなるダーウィンが地球一周で経由した航路であり、呼称は当時乗っていた船、ビーグル号に由来している。

かつては囚人の流刑地だったフエゴ島。当時の刑務所の人員や物資を運搬するためにつくられた鉄道は、現在では町の西のはずれにある国立公園で、「世界の果て鉄道」として観光用に使われている。このティエラ・デル・フエゴ国立公園には他にも「世界の果て郵便局」なるものが桟橋に建てられており、そこから届く手紙を手にする人は喜びもひとしおに違いない。ただし、ここは世界で最も南に位置する郵便局ではないということは断っておきたい。

国立公園内の道はやがて行き場をなくし、のどかな入り江に突き当たる。そこに立つ看板には、「国道3号線の終点」とあった。

ブエノスアイレスからの距離と、「アラスカ１７，８４８km」とも表記されているが、これはパンアメリカンハイウェイと呼ばれる南北アメリカ大陸の国々を結ぶ道路網のことだ。ただ、それは一本の道として計画的につくられたわけではなく、あくまでも各国の既存の幹線道路を繋いだもの。

中米パナマとコロンビア間で道は途切れているばかりか、このフエゴ島でさえフェリーを使わなければならない。しかし、それをもってしても、アラスカから何年もかけてアメリカ大陸を自転車などで縦断し、ここを終点とする旅人も少なくない。そんな彼らにとって、ここは感涙の場であるに違いない。

まさに、旅人の心をくすぐる世界の果てが勢揃いのウシュアイア。

さらに好奇心を刺激するのが、かつてこの一帯に住んでいた先住民族だ。パタゴニア南部に複数ある民族の中で、世界で最も南の地で生活していたヤーガン族。彼らはダーウィンが初めて目にした際に「同じ世界に住む同類とは信じられない」とまで言わしめ、強烈なインパクトを与えた。それは、この極寒烈風で、しかも多雨な地でありながら裸同然で生活していたことなどにある。

彼らは動物の脂を体に塗り、低い姿勢で風を凌ぎ、できるだけ火の近く、ボートの中でも火を起こし暖を取っていた。ティエラ・デル・フエゴはフエゴ諸島を指すが、スペイン語で「火の国」を意味し、これは島に多数の焚き火を見た探検家から由来する。

雨に濡れた服は体温を余計に下げるので、火のそばでは裸のほうが暖まりやすい。この過酷な環境下では実に合理的な生存の手段だった。そのうち彼らは一般的な人間よりも活発に代謝が働くようになり、平均体温も西洋人より高かったという報告もあるようだ。ある意味での進化論である。

やがてヤーガン族は西洋人の入植によって滅亡に追いやられた。その原因の一つは、西洋人が彼らに服を着せたことにあるともいわれている。彼らは服を着ることは教えられたものの、服を洗うことまでは教えられなかった。汚れたものを着続けた結果、衛生状態が悪化し、疾病が蔓延した。という俗説もあるようだが、これははなはだ疑問の残る説ではある。

そしてこの地域でも最大の民族だったのが、セルクナム族だ。当時撮られた写真の中の彼らは、怪物のような、しかしどこかひょうきんな格好をした姿で、誰しもが興味を抱くに違いない。

これは恐ろしい精霊に扮した男たちによる父権制の維持の場であり、若者を訓練し教育する、ハインと呼ばれる神話に基づいた儀式の様子だ。

『ハイン　地の果ての祭典』の著者であるアン・チャップマンによると、ハインは宗教的な意味合いも含まれ、かつ同時に大掛かりな演劇でもあり、人々の楽しみでもあったという。セルクナム族の創造性あふれる豊かな空想力をもってして行われる、扮装、踊り、詠唱、道化芝居などの芸術的創造の場でもあり、実に様々な目的と意味合いを含めた祭典であると記している。それはときに数カ月にも及ぶという。儚くも彼らもヤーガン族と同じく、西洋人が持ち込んだ伝染病や武力衝突、そして虐殺で絶滅に至るという痛ましい結末を辿った。

ハインで若者に説く戒律の中には「白人とは一切関わらないこと」とあったようだ。これらの先住民族が実際に使っていた遺物などは、「世界の果て博物館」にて展示されている。そんな名前の博物館であれば、たとえ先住民族に興味がなくとも入ってみたくなるのが旅人の性だろう。

改めて、果てマニアにはたまらないウシュアイアだが、ここが「都市」であるのに対し、世界最南端の「町」となるのが、チリ領にあるプエルト・ウィリアムズである。ビーグル水道はアルゼンチンとチリの国境でもあり、町は対岸のナバリノ島に位置している。ウシュアイアからは小型ボートで30分で越境できる。

人口およそ3，000人のうち半数近くが軍関係者といわれ、そのためかチリ国旗が至る所ではためいていた。日中の人通りはほとんどなく、風の音しかしないのどかな町だ。ここから東京への距離は17，000km、南極へはたったの1，000km。

この町にある銀行や学校にホテル、そして郵便局と、南極のベースキャンプを除けば、あらゆるものが世界最南端の称号を得ている。と言いたいところだが、プエルト・ウィリアムズが「町」であるに対し、今度は世界最南端の「村、あるいは集落」が存在するのだ。

プエルト・トロがそれであり、同じくナバリノ島の東端に位置するが、そこへ続く道はなく、一般的には月に一度の船でアクセスするしかない。人口は10人ほどで、カニの収穫時期は30人ほどになるそうだ。残念ながら私は行くことができなかったが、いつの日か、南極への旅とセットでリベンジしたいものである。

追記になるが、2019年3月、チリ当局の決定によってプエルト・ウィリアムズは町から「都市」に格上げされ、これによりウシュアイアに代わって世界最南端の都市となった。これは単純に、言ったもん勝ちである。「都市」の定義は各国によって異なるからだ。

良い例がノルウェーに位置するホニングスヴォーグで、ここは人口がプエルト・ウィリアムズと同等の約2，500人だが、都市となっている。ノルウェーでは市や町は最

セルクナム族　ハインの様子

低5，000人の住民が必要であると法律で定められたのだが、ホニングスヴォーグはその法律が発効される前に「ウチは都市である」と宣言したため、今日でもそれが認められており、ノルウェー最北端の都市として君臨している。

これに異議を唱えているのが同国の「都市」ハンメルフェスト。ここはホニングスヴォーグよりも南に位置するが、人口は約8，000人と法律に順じており、だからウチこそが我が国の真の最北都市だ、と主張している。

プエルト・ウィリアムズの都市への格上げによって心配されるのが、観光客の増加によって静かな環境が失われること。そして、未だに領土問題を抱えるアルゼンチンとの関係がさらに悪化するのではないか、という点である。どちらもおそらく、いや後者は間違いなく免れないと思う。

2　チリのへそ?

大きな汽笛が小さな港町に轟き、船はゆるりとプエルト・ウィリアムズを出港した。きんっと張り詰めた冷たい空気を身にまといながら、私は一路、ビーグル水道を横断し北へ向かう。

フエゴ諸島の実に様々な島の隙間をぬってゆくその航路は、ときに氷河や滝が姿を現したり、名も知れぬ島にポツリと人工的な建造物を見たりと、さながらかつての探検家の気分に浸ることができる。

この大自然が織りなす壮大な景色に、かのダーウィンも心震わせていたのだろうか。いや、きっと震えたのは体に違いない。この地域特有の凶暴な風は、甲板に1分たりとも出ることを許さなかった。

しかし翌日、風はピタっと止んでいた。突き抜ける空が眩しく、進行方向にはまた大きな島が浮かんでいる。ふと、その島の先端部、断崖絶壁の頂上に、白く輝く十字架が目に入った。その瞬間、私は思わず息を呑んだ。

こいつは島ではなく、間違いなく「大陸」だ。フロワード岬。この世のすべてを見渡すかのような十字架こそが、南米大陸の南の果てを示すもの。旅に出る前からもちろん十字架の存在は知り得ていた。それからおよそ6年の月日を経て、まさか一足早く船上での対面となるとは。

私はまさしく、この場所を制するためにパタゴニアへやって来たのだ。

南米大陸の最南端は、ウシュアイアやプエルト・ウィリアムズなどよりも北に位置している。いずれの町もフエゴ諸島にあるからだ。島を含めた場合の南米の最南端はディエゴ・ラミレス諸島で、おそらく民間人は立ち入ることはできない。観光で上陸することができる最南の島は、フエゴ諸島の南端、太平洋と大西洋の境界線の役目を果たすオルノス島までとなる。

30時間の船旅を経て到着したプンタ・アレーナス。この町から最南端へは約１００㎞。道路があるのはその間70㎞で、残り32㎞は道なき海岸線を歩くことになる。往復で4日はかかり、これまでの先端の中では到達難易度が最も高いであろうことは覚悟していた。

「タフな心を持ち続けろ。グッドラック！」と、岬までの道のりを知る宿の主人からも激励をいただくからには、どうやら過酷であることは間違いない。

週に3日、道路が途切れる手前にあるサン・フアンという集落まではバスが出ていた。集落の外れには、とあるモニュメントが建てられている。そこがなんと、チリの地理的な中心地だというのだ。ダジャレではない。果たして地図を見ても、いや見なくてもここがチリのヘソであるなどとは誰もが想像すらできない場所だろう。どうやらこの場所は、チリが主張する南極大陸の一部を含めた、つまり北端のペルーとボリビアの境と、南極点との距離においての真ん中なのだと言う。

いまいちピンとこないのはどこの中心地でもお馴染みのことだが、そもそもチリの主張する南極の領土は国際的には認められていない。そればかりか、南極大陸における領土主権・請求権は凍結するとある南極条約を、チリも締結しているのだ。

……まぁ、細かいことはいいか。ロマンがあれば、それでいい。

3　死闘！フロワード岬への挑戦——南米大陸最南端

この地域特有の強風はまだないものの、どんよりした寒空から雨がパラついていた。道路の終わりから海沿いへ、最南端への道なき道へ、私は静かに一歩を踏み出した。そして、すぐに引き返したくなった。

浜辺の砂が細かく、想像以上に進まないのだ。背負っている荷物は4日分の食料にテントや寝袋など、重さは20kgほど。足が沈む。歩けども歩けども、向こうの景色には近づかない。

1時間、2時間、3時間と早くも足の疲労にもだえつつ、やがて砂地からゴツゴツとした岩場に変わった。雨に濡れた岩の表面はローションを塗りたくったかのように滑りやすく、ちっともスピードを上げられない。急ぐのには理由があるが、それは後述しよう。海岸線の岸壁にへばりつくようにして進み、障害となる険しい岩場があれば、小高い山となっている陸地へ迂回する。獣道を登っては下り、また海岸線へ抜けるといった、登山用語でいう高巻きの繰り返しだ。

海辺に生えている木々は風の強い地域ならではの現象で、皆同じ方向に斜めに傾いていた。

海岸線の先に、人がいる。と思ったら、砂浜に突き刺さった流木だった。こんなことが何度もあった。どの流木も骨董品屋で売られていても不思議ではないほど立派で芸術的で、巨大なものはビル・ゲイツの家の玄関にでも飾られていそうだ。

カニ漁が盛んなこの辺りでは、捕獲するための網が無造作に置かれていた。ときおりその漁なのか沖合にボートが見え、万が一の際は彼らに助けてもらえと宿の主人から言われている。……ヤーガン族のように焚き火でもしないと気付いてもらえそうにはないが。

漁のための倉庫だったのか、廃墟と化した掘っ建て小屋が林の中で身を隠すように建てられていた。扉には不気味に羊の頭蓋骨が吊り下げられている。

木々を抜けると道が開け、砂浜を埋め尽くすほどの膨大な数の朽ち果てた流木が横たわっていた。寒々とした空気と灰色の厚い雲が空を覆い、まるで流木の墓場といった雰囲気だ。

地の果て。ひいては、この世の終わりのような情景に気持ちは高ぶる。

しかし海岸の岩場は相変わらず尖っていて、かつツルツルだ。ちょっとした転倒でさえ致命傷になるだろう。些細な動作一つでも非常に神経がすり減る。

小高い山のぬかるみ地帯では、初めこそ靴を汚さないようにして進んでいたが、無意味だった。靴どころか顔まで泥だらけだ。

「……これか」

歩き出して9時間。泥沼の山を越えると、幅50mほどの川に突き当たった。橋らしきものはやはり、ない。これこそが、最南端への最大の難所とも言うべき川越えだ。

海へと注ぐ感潮河川《かんちょう》であるこの川。渡れるかどうかは、潮の満ち引きに左右される。つまり満潮時には渡ることができない。それゆえに、釣りを楽しむためではなく、渡るため、生きるために潮汐《ちょうせき》情報を把握しておく必要があるのだ。これが急いでいた理由だ。

完全に潮が引くまで2時間待つも、それでも川幅は40mほどにしか狭まらない。

水深は不明なため、服を濡らさないように、仕方なく——周りに誰かいやしないか、いやいるはずもない——素っ裸になる。背負っていた荷物も頭の上に載せ、ズブズブと川を進むのだ。

「っしゃーー！　行くぞー!!!」ちゃぽん。「あ、無理」

気温は10度ほど。おまけに風が強くなりはじめていた。寒すぎる。実家帰りたい。それでも、体に鞭を打ちつつ、歯を食いしばり、慎重に進んだ。深さは胸にまで及んだ。

水流は緩やかで流される心配はないものの、川底が見えない恐怖。そして、荷物の水没は絶対に防がなければならない。

〝……あれ？　我が暴れん棒将軍はいずこへ？〟

なんとか横断に成功するものの、寒さと恐れで見事に新生児レベルにまで縮み上がっていた我が愛しの息子。

川を越えたところで良さげなビーチにテントを張り、1日目を終えた。流木で火を焚いて温かいラーメンをすすり、身も心も暖めた。ところで、水は山の至る所で汲み取ることができる。黄色味を帯びた色をしているが、これはおそらくタスマニアで見たものと同じく、ポリフェノールの一種であるタンニンを含んだ植物から染み出たもの。川が濁っていて底が見えないのはこれが原因だ。それでも飲用に問題はないばかりか、むしろタンニンは下痢止め成分として効果があるらしい。

心地良いさざなみの音を聴きながら眠りについた。ところが、深夜3時だった。

今度はやかましい波の音で目が覚めた。

「……もしや」

瞬時に覚醒し冷や汗が噴き出る。恐る恐るテントの外を覗くと、まさしく海が目前にまで迫っていた。潮が満ちてきていたのだ。眠気と疲労に寒さと恐怖。再び新生児レベルになった我が暴れん棒将軍。最低な気分の中で荷物とテントを一斉避難。単純なる寝床のポジションミスに自己嫌悪に陥るも、それをなだめるかのように美しい朝焼けが、いつの間にか目の前に広がっていた。

疲労に対して明らかに足りていない睡眠をコーヒーでごまかしつつ、今日も歩きはじめる。少し食料は減ってはいるが、荷物は前日よりも重たく感じた。

「……だよね」

少し先で眠気が覚めやらぬまま私を迎えたのは、二つ目の川である。橋はない。川幅は前日よりは狭いものの、干潮時でも顎まで浸かる深さであった。我が暴れん棒将軍の新生児レベルの光景は、もはや見慣れた。

今日も今日とて、岸壁にへばりついて進み、高巻きを繰り返した。

やがて、ようやくあの白い十字架が目に入る。同時に海面から飛び出す黒い物体がいくつも見えた。10頭ほどのイルカの群れだ。微笑ましく美しい光景が、一瞬疲れを忘れさせてくれた。

険しい道のりは容赦なく続き、今度は、巨大な流木群が浜辺を覆いつくし、道を遮る。跨いで、飛び越え、隙間をぬって、ほふく前進。潮が満ちると足場が完全に水没するため、常に時間との戦いになる。

流木ゾーンを越えれば、最後の難関だろう、完全に人の行く手をはばんでいるとしか言いようのない、傾斜角度がほぼ90度の断崖が立ち塞がる。高さは10ｍくらい。その光景には、もはや笑うしかなかった。

全ての荷物を背負って登るには無理があるため、ここへ戻って来ることを考え、身軽にして進むのが吉である。……そう、戻らなきゃいけない。

木のつるや剥き出した根っこを掴みながら、どうにか崖を越えると、十字架が君臨している最後の山が姿を現す。まるで巡礼地のように、頂上に向かって等間隔にキリストの彫刻が置かれていた。

かくして私は、神の試練を乗り越え、かねてより念願のフロワード岬への降臨に成功したのである。

しかし、到達した直後に実際に感じていたのは、もちろん喜びもあるが、それ以上に、〝またあの道を戻るのかよ、また川を越えるのかよ〟という率直な思いだった。それに干潮を逃すわけにはいかず、モタモタしてはいられない。

感慨に浸る余裕はなく、帰りの憂鬱さに苛まれていた。

それでも、ときおり雪が散らつこうとも、すっ転んでも、我が暴れん棒将軍がポークビッツと化しても、その苦しいネガティブな感情は〝無事に帰還する〟という一心に抑え込む。

復路は慣れか、ヤケクソか、思いのほか速く進むことができた。出発して３日目にして道路まで戻って来られたものの、町へ行くバスは２日後。ヒッチハイクは免れないが、幸運にも一台の車がすぐに停まった。手を差し伸べてくれたのは神のご加護か、シスターだった。優しい眼差しと車内の暖かさが身にしみる。安心感に包まれながら揺られていくうちに、やっと、ようやく、じわじわと達成感が湧き出していた。

辿り着いた瞬間ではなく、生きて帰還できた、その瞬間に喜びが爆発する場所、南米大陸最南端、フロワード岬。

絶壁にそびえる高さ20ｍほどの純白の十字架は、１９８７年に教皇ヨハネ・パウロ２

南米大陸最南端　フロワード岬　到達 2017 年 12 月 10 日

世がチリを訪問したことを記念して建てられたもの。

前傾姿勢を保たなければ一瞬でふっ飛ばされそうな殺人的な風が吹き荒び、天界にはもの凄い速さで雲が流れる。下界にはフエゴ諸島の島々が浮かび、隙間をぬうように進航していた数日前の自分と、そしてフロワード岬を知った6年前のあのころの自分に、私は静かにつぶやいていた。

「俺はやったぞ」と。

「でももう二度と来ないぞ」と。

4　パラグアイの楽園
――南回帰線（アントファガスタ）

むかし、「はしもとぎんぞう」さんという熟練の旅人がいたそうだ。名前からしていかにも強そうである。しかし、スペイン語の発音では

「ha（は）」が「あ」となり、「gi（ぎ）」は「ひ」となる。つまり、はしもとぎんぞうさんはスペイン語読みだと、「あしもとひんそう」さんになるのである。どうも頼りない。最南端との死闘を制した私は大陸を北上し、年を越してパラグアイにて静養していた。

チリでは町の至る場所で黄色いパンツが売られていた。なんとも南米諸国では、黄色いパンツを履いて年を越すと金運が上がり、縁起も良いとされている。まさに幸せの黄色いパンツといったところだ。

スペインでは年が明けて鳴り響く鐘に合わせて、12カ月を意味する、12粒のぶどうを食べると縁起が良いとされているが、植民地時代の影響でチリにもその風習があるようだ。

でも、黄色いパンツを履いてぶどうをしゃぶる？　どうも頼りない。

チリ北部には、心待ちにしていた場所があった。世界で最も乾燥した地域で標高も高く、それゆえに世界一とまでいわれる星空を持つ、アタカマ砂漠。雄大な景色が広がり北部随一の見どころとして、多くの観光客が集まるが、私が切望していたのは砂漠ではない。港湾都市のアントファガスタから北へ25㎞、南北に貫く幹線道路を垂直に横切る、熱帯地域と温帯地域の境界線。そう、南回帰線である。

乾いた殺風景な場所に突如として現れる巨大なモニュメントは、ナミビアやオーストラリアで見たものを遥かに凌ぐスケール。地面に敷かれた直径30ｍの円は地球を表し、その中に立つ高さ10ｍほどのサッカーゴールの枠のような建造物が回帰線だ。若干歪曲した二枚の壁によって、太陽の動きから精密に、冬至はもちろん夏至に春分と、つまり四季が分かる構造となっているのだ。なんて素晴らしい。

「あちゃちゃちゃいッ！」

これで三大陸を通る南回帰線の制覇となったわけだ。あまりの高揚感に無意識に反復横跳びで境界を跨ぎまくっていた。はたから見たら滑稽な姿かもしれないが、大丈夫、私を見ていたのはサボテンだけだ。

その後は夜行バスで再びのアルゼンチンをまたぎ、パラグアイへと向かって行った。気付けば年をもまたいでおり、２０１７年の最後の晩餐はバナナ2本で、新年に最初に口に入れたものはビタミン剤だった。

こうしてパラグアイに入った私は、物価が安くてのんびりした空気感に惚れ込み、静養という名の堕落した日々を送っていた。

周辺国に比べて見どころの少ないこの国でも、「民宿小林」という楽園が存在する。南米は日系人が多く、日本人コミュニティの町がいくつか点在しているのだ。パラグアイ南東部に位置するイグアス居住区がその一つ。

「夢いっぱい元気にはばたけイグアスの子」

町に入った途端に漢字やひらがなが目に飛び込む。不思議なもので、スペイン語と一緒に日本語が聞こえ、顔もそのまま日本人が歩いているのだ。そこは地球の反対側にある、日本の田舎の風景そのもの。ラーメン屋にカラオケスナック、スペイン語表記の農

南回帰線　アントファガスタ
到達 2017 年 12 月 28 日

協スーパーではズラリと日本食が並び、立派な鳥居がのどかな町を見守っている。

小林夫妻が営む民宿は、町から少し離れた場所にある。

バスで行く場合、ドライバーには「53㎞地点で降ろして」と伝える。降りる場所は道路脇のキロポストを確認するほかないのだ。民宿の周りはどこか北海道にも似た景色で、草原と畑が広がるだけ。他に何もない。

「うちはねぇ人間をダメにするの」と女将さんは苦笑した。

「そんなことないですよ」と返す私は完全にダメになっていた。

一泊千円ほど。女将さん手作りの絶品日本料理が毎晩出てきて、朝食は卵かけご飯という、和食に飢えた長期の旅人にとっては夢の場所であるから、それは仕方がない。

毎日どこへ行くわけでもなく、食っては寝て、食っては息をする。今日なにしたか?新陳代謝した。そんな具合で、しかしその「何もしない贅沢」を堪能できるのも、ここが楽園といわれるゆえんである。

民宿の近くには自生したマンゴーがゴミ同然で落ちており、貪り食っては腹を下した。民宿の広い敷地内は犬と猫で溢れ、動物好きにはたまらない。真っ赤な夕日が終わればホタルが踊り、そんな中で集まった旅人と囲む美味しい料理。夜は満天の星空の下で語り合い、五右衛門風呂で締めくくる。

かくして私はこの理想郷とも言える場所に3週間も居座り、マンゴー太りして、日本の反対側ですき焼きを食べ飽きるという奇跡的な現象が続き、やっと重い腰を上げて出発するのであった。

5 ナイフの感触――南回帰線(ウバトゥバ)

「#$&8@%$#*」ガシッ。

突然背後からアゴを掴まれた。耳元で何かを囁かれながら。

……乱暴だなぁ、誰に喧嘩売ってんだ?

俺に素手で挑むなど百年はや……あれ? ナイフ? ごめんなさい、お金出します。

「ブラジルはマジで気をつけたほうがいいよ」
苦笑いしながらそう話していた旅人が目に浮かんだ。

民宿小林という天国でなかなか腰が上がらなかったのは、マンゴーの食べすぎで下痢が止まらなかったということもあるが、次に向かうブラジルが「地獄へようこそ」なんて聞くほど治安が悪いからだ。実際に強盗未遂に遭った旅人のナマの声も聞いていた。非常に気が重かった。

とはいえ、何事も実際に行ってみないことには分からないものだ。早朝にサンパウロへ降り立ってみると、これが案外、下着姿の裸の女が徘徊しているくらいで、「あぁ、これマジだ」と納得した。酔っぱらいなのかヤク中なのか、おぼつかない足取りで奇声をあげる男もいた。

リオ・デ・ジャネイロのバスターミナルには、旅行者向けに「流しのタクシーは絶対に使わないように」ととっても親切な注意書きがあった。脅されて路地裏かＡＴＭに連れていかれるのだろう。

滑り込んだ宿の入口には未使用のコンドームが落ちており、拾うか否か3秒迷った挙句、今度は私のベッドに得体の知れないブラジャーが置かれていた。リュックに入れようか10秒迷ったが、いやいや、この国は一体、どうなっているのか。

リオの町はみすぼらしい姿のホームレスがよく目につき、場所によってはわざわざスラム街へ行くまでもなく危険なにおいが漂う。外出の際の荷物は最小限に、ダミー財布を初めて用意した。これでよくオリンピックができたもんだと、つくづく感じた。サンパウロとリオの中間にあるリゾート地、ウバトゥバはいたって平和で、首からカメラを下げて歩けるほどだ。ブラジルは安全な地域とそうではない地域の差が激しい。

100もの美しいビーチが点在するというウバトゥバは、穴場スポットかと思いきや欧米人の旅人がわんさかいた。しかし皆、ここのとある場所には見向きもしないらしい。

穏やかな入り江を背景に、地球を表した球体から伸びる、温帯地域と熱帯地域の境界線。そう、南回帰線だ。

「らいらいらいらいッ!」

静かな町で、燃える反復横跳びを披露した。でも、誰も見ていない。

わざわざ危険を冒してまでブラジルへやって来たのは、この境界線と、そして南米の東の果てを制するためだ。リオからバスで2,500km北上、サルバドール経由、計40時間超えの移動で南米最東端の都市、ジョアンペソアへ向かった。

日本の約23倍の国土を誇るブラジル。長距離バスでは、枕を持ち込む乗客をよく見かけた。長い移動時間でも、このときは民宿小林で出会った旅人とリオで合流していたため、退屈はしなかった。この相方、訪問国数は100カ国超えのしかも女医さんというスペックである。片や、高卒の小汚い男子。この先端狂の波に乗ってしまった相方との、短い二人旅。

そこでいきなり、二人して強盗に遭ってしまうのである。ジョアンペソアは大都市だが、海辺はヤシの木が揺れ、のんびりした空気が漂っている。東の果ては宿から5kmほど。平和そのものといった海沿いを歩いて向かっているときだった。相手はまだ10代にも見える若い男女だった。

男が背後から私を羽交い締めにし、女のほうが相方に掴みかかったのだ。男は何かを囁くものの、あいにく言葉は分からない。ただ、脇腹にチクチクと当てられた刃渡り15㎝ほどの冷たい感触で、理解はできた。金を出そうと思った。

しかし意外にも、この事態をまだ受け入れられないのか、相手がきゃしゃだからなのか、私は不気味なほどに冷静だった。女が相方と揉み合っているところを、男はチラチラと気にしていた。

〝あれ？　隙あり？〟

右ストレートを叩き込むことはおそらく可能だが、フルパワーだと逆にこいつが死ぬのではないかと心配した。仮に、良い感じにＫＯしたとして、あとで報復が待っているのかもしれない。

そんな具合で策を講じていると、「ヘルプ!!!」と果敢にも相方が大声で叫び、タイミングよく車も通りかかったためか男は明らかな動揺を見せた。まだ強盗に関しては「初心者」だったのか、焦った様子で女と去っていった。

男は手ぶらで上半身裸の海パン姿。ポケットにナイフを入れていた。相方は女からネックレスを引きちぎられていたが、幸いにもそれだけで怪我はない。のどかな明るい道で人も車も通るし、道路を挟んでは住宅が並んでいる。これに安心していた私たちも油断していたが、治安に関しては宿の主人から「昼間なら問題ない」とも聞いていた。一体、

南回帰線　ウバトゥバ

どうすればいいのか。

白昼堂々とコトが起きている現場を、事実、正面の家の男性は敷地内から見ていた。なぜ助けてくれなかったのか、とは思わない。誰しもがそんな状況に巻き込まれたくないのは分かる。

ただ、私たちが解放されたあとのその男性のニヤっとした顔が、ナイフの感触を、あるいは死を感じた瞬間と同じくらい記憶に残っている。

「これがブラジルだよ」そんな表情に見えた。

6　平和を切に願う
――南米大陸最東端、南米大陸の中心地

これでメゲる私たちではない。その日はショックで退散したものの、翌日にリベンジする熟練の旅人同士だ。さすがにタクシーで向

かったが。

前日の忌々しい現場からすぐ先には、あの男女と似たような連中がたむろしていた。もはや全員敵にしか見えない。

最果てへ向かう途中にはブランコ岬がそびえている。ここは絶壁に立つ白と黒のユニークな灯台や土産屋が並び、岬からの眺めも良いことから便宜上、最東端とされ、そこそこの観光客で賑わっている。

もちろん私たちが向かうべきは厳密な最東端だ。

こうしてタクシーであっという間の15分ほど。白みを帯びたエメラルドグリーンの海が、和やかな音を奏でるビーチに辿り着く。ここが南米および北米を含めた、アメリカ大陸の東の極地、セイシャス岬。

大西洋を背に置かれた二つのサッカーゴールのような枠と、南米大陸が描かれ東の部分がくり抜かれた顔出し看板が、最果てを示すものとなっている。

ビーチにはこぢんまりした軽食屋やカフェが並び、コーヒーをする人たち、日向ぼっこをする人たち、波とたわむれる子供たちの姿があった。こんな平和な光景が、ブラジル全土に広がる日は来るのだろうか。そんなことを、水平線の向こうに浮かぶアフリカ大陸と重ねて、思い巡らしていた。

恐怖と安堵が交錯した最東端。つくづく先端の旅とは、命がけだ。

ほっと胸を撫で下ろしジョアンペソアをあとにするも、実はこの町は、世界でも有数の殺人多発都市であることをあとで知り、背筋が凍ったのは言うまでもない。

このままサクッとブラジルを抜けたいところだが、まだ行かなければならない場所があった。ジョアンペソアから首都のブラジリアまで一気に46時間、そこからさらに20時間の移動でクイアバへ。なお、毎度のバス移動はほぼ必ず遅延が起きている。2～3時間の遅れは当たり前といった具合だ。

クイアバの町も有刺鉄線を備えた住宅が軒を連ね、相変わらずの治安の悪さを物語っていた。1分に一度は背後を確認しながら歩き、私はとある場所へ向かった。

この町の市庁舎に、高さ15ｍほどの大理石のモニュメントが建てられている。地面には周辺諸国への距離が示されており、ここが地理的な南米大陸のへそと言われているのだ。

１９０９年に、ブラジルの有名な軍人兼探検家によって算出された中心地だそうだが、その計算方法は分かっていない。そもそもこんな街中に堂々と、しかも市庁舎にあるというのは、いささか都合が良すぎる気もしなくはない。そんな疑念からさらに深く調べていくと、やはり、90年代の最新の調査によって割り出されたという別の中心地が存在するとのこと。それはクイアバから北東へ約70㎞離れた、シャパダ・ドス・ギマランイスという町の近くだ。

町と同名の国立公園はこの辺り随一の観光地として人気のようだが、南米のへそには皆、見向きもしないらしい。

町から中心地へはおよそ８㎞。治安を考慮してタクシーを使ったが、到着した際に運転手が足元を指差して、私に何かを伝えた。

南米大陸最東端　セ･イシャス岬
到達 2018 年２月 27 日

南米大陸の中心地
シャパダ・ドス・ギマランイス
到達 2018 年３月９日

地面には、粉々の車の窓ガラスが散らばっており、つまるところ、犯罪に注意しろとの警告だろう。

……ブラジルさん、勘弁してよ。

中心とされる場所は展望台となっていた。標高は約８００ｍ。眼下には、水平線と平原がどこまでも続き、クイアバも見渡せる。おもちゃのようなカラフルな鳥が悠々と滑空していた。

この眺めの良いだだっ広い展望台に、何の誇張もされずに地べたに置かれた、40㎝角の一つのコンクリート。一切の案内も標識もないため、これに気付かずに去る者がほとんどだろう。仮に気付いたとしても、関心を示す人は少ないはずだ。真ん中にある10㎝ほどの膨らみは、「でべそ」を意識したのだろうか。

驚くべきことに、このコンクリートこそが真の南米大陸の中心を示す「記念碑」だというのだ。

展望台には中心についての簡単な説明はあるが、中心と言わしめる計算方法などは明記されていない。太平洋と大西洋の、つまり東西の中間地点であるという説明はなんとなく分かるものの、南北となるとどうも北寄りに見える。

また一方で、パラグアイのブラジルとの国境に位置する、プエルト・レダという町の付近が中心であるとの記述も見られた。毎度のこと中心は、一つじゃない。

トゥバでアジアの中心を置いた奇矯なイギリス人、プロクターは、この大陸のどこに「石碑」を置いたのだろうか。

7 インカとマクドナルド――南米大陸最西端

「MANCO CAPAC INN」という奇跡的な名前のホテルは、日本人に大人気だ。ボリビアとペルーをまたぐチチカカ湖のほとり、ペルー側のプーノという町に降臨したホテルで、確かに安いわりに小綺麗、かつスタッフの愛想も良い。コンセントがガバガバだったという点を除いては、花丸だ。

高度な文明を誇った南米最大の古代国家、インカ帝国。

伝説によれば、初代皇帝であるマンコ・カパックは、チチカカ湖に浮かぶ太陽の島に降臨したとされ、つまりこの湖がインカ発祥の地だと信じられている。

脳の手術まで行っていたほどの文明だが、文字を持たなかったこともあり、その起源を含め多くの謎に包まれている。インカ帝国を創ったのは実は日本人かもしれないという説もあるから驚きだ。日本と同じＤＮＡを持つ人が、インカが栄えた地域に存在するらしい。ボリビアでもよく見た先住民族のインディヘナは確かに日本人と似た顔の人が多いが、それも何か関係があるのだろうか。マンコ・カパックは日本人なのだろうか。

チチカカ湖は、父母（ちちはは）から由来しているという驚愕の見方も見逃せない。いつの日かあのホテルが「ハポネス（日本人）ＩＮＮ」と名前を変えてしまい、私のような中二病患者が悲しむ衝撃の発見の日が、やってくるのかもしれない。

プーノから西へ約４００㎞、インカ帝国の首都として栄えたのがクスコだ。あの天空都市マチュピチュへの玄関口として観光客で溢れている。

美しい市街地が世界遺産にも登録されているこの町で着目したのが、マクドナルドである。

クスコは標高３，４００ｍに位置しており、この町の店舗は、世界で一番高い場所にある。かつては標高３，６００ｍの場所にある、ボリビアの首都ラパスの店が最高位のタイトルを保持していたが、すでに撤退している。

富士山八合目に当たる高さにあるクスコのマクドナルドは、町の中心部のアルマス広場に位置し、壮麗な歴史地区と並んだシックな佇まいだ。

店内はインカの世界観である三層に分かれた世界で演出され、一階が地上の世界と地下の世界、二階が空をつかさどるコンドルが描かれた天上の世界で装飾されている。メニューはいたって普通だが、ペルーでは国民的飲料であるインカ・コーラがここでも飲める。

しかしこのときはジューススタンドの調子が悪かったのか、客の目の前で堂々とペットボトルを取り出し、盛大に紙コップへ注ぐ姿は実にミステリーだった。でも味は変わらない。気の抜けたオロナミンCと言ったところ。

この辺りは標高が高いため、水の沸点が90℃と低く、普通の鍋で米を炊いたりパスタを茹でると芯が残ってしまうので、圧力鍋が欠かせない。油も同じで温度は上がらないのだろうが、特殊な機械を備えているのか、フライドポテトはしっかりと揚がっていた。どんなに高い場所にあってもやはりマクドナルドの味わいは世界共通のようだ。ちなみに反対の最も標高の低い場所にある店舗は、イスラエルの死海のほとりに位置するエン・ボケック店で、海面下約400mである。

こうしてプーノのホテルとクスコのマックでインカの世界を堪能した私は、さらに西を目指し、タララへと向かった。

タララは南米大陸最西端の都市であり、そう、西の果てが私を待っている。

タララの少し南にある静かな町、ネグリトスから6㎞ほどだ。辺りは乾いた砂地が広がり、湿気を含んだ海風と犬のわめき散らす声が不気味にこだましていた。

南米はとにかくどこにでも野良犬が生息し、なんならバスターミナルやレストランの

南米大陸最西端　バルコネス岬　到達 2018 年 4 月 29 日

中にまで入り込みくつろいでいたりする。彼らはひと気のない場所で人間を発見すると異常を感じるのか攻撃体制に入りやすい。ここで囲まれたらひとたまりもないだろう。

　そんな不安に駆られつつも、やがて進行方向に傾く太陽が砂を照らし、黄金と化した道を目にして、安心感と高揚感に包まれた。

　砂丘を抜けると、誰もいない穏やかなビーチと「ようこそバルコネス岬へ」と書かれた看板が待っていた。喜びもひとしおだ。

　ビーチの横にそびえる小高い岩山を登っていくと、大海原に囲まれた一つのコンクリートの突起物が佇んでいた。地味ではあるが、これこそが南米大陸の西の果てを示すものとなっている。

　目の前の太平洋を直進すると、パプアニューギニアにぶつかるのだろう。空には海鳥の群れが、風に乗って空中停止しながら黄昏れている。南の方角には水平線と地平線の狭間でビーチが伸び、北にはもう一つの岬の先に灯台が見えるが、あちらのほうがやや内陸に位置している。

徐々に赤く変化していく太陽。南米の裏側では朝日として一日の始まりを告げていく事実に、ふと日本を思う。旅の終わりは見えてきているのかもしれない。それまで、もう一息、生き抜かねば。

暗くなると犬の凶暴さが増すため帰りが気がかりだったが、釣りをしていたらしいバイク乗りの現地人が現れ、快く町まで乗せてくれた。

様々な暖色で形成された空を率いた、この大陸で最後に沈む夕日が、背後から私たちを見届けていた。

8　古代の人々による驚愕の観察眼——赤道（キッァト）

スペイン語で「赤道」を意味するエクアドル。国名が示すように、キトは世界で最も赤道に近い首都であり、赤道から南に約24㎞しか離れていない。

赤道上には「世界の中心」を意味するミタデルムンドという名の豪勢な記念碑や博物館が建てられ、日々観光客で賑わっている。

しかし、18世紀にフランスの科学チームによって測量されたその赤道は、近年の再調査で３００ｍ近い誤差があったということもよく知られている。つまり、ミタデルムンドは今や「赤道部のテーマパーク」と化しているのが現状である。

そこで私が向かったのが、キトから北東へ約70㎞のカヤンベという町だ。町は同名のカヤンベ山の麓に位置し、標高５，７９０ｍのこの山を通過する赤道は、世界で最も高い地点にあり、唯一、雪に覆われている。

ちなみにカヤンベもキトの町も標高は２，８００ｍで、赤道直下と言えど夜はかなり冷える。

カヤンベ近郊にある赤道記念碑はキツァトと呼ばれ、うっかり通り過ぎてしまいそうな幹線道路の脇に佇んでいた。訪問者は一人もおらず閑古鳥が鳴いていたものの、しかし、これが十二分に満足できる場所であった。

敷地内には直径52ｍの円が敷かれており、赤道を含め様々な直線が魔法陣のように中心のポールに垂直に引かれ、円の周りには一定の間隔で石が置かれている。これはまさしく広大な日時計であり、時刻だけではなく季節までもが導き出されるものとなっている。

2ドルの入場料がいるのだが、ガイドによる解説も行われており、これがまた非常に興味深い。中でもまだ20年前に見つかったばかりの遺跡についての話には、アドレナリンが噴き出した。

１９９7年、ミタデルムンドの東にそびえるカテキーヤ山の頂上で、半円形の壁の遺跡が発見された。発見当時は何の変哲もない遺跡だと思われていたが、その後の調査で、壁の一端が赤道上にあることが判明。また、壁の両端を結んだ線は、赤道に対して23.5

赤道　キツァト　到達2018年5月8日

度に傾いており、これはなんと地球の地軸の傾きとほぼ同じであった。そしてその線を伸ばした先は、一方は冬至に太陽が昇る位置、反対は夏至に太陽が沈む位置を示していたという。さらには、それらの延長線上に、インカ帝国期よりも以前の遺跡が点在しているというから驚愕だ。

このことから、古代の遺跡はカテキーヤ山を中心に、天文学上の数値に基づいて造られた可能性が高いという。記念碑の名前のキツァトは、先住民の言葉で「地球の真ん中」を意味し、首都のキトの名称はこれに由来すると考えられている。

つまり、インカ帝国期よりもさらに前の古代の人々は、ここが地球の真ん中であることを、18世紀にフランスによって測量されたものよりも遥かに正確な赤道の位置を、すでに導き出していたのだ。

太陽を崇拝していたというこの辺りの古代

人。赤道では春分と秋分の日の年二回、太陽が真上を通過するため、数分の間だけ影が無くなる。その現象を彼らは決して見逃さなかった。恐るべき観察眼である。

さて、興奮も冷めやらぬ中で用を足しに行くと、これまた驚いた。キツァトのトイレはミュージアムも兼ねているのだ。その名も「でっち上げ赤道博物館」。

ケニアの赤道編でも書いたが、コリオリの力は陸上の小さなものには影響が出ない。しかしそれを知らない人のため、各地ではびこる赤道パフォーマンスには騙されるな！といった一石を投じた説明書きが並んでいるのだ。

便器の前の張り紙には「コリオリの力は働かないので、ここでは実験しないでください」と皮肉たっぷりである。

素晴らしいガイド付きで、観光客は皆無。そして赤道の真実を伝えるトイレ。こんな赤道スポットは世界でも唯一無二に違いない。

9　4年分の力――南米大陸最北端

「大丈夫、全部乗り超えてきたじゃん。なんとかなる」

風を切りつつも、強い日差しと緊張で汗びっしょりだ。

ベネズエラと接したコロンビア北端に位置するグアヒラ半島。目指すはその先端、すなわち南米大陸の北の果て。グアヒラ半島の玄関口となる町、リオアチャから片道約

250km。うち200kmが未舗装の砂漠地帯。この南米最終章となる舞台へ私は、苦渋の決断の末、バイクで乗り込んだ。

悪路のため移動手段は四駆車が基本となる。しかし、リオアチャに個人で借りられる店などはなく、四駆車で行くにはツアーに参加するしかないようだった。

かつて麻薬と反政府武装勢力がはびこっていたグアヒラ半島は、今や手付かずの自然が残る秘境として観光客が増えつつあることは知っていたが、最北端へのツアーまであるとはびっくりだ。誰でもお気楽に行けちゃうらしかった。

以前から最北端の到達難易度は高いと覚悟していただけに拍子抜けだ。ただ、おかげで未到達という事態は回避できることに安心したりもする。それでも当然ながら、最終章をツアーで終わらせるわけにはいかない。一人で行くことに意味があり、それがポリシーであり、冒険であるのだ。こうして残された移動手段が、オフロードバイクだった。

最北端へは行きに2日、帰りは1日の最短で二泊三日の行程。初日はリオアチャから160kmの距離にある、ベラ岬という名の村に泊まるのが一般的となる。グアヒラ半島の西岸に面したベラ岬は、平屋の竹や木造の建物が並び、道が舗装されていないため村全体が茶色く殺風景だ。またインフラも整っておらず、電気はどこも夕方から深夜にかけてのみ発電機によって使えるようだった。もちろんインターネットもない。それでも、そこそこの旅行者で賑わっている。隠れたビーチリゾートといわれるベラ岬の良さは、素朴でゆったりした雰囲気と、海辺に連なるハンモックの宿にあるのかもしれない。ベッドのないハンモックだけの宿は今まで初めて見た。

ハンモックは中南米の先住民、インディオがつくったもので、サソリや害虫から身を守り通気性も良く、暑い地域では非常に理にかなった寝具であった。かのコロンブスが「人が木の間のネットで寝ている」と航海日誌に記し、ヨーロッパに持ち帰ったことで世界中に広まったとされている。

そんなハンモックの中でも、グアヒラ半島の先住民、ワユウ族による手編みのものはチンチョロと呼ばれ、肌触りが良く、幅が広く作られているため、その部分は掛け布団にもなる。日中は猛烈に暑いが夜は冷え込む砂漠気候のこの地域では、これまた合理的な寝具だ。

優しい潮騒に包まれ、海風に揺られながら水平線に落ちる夕日を見届けた。

水も貴重なこの村。泊まった宿はシャワーはおろか水道すらも通っておらず、近くのホテルでバケツ一杯の水を買い、汗を流した。

不便ではあるが、その代わりに夜は村の明かりが少ないため、頭上には天然のプラネタリウムが広がる。まるで宇宙で眠っているかのような贅沢なハンモック泊であった。

翌朝、ペットボトルに詰めたガソリンをバイクに満たし、日の出とともにエンジンを激しく唸らせた。自分を鼓舞し、不安を蹴散らすように。

最北端まで１２０㎞。悪路はこれからが本番となるらしい。

「一人で行くのはやめたほうがいい」

リオアチャのバイク屋の兄さんに言われた言葉が頭に浮かぶ。全面未舗装地帯の中で、タイヤ痕を辿って進むしかなく、道に迷いやすいという。これに関してはＧＰＳがあれば問題ないだろう。なによりも気がかりだったのが、私がオフロードバイクに乗ったことがない点だった。舗装された路面をスクーターでしか走ったことがなく、マニュアル車すら十年以上前の教習車以来だ。そんな人間がいきなりむき出しの大地を走るのは無謀に思えた。このことから兄さんは私に、ベラ岬で先導してくれるガイドを雇えと忠告していた。でも、私にとってガイドの同伴は、ツアーの参加となんら変わらない。どうしても一人でやり抜きたかった。

思いのほかクラッチ操作などは体が覚えていたのが救いだった。それでも慣れるまでに2時間は要したが。

「戻るならまだ間に合う」と腰が引けた自分がいる一方で、「なんとかなる。今まで全部乗り超えてきたじゃん」と強気な自分がいた。覚悟は決めた。それがなかば、ヤケクソであろうとも。

1499年、スペイン人の航海者アロンソ・デ・オヘダが、スペイン人として初めてコロンビアに上陸した場所がベラ岬といわれている。その10年後にはスペインによる南米征服が始まり、先住民インディオたちの文明は根絶やしにされていった。南米諸国の公用語がスペイン語なのは植民地化によるものだ。

その中でも、征服に屈することなく文化や民族を絶やさず残してきたのがワユウ族だった。ワユウ族の伝統的な手編みで作られるものは主に、モチラと呼ばれるバケツ型のバッグ。一つ完成するのに1カ月かかることもあるという繊細で色鮮やかなバッグは、近年ブランド化され、ハリウッド女優も愛用し日本でも売られるほどになっている。しかし、急激な気候変動などで水や食糧が不足し、依然としてワユウ族の貧困率は高く、毎年多くの子供が栄養失調で亡くなるという。その貧しさは、最北端への道中でも垣間見られた。

道をロープで遮り、「関所」を設ける人たちだ。対象は我々旅行客。といっても高圧的な態度ではなく、お金かあるいは食べ物など、何かと引き換えに道を開けてもらえるというもの。大抵はみすぼらしい姿の子供と母親が待ち伏せ、お菓子一つでも差し出せば笑顔が生まれた。関所が場所によっては連続して続くこともある。そして中には高額な通行料を求められることもあるが、彼らの地にお邪魔させてもらっている以上はやむを得ないだろう。通行料は彼らの収入源の一つに違いない。近い未来、手編みの伝統技術で貧しさを解消できる日が来ることを願うばかりだ。

荒廃した景色の中を思いのほか順調に進んでいた。気を抜けば一瞬ですっ転ぶほど荒い道だが、いまのところ特段過酷な行程には思えなかった。もしかしたら、このまま走破できるのかもしれない。時おり高さ３ｍはあるサボテンの群生が道の両側に壁となって現れる。まさに地の果てにふさわしい浮世離れした光景に、気分もアクセルも全開である。

変わらない景色に縦横無尽に付いたタイヤ痕は、確かに地図を確認しながらでも道に迷いやすい。〝正しいはずだ〟とは思いつつ、実際には思いっきり東へ進んでいてうっかりベネズエラへ行ってしまいそうにもなった。逐一地図と、太陽の傾きに合わせて進んでいった。

ちなみにベネズエラという国名は、前述のアロンソ・デ・オヘダとイタリアの探検家アメリゴ・ヴェスプッチが、マラカイボという湖に暮らすインディオの水上村落を「小さなヴェネツィア」と呼んだことに起因する。

一方で、アメリカという国名はアメリゴ・ヴェスプッチからきている。アメリカ大陸を発見したとされるのはコロンブスでも、彼は当初その大陸を「アジア大陸」と勘違いしており、のちに訪れたヴェスプッチが「ここはアジアではない」と認識したことに由来する。

当のコロンブスは、発見したわけでもないコロンビアの由来となっている。理由は分かっていない。彼の勘違いがなければ、今やアメリカは「コロンビア合衆国」となっていたのかもしれない。

ベラ岬を出発して6時間。先端部へ近づくほど砂が深くなっていた。そして、突如砂丘が現れ、タイヤ痕は消えていよいよ道が途切れた。地図を見ると、確かにこの砂丘上に道が記されている。

〝……嘘だろ？ これを登れと？〟他の道を探すも、どうやらこの砂丘上が「道」らしかった。

当然タイヤが砂にはまり動けなくなる。そのたびに掘り起こし、道を作った。体重をかけると埋まってしまうため、アクセルだけ回してなんとか押して歩くしかない。尋常ではない汗が砂を濡らす。１００m進むのに1時間を要した。

こうして、大小さまざまな砂丘を越えて行くと、やがて道は安定し、湿気をまとった風を感じた。ほのかな潮の香りも漂い、灯台も見て取れた。すなわち、ゴールが間近であることを意味していた。砂丘は最後の難関だったようだ。

高さ20ｍほどの赤と白の質素な灯台と、コンクリートでできた一つの小屋が、カリブ海を見渡すように建てられていた。小屋の壁には「南米大陸の最北端、ガイナス岬」と手書きされている。小屋の中はがれきだけが散らばっていて、用途は分からない。ガイナスはスペイン語で「にわとり」という意味の複数系だが、その由来も分からずじまいだった。ただ、地図で見ると先端部の地形が鶏冠《とさか》のように見えるから、それが由来かもしれない。

海沿いには訪問者の到達の証だろうか、いたるところに石が積み上げられていた。積み石の向こう、地平線の先には、ハイチとドミニカ共和国を有する島がそびえている。そんなロマンを感じつつ、しみじみと波の音を聞きながら、風で崩れないよう私も積み石を、軌跡を、ここにしっかりと残すことにした。

到達に当たり、私はリオアチャで随分と悩みあげた。

安心だけど達成感の薄いツアーで妥協するか、危険かもしれないけれど一人オフロードバイクで挑むか。その二つだけの選択肢は非常に苦しいものがあった。

南米大陸最北端　ガイナス岬
到達 2018 年 5 月 21 日

それでも、ノーリスク・ローリターンと、ハイリスク・ハイリターンを天秤にかけた結果が、いま現在だ。

終わってみれば、道のり自体はそれほど過酷には感じられなかった。しかしそう思うのは、これまでの冒険の賜物に違いなかった。自分を信じられるか否か、一人で行くという決断に至るまでが最大の戦いだった南米最終章。

「大丈夫、全部乗り超えてきたじゃん」

4年分の旅の集大成が出てくれた。それは到達した事実よりも遥かに喜ばしいことだ。

最終章　空白への招待

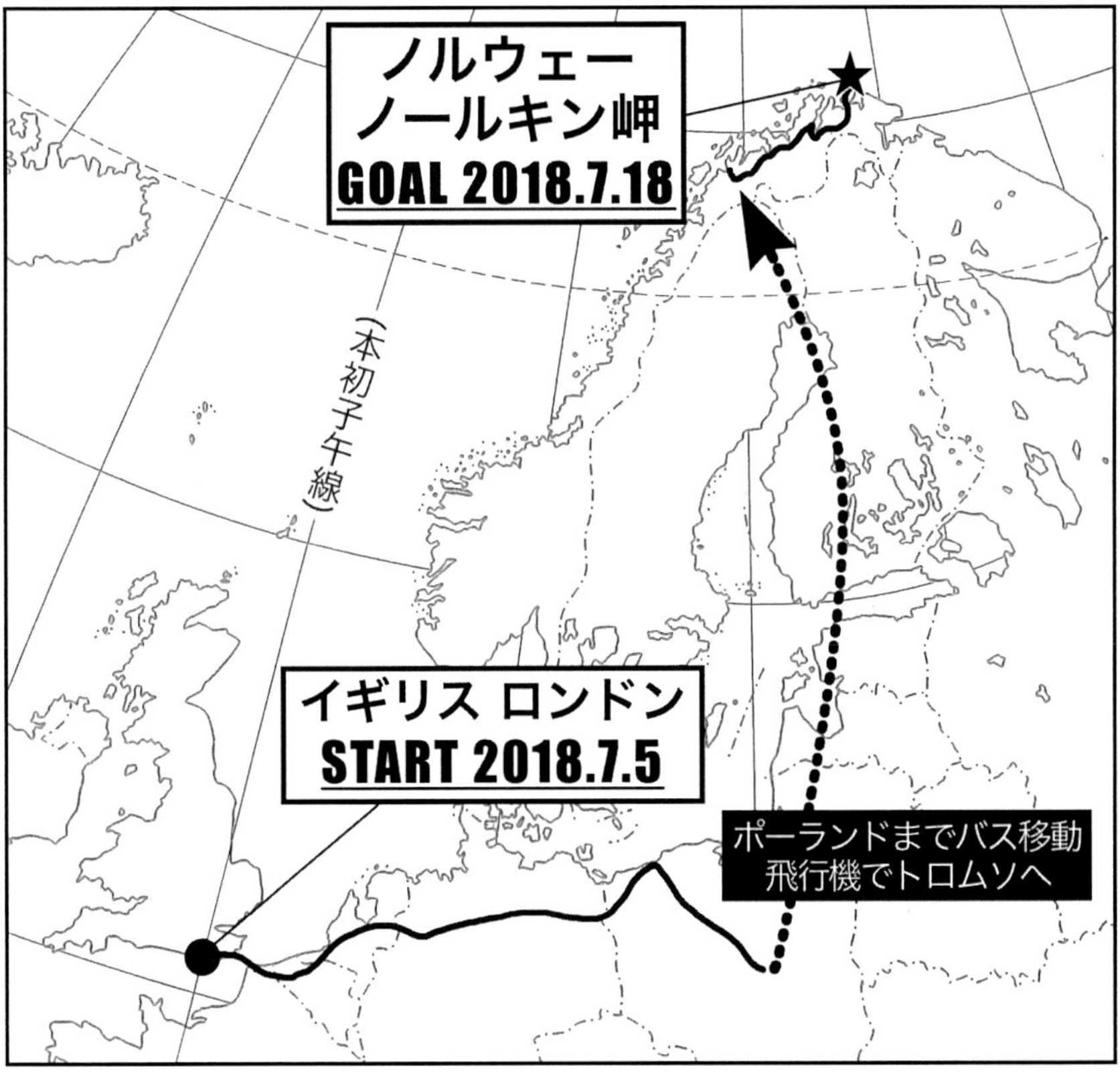
ノルウェー
ノールキン岬
GOAL 2018.7.18
（本初子午線）
イギリス ロンドン
START 2018.7.5
ポーランドまでバス移動
飛行機でトロムソへ

1　時間の中心を股にかける――本初子午線（ピースヘブン）

「……え？　ちょっと待って、なんで？」

「That's all（以上）」

「……いや、えっと、はぁ？」

「Next please（次どうぞ）！」

「……」

日本人はアメリカへ入国する際にビザは必要ない。しかし、特定の国に渡航歴のある者はその限りではなく、イランとスーダンへ訪れていた私は、メキシコにてビザ取得に臨んでいた。ところが、そのビザは却下されてしまった。理由は分からない。

アメリカビザの申請は、まずオンライン上で大量の質問に答えることから始まる。こんな愚問もあった。

「あなたはテロリストか？」

「今までにテロを起こしたことがあるか？　または、今後する予定か？」

…うむ。そうだな、気分次第では起こすかもしれない、ってことでYES。そんな奴がいるだろうか。申請者を蹴散らすひっかけ質問にしか思えない。

その後に待っているのが、ビザ発給の可否を決める最後の砦、一対一の面接である。メキシコでは日々多くの人々が申請に集うため、面接待ちに3週間も費やした。しかも申請料は１６０ドルときた。そんな大金と手間を経ての、却下である。面接官は私にイランとスーダンへ行った理由は一切尋ねることなく、学歴や職業、現在の所持金等を集中的に掘り起こした。私は正直に真摯に答えた。高卒で職歴なしの無職で持ち金は多くはないと。

……あれ？怪しさ満点？不法就労の疑いが濃厚か？

「キミが望むのなら、申請はまたトライできるよ」

腹話術師に操作されているかのように、表情を一切変えず面接官は吐き捨てた。再申請の気力などない。せめてタコス三百個分に当たる申請料くらい返してくれよ。面接官が腹話術の人形であれば、怒りに任せて一発ボディブローでも叩き込みたかったが、全盛期のシュワちゃんのような男だったからやめた。

こうしてこのご時世とトランプ政権に排除されたらしい私は、アメリカ行きを断念したのである。ただ、それは大きな落胆とはならなかった。南米を制した時点で、今回の旅は終わったようなものだった。コロンビアからメキシコまでは消化試合のような、まるでペダルを漕ぐのをやめ、惰性で進む自転車のごとく無気力なまま中米を越えて来た。要は燃え尽きたのだ。

アメリカは今後に取っておけばいい。そうすれば、むしろメキシコで軌跡を留めておくのはキリが良かった。

そんなわけで遂に帰国に踏み切るものの、そう簡単には旅の神様が離してはくれない。日本への航空券を探している際に、ふと、イギリスへの格安チケットが目に入ったのだ。

イギリスといえば、ビッグベンやバッキンガム宮殿にビートルズ、いや、なによりもグリニッジ子午線じゃないか。

あれ？ いつ行くの？ 今でしょ。

些細なきっかけで旅の情熱はいともたやすく再燃するのであった。

そんなわけで時計の針を6時間進めて到着したイギリス、ロンドン。さっそく本題に入るとしよう。

今や誰もがＧＰＳを利用して瞬時に現在地が分かる時代だ。地球上の位置は緯度と経度で表すことができる。各地の時差も、経度で求めることができる。

だが、世は大航海時代。海上での船の位置を把握するためには、緯度と経度の計測が不可欠となる。地球上の横の線である緯度に関しては、赤道が基準となり、太陽や北極星の高度から割り出すことができた。一方で縦の線である経度は、基準となる目標物が自然界に存在しないため、測定は困難を極めた。

経度が発見される以前は、同緯度線上にある目的地へまっすぐ進む航海や、運と経験に任せた危険な航海も多く、海難事故が多発した。そこで１６４５年、航海術の向上と経度測定のために建てられたのが、ロンドン郊外に位置するグリニッジ天文台である。

経度はその後、正確な時刻を知ることで測定が可能となった。しかし先にも書いたが、経度には自然界に明確な基準が存在しない。つまり、基準は人為的に設定する必要があるため、１８８４年の国際会議にて、グリニッジ天文台を通る経線を経度０度の本初子午線とすることが決まった。これがグリニッジ子午線だ。

経度は東西それぞれ１８０度までで表され、グリニッジ子午線より東が東半球、西が西半球となる。経度の基準はすなわち時刻の基準でもあり、ここから世界各国の標準時が決められている。日本の標準時子午線は東経１３５度。経度は15度につき1時間の時差が発生するため、日本とイギリスの時差は9時間となる。

ところで、日本の子午線の町といえば兵庫県明石市だ。子午線上には天文科学館が建てられているほか、あらゆる場所に記念碑が置かれ、人丸前駅のホームや郵便局では線まで引かれている。交番の名前が「子午線交番」となれば、とくに用もなく訪問したくなるのは私だけではないだろう。たぶん。

なお、同じく１３５度線上にある西脇市は、北緯35度の交差点でもあることから、日本のへそをアピールしている。また、へそのすぐ近くを流れる加古川にかかる橋の名前は、「緯度橋」である。是非渡ってみたいと思うのは私だけではないはずだ。たぶん。

さて、グリニッジ天文台は現在、天文台としての役目を終え、史跡、博物館として維持されている。日々多くの観光客で賑わい、その最たる目的はやはり、立派なモニュメントとともに敷かれた子午線を跨ぐことだろう。

なんといっても東半球と西半球の境界線であり、それはつまり世界の中心、そして時間の中心でもあるのだ。

「らららららいらいらいらいぃぃッ!!!」

私は会心の反復横跳びを繰り出した。グリニッジ子午線では常に観光客による撮影渋滞が起こっているが、そんな他人の目など気にする必要はない。なぜなら私は、別の場所で子午線を跨いだからだ。

本初子午線　ピースヘブン　到達 2018 年 7 月 7 日

ロンドンの南に位置するビーチリゾート、ブライトン。その東10㎞のピースヘブンという町にもポツンと、イギリス海峡を背に子午線の記念碑が建てられているのだ。

子午線はイギリスのほか、この海の向こう、フランスやスペイン、アフリカ諸国を通っている。また、現在の本初子午線は、測定技術の進歩によりズレが生じていることが分かり、グリニッジ子午線よりも東へ約１００ｍの場所を通っている。それでもなお、地球規模で見れば二つの子午線は極めて近いことから、現在でもグリニッジ子午線が本初子午線の意味で用いられている。

かくして、東西半球をこれでもかと往来した私は、充足感に満たされながら遂に帰国に至る、とは……まだ、ならないのであった。

2　空白の地――ヨーロッパ大陸最北端

空港を出ると、ふんわりと息が漂った。キリッとした冷気が記憶をくすぐる。澄んだ淡青な空の下、辺りは静まり返り、広い道路には人も車も通らない。そりゃそうか、これでも夜11時なのだ。適当な場所でテントを張り、明るい夜を明かす。些細なきっかけでイギリスへ呼ばれた私は、あることに気が付いた。

「ノルウェーがすぐそこじゃん」と。

あれはもう3年も前のこと。ヨーロッパ大陸の最北端を制するべく北欧へ乗り込んだものの、バックパックを丸ごと盗まれる事態に。旅道具一式を失い、どこか気持ちまでもが失せてしまった私は、到達はまたいつか、来たるべき時まで持ち越していた。その時が今、季節はちょうど夏であり、奇しくもアメリカビザの却下を発端にやってきたわけだ。このあいていた空白を埋めて、長い旅路に終止符を打とう。

再びの北極圏の都市、トロムソへやって来た私は、一路メハムンへと向う。メハムンは最北端の拠点となる町だ。前述の通り、一般的に知られているヨーロッパ最北端はトンネルで繋がれたマーゲロイ島に位置しているため、大陸の先端とはならない。真の大陸の最北端は、マーゲロイ島の東70㎞、ノールキン半島の先端である。

私は3年前と同じバスに乗り込んだ。陸路で行く場合、途中までは以前と同じルートだ。トロムソを抜けると、変わらない自然美が広がる。間近にせまる雪を残した雄大な山々、青と緑を合わせた絵の具のような色の海に、短い夏を精一杯生きる草木がまぶしい。車窓を流れる懐かしい景色は、これまで見てきた様々な情景や記憶を呼び戻し、旅の終わりを感じさせた。

「ようこそヨーロッパのてっぺんへ！」

拾ってくれた陽気なお兄さんとがっちり握手を交わし、遂に私は最果ての町を踏む。

辺境の地メハムン。トロムソからは船を使えば24時間、飛行機は2時間で行けるが、バスだと丸3日かかる。厳密には、四度も乗り継いだ先の町からメハムン行きのバスは存在せず、事前にチャーター便に連絡する方式らしかった。よっぽど利用者がいないのだろう。

それならばと、私はヒッチハイクに及んだのだった。メハムンに着いたのは夜10時を回っていた。深い静寂に包まれた人口８００人ほどの漁村には、野生のトナカイは歩いているものの人の姿はない。

穏やかな入江が静けさを一層引き立て、それでもさんさんと降り注ぐ太陽の光が、丘の斜面に建つカラフルな家々を照らし続けていた。西の方角にはうっすらと岬が連なっているのが見える。最果てはあの向こうだ。

翌日、食料の買い出しをしつつ情報を集めた。町から片道24㎞、頻繁に濃霧に覆われるためＧＰＳが必要。ということだけは3年前にも分かっていた。当時の私は旅道具を失ったことも大きいが、そのたった一つの情報にビビッたこともあって到達を見送った節もある。つまり、北極圏で遭難して凍死。そんな漠然とした妄想だ。

今思えば何のことはなく、恐れは自分で作り出していたにすぎないが、そう思えるのは、3年の間に経験値がはるかに高くなったからに他ならない。メハムン唯一のホテルのスタッフに聞くと、「慣れたハイカーであれば難しくはないはずだよ。ただ道の大部分が岩だから雨が降ると滑りやすく危険だ。水は池で補給できる。霧は運だな」とのことだった。長くとも2泊3日の行程。

天気は問題ないだろう。出発は明日でもいいけれど、どうも血が騒ぐ。

町外れの小さな空港の脇には二つの石柱が立っていた。これが真の最北端への入り口だ。時間的には夕方でも、遅いことはない。太陽は沈まないのだから。私はゆっくりと、空白を埋め始めた。

……あれ？　北極圏で凍死？　ばかやろうが、裸でも暑すぎて眠れねぇわ。

よりによって、出発の日から異常に気温が上がっていた。夜もさして下がらず、このときばかりは沈まない太陽は迷惑だった。辺りは平地で高い木がなく、つまり常に陽光に晒されることになる。テント内には熱がこもり、いっそのこと外で眠りたいくらいだが、それは限りなく不可能に近い。煙のように群がるおびただしい蚊のせいだ。ここでは人間が思わぬご馳走とばかりに寄ってきて、テント内にまで響き渡る羽音には恐怖すら覚える。影が伸びる9時ころに大量に湧き始め、結局初日は蚊に阻まれたいして進めず。夕方の出発は遅すぎたのだ。

どうやら雪解けの池や沼などが無数にできる夏のツンドラは、天敵もいないため蚊の温床となるらしい。地球温暖化により永久凍土の融解が進んだため蚊は増え続け、その数はときにトナカイをも殺すほどだという。また、川沿いではブヨも加勢してくるからたまらない。そんなことを露ほども知らない短パン姿の私の足は、すでに見るも無残な状態だった。

さっそくの未体験の洗礼は至極不快なものだが、それは標高が上がるにつれ眼下から舞い上がる景色に一掃された。

まるで地球の脈動が聞こえてきそうな、入江と岬が織りなすコントラスト。圧倒的なスケールのフィヨルドは、心が溶けてしまいそうな、あるいは鳥肌が浮き立ち、このまま羽が生えて飛び立てやしないかと、現実を疑うほどの絶景。

地球上の今、この時この場所に、自分ただ一人。

あと何回あるだろう。こんな情景を、さも自分のモノにしたかのような感覚に浸ることができる瞬間は……。

そう思うと、ワクワクする一方でどこか物寂しさも感じる。

道のりは聞いた通りの岩場が続いた。岩から岩を延々と跳び越え、激しい起伏も伴うため体力も神経も消費する。確かに雨に濡れると非常に厄介だろう。

ただ、こちらの景色も息を呑むばかりだ。人を拒むかのようなゴリゴリの岩が一面に広がる灰色の世界は、さながら針山地獄のよう。

長い旅でも、こんな光景は見たことがない。世界はきっと、まだまだ知らないもの、知らない場所だらけ。そう思うと、やっぱりワクワクしかなかった。

気温は34度を差していた。この地域の夏の平均最高気温は15度前後らしいから、明らかに異常だ。暑さに呼応するように、もはや白昼堂々と襲いかかる蚊の大群にも気が滅入る。

しかし、なぜか懐かしさを感じるのだ。それは、ハエだった。蚊の煩わしさはオーストラリアのハエを想起させ、タオルをぶん回し撃退する様があのころと重なってなんだか笑えてくる。あれは中心地を目指していたときだ。乾いた赤土の大地が目に浮かび、あのときも、そして今まですべてを通しても、よく死なななかったもんだなぁとニヤついた。

蚊と格闘しながら進む今のこの場面も、記憶の棚に加えられ、またいつの日か、思い出してニヤつくのだろう。

これまで乗り超えてきた冒険の追憶は、この上なく心地良いものであり、誇らしくもあった。

非日常が流れる日常の中で、幾度となく感じた、今この瞬間を「生きている」という実感。そして、いつでも鮮明に蘇る記憶と経験。それは決してお金では買えない一生ものの財産。

私が「移動」にこだわってきたのは、記憶のため、財産のためとも言える。

トロムソからメハムンへのバス移動も忙しいように、陸路は総じて手間と時間がかかるけれど、そのぶん到達はより感慨深いものになり、記憶に強く在り続けるものとなる。旅は、目的地へ向かう過程にこそ価値がある。

ヨーロッパ大陸最北端　ノールキン岬　到達 2018 年 7 月 18 日

その価値の貴さに気付いた時が、真の「旅人」になった瞬間なのかもしれない。

やがて進行方向に水平線が見えてきた。

容赦なく岩が敷き詰められた深い谷を慎重に越えて進むと、２ｍの高さにまで積み上げられた石が迎えてくれた。背景に広がるバレンツ海は前に見たときと同じく穏やかだ。

谷を境に棲み分けているのか、ここには不思議と蚊はいない。風もなく、波の音もなく、岩の隙間から生えている草から光合成の音でも聞こえてきそうなほど静かな地の果て、ノールキン岬。

訪問者の手によって作られたのであろう石積みのモニュメントこそが、ヨーロッパ大陸の北の極点を示すものであり、私の長きに渡った旅の終点だ。

エピローグ

西の方角には、うっすらとノールカップを有するマーゲロイ島を見て取れた。3年前、私はそこにいた。そのときの自分と、今の自分の違い。ひいては、旅に出る前と今の自分の違いは何かと考えてみる。それは、ゴキブリを躊躇なく素手で掴めるようになったこと、躊躇なく素手でお尻を洗えるようになったこと。……あれ？ しょうもない。

それはさておき、「なんとかなる」という言葉を胸に、武器に、ひたすら世界の果てを求め続けた4年半。

ここまで来ることができたのは、いつからか持ち合わせていた、いわゆる「根拠のない自信」のようなものが幸いしていたからに違いない。その根拠のない自信が、旅によって、ある程度の「根拠のある自信」に変わったのは言うまでもない。

一人で路線バスに乗ることができたこと、目的地に辿り着くことができたこと、現地の人と意思疎通が取れたこと、物を買うことができたこと。ほんの一例だがこんな些細なことでも、言葉も文化も人もルールも違う異国の地においては、すべてが「成功」なのだ。そういった小さな成功を繰り返すことで、自然と自信が付いてくるに違いない。

なんとかなるというのも、それは決して勝手に起こる霊的な現象ではなく、無意識に、実は、自分でどうにかしているのだ。もちろん、どうにかして助けを求めたりして、手を差し伸べてくれるのは、周りの人たち。

旅とは、人の優しさの上に成り立つもの。ここまで来ることができたのは、助けてくれた人がいたからこそ。

旅立つ前と今の自分の違い。それは、どんな場所、どんな環境でも生きていけるであろう自分がいること。なんとかできることを知った自分ってところか。その気にさえなれば、なんでもできることを、旅は教えてくれた。

旅で得たものは計り知れないが、当然失うものもある。と言っても私の場合、思い浮かぶのは時間とお金くらいだ。ただその二つの対価が計り知れないものだから、それは当てはまらない。しいて言えば、生え際が若干後退したから、さしずめ失ったものは髪の毛だけだ。原因はおそらくインドとエチオピアでのストレスの蓄積だと思う。

最北端のモニュメントに上り、わずかな風を感じつつ、目を閉じた。空白の地が瞬時に彩られ、脈を打つように、これまで訪れたあらゆる極点と繋がっていく。地球に刻んだ旅の軌跡は、まるで自分を成す血管であり、「自分」という存在をつくり上げてきた。

私は、いや、人はなぜ、最果てに魅せられ、向かうのか。単なる好奇心や、ゴールにちょうどいいとか、ロマンがあるから、などなど様々な理由があるのだろう。

しかし私は思う。最果て、及び境界線や中心地なども含めて地理的な場所に惹かれるのは、世界を、地球を感じられるから。そこに立つことで、自分は今、確かに、ここに、地球に存在していることを感じたいからなのだと。

人はなぜ、最果てに向かうのか。それはすなわち、生きた証を残したいからだ。

あとがき

帰国してから真っ先に食べたものは、すき家の牛丼です。お気に入りは高菜明太マヨ牛丼。

三度の一時帰国の際にも毎回食べていて、そのたびにやっぱ日本って凄いなぁと思うんです。煮込んだ牛肉の上に、明太子が入ったマヨネーズと高菜を載せてみるというその発想が。世界にはカレーしかない国や、カレー風味の食べ物しかない国、軽食がピザやケバブしかない国、主食がフライドポテトの国があったりと、もはやインスタントラーメンがご馳走となる国がたくさんあります。日本のクリエイティブさは問答無用で世界一。

さて、1，645日間に及んだ旅は無事に、完全燃焼して終わりを迎えました。と言ってもまだ北米大陸は丸々残っているし、ロシアに位置するユーラシア大陸の最北端、チェルスキン岬と最東端のデジニョフ岬も制覇したい。それに離島を含めた場合の先端や、大国や島国の中心地も面白そうだし、赤道や北回帰線、南回帰線なども別の場所で跨いでみたい。僕の地理的なテーマの旅路は終わりが見えません。

今後は年単位の大きな旅に出る予定はなく、短期の旅で着実に攻めていきたいと思っています。現にこの本も、南国フィジーで書いたりしていました。なぜフィジーへ？理由はただ一つ。日付変更線を跨ぐため。

「たいたいたいたい!!!」以前よりもキレはなくなったが、勢いっぱいの反復横跳びを繰り出した。小っ恥ずかしい姿でも、大丈夫、僕を見ているのは一人だけ。この小旅行には、相方を連れている。誰かって？　その正体は、パラグアイの民宿小林で出会い、ブラジルで一緒に強盗に遭った、１００カ国以上を旅した女医さんです。僕たち、結婚しました。

これからは二人で手を取り合い、世界はもちろん、人生という名の旅に出ます。

……あれ？　こんなこと書いて大丈夫？　未来の僕、どうしてる？　捨てられて傷心の旅になってないよね？

それはともかくとして。今回、出版の機会をいただくこともでき、感無量でした。ただ実際に執筆するに当たっては、何度パソコンをぶん投げようとしたか分かりません。そのくらい一冊の本を書き上げるというのは発狂するくらい大変なことでしたが、また一つ、貴重な経験をさせていただきました。経験と思い出こそ人生の財産、そしてこの一冊こそがまさに、僕のカタチとして残る生きた証。

この本を読んで、たくさんの人を笑顔にできたり、旅はもちろん地理的な場所に興味を持ってもらえたりしたら、この上なく幸せなことです。

ところで、ギリシャで見つかった脳内にある物体は、日本で診てもらったところ特に気にすることはないとのことでした。自覚症状も特にありません、少しバカになった気はしますが。あれ？　それは生まれつきでした。

もう一つ、よく聞かれますが、各先端での日本国旗を掲げた盛大なるナルシスト写真などは、ほぼすべて自分一人で撮っています。付き添いはいません。セルフタイマーで何度も何度も、満足いくまで撮り直します。どの場所でも国旗のはためき具合が非常に難しく、中国にあるアジアの中心地での自撮りは、テイク30を超えています。

ここまでお読みいただき、お付き合いいただき誠にありがとうございました。出版に導いてくださった牧山公美さん、心より感謝しております。ありがとうございました。

執筆と出版に当たっては、アートヴィレッジの越智さん、大変お世話になりました。ありがとうございました。校閲の内浦さん、細かい相談にも丁寧に乗ってくださりありがとうございました。お世話になりました。

最後まで最高の形でひと段落した僕の旅は、3分の1は自分の行動によるもの、3分の2は、助けてくれた人たち、出会ってくれた人たち、そしてこんなにも自由にやらせてくれた家族によって、創られたものです。本当にありがとうございました。

新型コロナの収束を心から願い、安心安全な中で、また世界を旅できる日が来ますように。

中島ブンコー

あとがき

著者プロフィール

中島ブンコー

1987年6月某日、8時15分に東京で生まれる。田舎の方が性に合うなどとして、小学2年より5年間、親元を離れ大分の親戚の元で自然に囲まれて暮らす。

18歳、高校在学中にボクシングプロライセンスを取得。卒業と同時にプロデビューし4年間活動。その間に調理師免許を取りつつ23歳で引退し、その後、旅にどっぷりとハマる。自転車とバイクで全国を走破。日本本土のみならず、本州や四国、九州、北海道のそれぞれの最東西南北の地を巡るほどの先端マニア。また、自称ソフトクリームマニアの一面も持ち、47都道府県でこれまでに500種類以上のご当地モノや個性的な変わり種ソフトクリームを食べ歩いている。

26歳のときに海外へ進出。4年半かけて車や自転車、ヒッチハイクなどなど、様々な移動手段を使って世界中の地の果てを巡る。

極点
最果てに魅せられた男の軌跡

2020年12月15日　第1刷発行
著　者———中島ブンコー
発　行———アートヴィレッジ
〒657-0846　神戸市灘区岩屋北町3-3-18　六甲ビル4F
TEL. 078-806-7230
FAX. 078-801-0006
URL. http://art-v.jp/